교사를 위한 캔바
수업활용의 모든 것

전 과목 수업, 학급운영, 창체까지
요즘 수업을 만드는 가장 쉽고 간편한 도구

교사를 위한
캔바
수업활용의
모든 것

박준호, 장덕진, 강나진, 김현희, 박태호, 신민경,
윤지원, 이은지, 정지현, 최서원, 황은지 지음

함께 보면 효과 백배! 이 책 원격연수

테크빌교육

머리말

**수업 자료 디자인이 아니라,
학습 경험을 새롭게 디자인해 주는 가장 훌륭한 도구
캔바로 선생님을 초대합니다**

한 장의 활동지, 한 컷의 시각 자료, 한 편의 짧은 동영상이 학생들의 이해를 열어 주고 질문을 이끌며, 친구들 간의 협업을 자연스럽게 만들어 주는 순간을 우리는 교실에서 수없이 보아 왔습니다. 때로는 "이런 자료 하나만 있으면 참 좋겠다."라는 바람을 품기도 했습니다.

과거에는 교과서 발행사에서 제작한 인쇄물을 걸어 두는 '괘도'가 대표적인 수업 자료였습니다. 수정이 어렵고, 활용도 또한 제한적이었습니다. 이후 컴퓨터의 도입으로 프레젠테이션 도구(PPT)가 등장하며 교사가 자유롭게 편집할 수 있었지만, 파일 형식의 제약 때문에 활용에 한계가 있었습니다. 클라우드 기반 도구가 발전하면서 웹에 자동 저장되고, 여러 사람이 동시에 편집할 수 있는 새로운 차원의 협업이 가능해졌습니다.

수업의 디자이너인 교사가 이러한 기술을 가장 효율적으로 활용할 수 있는 도구로 주목한 것이 바로 캔바(Canva)입니다. 설치가 필요 없는 웹 기반 플랫폼, 낮은 진입 장벽, 다양한 교과 적용 가능성, 그리고 실시간 공동 편집 기능까지 갖춘 캔바는 학생과 교사 모두에게 편리하고 친숙한 도구입니다.

이번 책은 캔바 코리아 공식 앰배서더(Local Leader), 국내 1호 캔바 크리에이터 교사를 비롯해 최고의 캔바 전문가 교사들이 6개월간 집필한 결과물입니다. 집필진이 속한 디지털미디어교육콘텐츠 교사연구협회(몽당분필)는 캔바를 기본 도구로 삼아 학습지, 프로젝트 결과물, 사회공헌 자료까지 '공공성과 실용성'을 동시에 지닌 산출물을 꾸준히 만들어 왔습니다.

2025년 현재 전 세계 2억 3천만 명 이상이 사용하는 캔바는 단순한 디자인 툴을 넘어 글로벌 교육 현장에서 활발히 활용되고 있습니다. 이 책은 세계적인 흐름 속에서 한국 교실의 맥락에 맞춘 실천 사례와 노하우를 담아 다시 공유합니다.

무엇보다 이 프로젝트의 특징은 전문 디자이너의 시각이 아니라, 교실 속 학생 경험을 디자인하는 교사의 관점으로 기록되었다는 점입니다. '완벽해서'가 아니라, '교실에서 함께 성장하기 위해서' 캔바를 교육용 도구로 활용한 도전의 기록입니다.

캔바는 누구나 금방 시작할 수 있습니다. 템플릿과 다양한 요소는 교사의 수업 의도를 빠르고 쉽게 구현할 수 있도록 돕습니다. 학습지·워크시트, 포스터·인포그래픽, 영상, 발표 자료, 학급 신문, 행사 배너, 목업(Mockup) 등 교과 속 다양한 활동을 디지털화할 수 있으며, 공동 편집 과정 자체가 협력적 학습이 됩니다. 시각화된 결과물은 학생들의 이해를 깊게 하고, 질문과 탐구를 자연스럽게 촉진합니다.

이 책이 선생님들의 교실에 작은 여유와 자신감을 불어넣기를 바랍니다. 아이들과 함께 만든 첫 포스터, 첫 카드뉴스, 첫 발표 자료가 선생님의 추억이자 소중한 수업 포트폴리오가 되기를 기대합니다. 학습 경험을 새롭게 디자인할 수 있는 캔바의 세계로 여러분을 초대합니다.

디지털미디어교육콘텐츠 교사연구협회(몽당분필)
집필진 일동

목차

머리말 학습 경험 디자인 도구, 캔바로 선생님을 초대합니다! ··································· 4

① AI·디지털 수업혁신 필수 도구, 캔바 ··································· 8
　가. 디지털 대전환과 교육
　나. 2022 개정 교육과정과 디지털 기반 교육혁신
　다. 디지털 대전환을 지원할 최고의 에듀테크, 캔바
　라. 캔바 가입하기

② 교사를 위한 캔바 인증과 기본 설정 ··································· 22
　가. 교육용 계정 인증받기
　나. 수업 생성 및 학생 초대 하기

③ 캔바 첫 화면 기본 기능 살펴보기 ··································· 40
　가. 캔바 홈 알기
　나. 캔바 프로젝트 살펴보기
　다. 캔바 템플릿 살펴보기
　라. 캔바 디자인 만들기
　마. 캔바 편집기(에디터) 기본 용어 알기
　바. 캔바 에디터 '상단 메뉴' 이해하기
　사. 캔바 에디터 '툴바' 이해하기
　아. 캔바 에디터 '하단 메뉴' 이해하기
　자. 캔바 에디터 '사이드 패널' 이해하기

④ 캔바 에디터 화면 메뉴 살펴보기 ··································· 56
　가. 디자인 메뉴
　나. 요소 메뉴
　다. 텍스트 메뉴

⑤ 창의적 체험 활동 + 학교자율시간 수업 하기 ··································· 92
　가. 학급 로고 및 학급 규칙 이미지 제작하기
　나. 일기 및 현장체험학습 보고서 작성하기
　다. 계기교육 캐릭터 제작 및 카드뉴스 만들기
　라. 학기 초 활동: 창의적인 타이포그래피 이름표 만들기
　마. 진로 활동: 명함 디자인하고 QR 코드 생성해 넣기
　바. 캔바 화이트보드로 의견 나누기

6 국어 수업 활용하기 — 148

가. 화이트보드로 여는 인터랙티브 신호등 토론 수업
나. 화이트보드 활용 가치수직선 토론 수업
다. 협동 시(詩) 만들기
라. 모두 함께 만드는 우리 반 학급 신문

7 영어 수업 활용하기 — 174

가. 멀티미디어 영어 사전 제작하기
나. 번역 기능을 활용한 발표 자료 만들기
다. 이미지 생성 기능으로 퀴즈 만들기

8 수학 수업 활용하기 — 194

- 디지털 통계 포스터 만들기

9 사회 수업 활용하기 — 206

가. 프로젝트 수업하기: 세계여행 프로젝트 자료 만들기
나. 역사 수업 활동 모음

10 과학 수업 활용하기 — 232

가. 탐구 보고서 작성하기
나. 과학 만화 만들기
다. 움직이는 과학 동화책 만들기

11 미술 수업 활용하기 — 254

가. 디지털 콜라주 작품 만들기
나. 목업으로 생활 용품 디자인하기
다. 만들기 도안 제작하기

12 음악 수업 활용하기 — 280

가. 앨범 재킷 제작하기
나. 감상 수업 진행하기
다. 뮤직비디오 및 섬네일 제작하기

저자진 소개 — 306

1 AI·디지털 수업혁신 필수 도구, 캔바

가. 디지털 대전환과 교육

　요즘 우리는 디지털 대전환의 시대에 살고 있다고 합니다. '디지털 대전환'이라고 했을 때 떠오르는 생각에 무엇이 있는지 생각해 봅시다.

　기술 그 자체적으로만 놓고 본다면 컴퓨터라는 하드웨어가 나온 후 이를 전 세계와 연결하는 웹 1.0의 시대가 있었습니다. 웹 1.0 시대에서는 단순히 특정 공간에서 공급자가 제시한 자료를 읽고 받아들이기만 했습니다. 그 후 웹 2.0 시대에서는 모든 사용자가 독립적으로 상호작용하며 업로드와 다운로드를 동시에 하는 콘텐츠의 공급자이자 소비자로서 소통하였습니다.

　현재 우리가 알고 있는 유튜브와 같이 창작자이자 소비자로서의 세상을 연 것이 웹 2.0이라고 할 수 있습니다. 최근에는 이러한 1세대, 2세대를 넘어서서 웹 3.0과 관련된 논의가 진행되고 있습니다. 웹 3.0은 흔히 가상과 현실 공간을 넘나드는 메타버스 및 디지털 트윈(Twin)은 물론이며 사물 인터넷과 인공지능의 적용 등을 기반으로 한 통신 기술들을 의미합니다.

　이러한 기술의 발전에 따라 이미 세상의 모든 일들이 디지털을 기반으로 작동하고 있으며 점차 더 빠른 속도로 변화하고 있습니다. 이러한 흐름은 교육 분야도 마찬가지입니다. 교육에 있어서 그동안 인간의 영역으로만 여겨졌던 부분을 기술의 도움을 받아 보다 폭넓게 지원하는 방안이 다양하게 연구되고 있으며, 단순한 기술의 변화에 기반한 새로운 기술 도입이 아니라 교육의 패러다임 자체를 혁신적으로 변화시키는 흐름으로 나아가고 있습니다. 이러한 변화 속에서 우리는 어떻게 준비하고 어떤 방향으로 나아가야 할지 고민할 필요가 있습니다.

디지털 대전환의 시대가 우리 교육 현장에 미치는 영향을 알아보기 위해 먼저, 네 번에 걸친 산업혁명을 살펴보고 그 연결 지점을 찾아보도록 하겠습니다.

첫째, 1784년 영국에서 시작된 기술 혁신과 새로운 제조 공정으로 전환하는 '1차 산업혁명'입니다. 증기기관의 발명을 기점으로 인간이 직접 생산하던 '생산 방식'이 '기계'에 많이 넘어가는 기점이 된 혁명입니다. 다만, 여전히 증기의 힘과 석탄과 같은 화석 에너지를 활용하는 경공업 중심 발달이 주를 이루었기 때문에 사람의 육체적, 신체적 강인함이 필요했고 이러한 변화에 따라 새로운 교육이 필요했습니다. 즉, 노동자의 증가로 인하여 이러한 노동자를 기르기 위한 학교의 등장이 이루어졌습니다.

둘째, 1870년 미국에서 처음 등장한 '컨베이어 벨트'는 기계를 활용한 생산방식의 개념을 도입함에 더해, 그 동력을 전기에 기반하도록 하여 일종의 대량 생산 체제의 확립에 영향을 미쳤습니다. 전기를 활용한 대량 생산 체제의 등장은 앞선 1차 산업혁명과 마찬가지로 교육에 영향을 미쳤습니다. 생산 비용이 저렴해진 출판 업계는 호황을 맞이했고 교육을 위한 각종 서적 역시 저렴하게 대량 생산되었습니다. 이때부터 다양한 지식을 잘 활용할 수 있는 'IQ'와 같은 인지에 관한 관심이 상승하였고 학교에서도 지적 영역의 발달을 위한 교육을 본격화하였습니다.

셋째, 1969년, 반도체를 활용하여 프로그램 제어를 할 수 있는 '프로그램 로직 컨트롤러'는 생산의 자동화를 넘어 '사고(Thinking) 자동화'의 시대를 열었습니다. TV, 냉장고, 세탁기, 청소기를 비롯하여 우리가 현재 많이 활용하고 있는 전자제품이 확산하는 기초적인 힘을 길러주었으며, 컴퓨터와 인터넷의 개념이 자리 잡고 'IT 혁명'이 일어나게 하는 초석이 되었습니다. 이처럼 인터넷을 통해 사람들이 초연결되고 사람과 사람과의 연결이 무한히 확장할 수 있게 되면서 역설적으로 'EQ(감성지능)'를 비롯한 소프트 스킬이 주목받기 시작했습니다.

넷째, 현재 우리는 무엇이 그 기점이었는지 명확하게 명명하고 지정할 수 없으나, 4차 산업혁명 시대에 살고 있습니다. 4차 산업혁명은 2015년 세계경제포럼에서 클라우스 슈왑이 기고한 글에서 이름을 얻어 현재에도 진행 중인 산업혁명입니다. 특징으로는 모든 기술이 융합하여 상호교류하며 인공지능과 디지털 기술 발전에 기반하여 이루어지고 있어서 기술에 대한 디지털 역량과 더불어 이를 읽고 사용할 수 있는 디지털 리터러시가 주목받고 있습니다.

이러한 산업혁명의 네 단계를 거쳐오면서 교육 역시 유사한 발전의 흐름을 가져오고 있습니다.

교실에서 가장 많이 볼 수 있는 '**직접 교수법**'은 고대 시대부터 시작되고 2차 산업혁명 시대에는 표준화를 위해 널리 활용된 기법으로 단기간에 우수한 인지 능력을 갖춘 학습자를 양성하는 데 좋은 방식입니다(직접 교수법 - 1/2차 산업혁명 - 웹 1.0).

의사소통을 중심으로 진행하는 '**문답식 교수법**'은 교사와 학생, 학생과 학생 사이의 소통을 중시하며 이를 기반으로 한 고차원적 사고력의 배양을 중시합니다. 특히, 2022 개정 교육과정에서 강조하고 있는 학생 참여형 수업의 주 골자에 해당하는 '토의·토론' 수업 등 역시 이에 해당한다고 할 수 있으며 현재 우리 교실에서 가장 효과적이라 널리 알려진 교수·학습법 중 하나입니다(문답식 교수법 - 3차 산업혁명 - 웹 2.0).

마지막으로 학생 경험과 상황을 바탕으로 삶에 유의미한 과제를 제공하고, 학생들이 자신만의 과제를 스스로 만들고 공유하는 데 참여하도록 하는 '**생산·공유 교수법**'이 있습니다. 이 방법에서 학생들은 저마다의 창작물을 생산하고 공유하며 나눕니다. 이 과정을 통해 표현을 넘어 성찰과 문화화에 도달하는 고차원적 경험을 할 수 있습니다. 이러한 수업이 가능하도록 하는 클라우드 컴퓨팅 등의 기술이 현재 상용화되어 있습니다(생산·공유 교수법 - 4차 산업혁명 - 웹 3.0).

교수·학습법 및 교육 내용의 옳고 그름은 함부로 판단할 수 없으며, 무엇이 더 좋은 방법인지는 각 학생과 교사가 처한 환경에 따라서 모두 다릅니다. 다인수 학급에서 교육할 때는 여전히 직접 교수법이 효과적일 수 있습니다. 또한 창의성이 중요하지만 창작의 초석이 될 기본적 지식에 대한 이해와 암기는 기초 능력에 필수적 과정입니다.

단기간에 인지 능력이 우수한 교육자가 학생을 대상으로 효율적으로 지식을 전달하는 것도, 그리고 동료 학생과 서로의 생각을 묻고 답하며 표현하도록 하는 활동도,

학생의 생활 문제 및 상황을 정의하고 유의미한 과제를 협업하여 해결하고 산출물을 생산하여 쉽게 공유하는 것도 모두 중요한 교육 방법입니다.

앞의 두 가지 방법에 대해서는 역사적으로 많은 연구와 누적된 실천적 교육 자료들이 있습니다. 이에 반해 아직 세 번째 방법에 대한 자료는 상대적으로 부족한 것이 사실이며 특히 해당 수업을 편리하게 만드는 클라우드 기반의 디지털 수업 혁신을 위한 도전은 현재 진행형인 상황입니다.

따라서 이 책에서는 학습자가 생산하고 공유할 수 있는 교수·학습법을 실현하기 위한 구체적인 방법으로 교육의 디지털 전환에 기반한 디지털 기반 수업 혁신을 다루며, 그 도구로 '캔바'라는 핵심 기제를 활용하는 방법을 다룹니다.

> **Tip. 교육의 디지털 대전환: 두 가지 관점**
>
> 2022 개정 교육과정에 맞추어 디지털 기초 소양을 함양하는 것과 더불어, AI 교육 및 AI 디지털 교육 자료 등 'AI'의 교육적 활용과 적용에 관심이 높습니다. 그런데 이에 대한 용어가 현장에서 혼선이 있습니다. 이 부분에 대해서 명확한 정의와 이해를 하고 가면 좋습니다.
>
> **- 교육 내용의 디지털 전환**
> 교육 내용의 디지털 전환은 교수학습 내용의 측면에서 디지털과 관련된 새로운 기술을 학습하는 것을 의미합니다. 흔히 이야기하는 소프트웨어(SW) 교육과 이와 연계한 인공지능(AI) 교육이 해당합니다. 각종 신기술에 대해 내용적 지식을 익히는 경우를 교육 내용의 디지털 전환으로 생각할 수 있습니다.
>
> **- 교육 방법의 디지털 전환**
> 교육 방법의 디지털 전환은 AI 디지털 교육자료 또는 AI 코스웨어를 비롯한 각종 에듀테크를 활용하여 수업의 방법을 디지털과 연계하거나 디지털로 전환하는 것을 의미합니다. 이 책에서 다루는 캔바는 교육의 디지털 전환 중 교육 방법의 디지털 전환에 해당합니다.

나. 2022 개정 교육과정과 디지털 기반 교육 혁신

2022 개정 교육과정과 디지털 기반 교육 혁신에 대해 알아보도록 하겠습니다. 캔바라는 도구를 익히고 수업에 적용하는 것도 중요하지만 하나의 흐름이자 트렌드로서 캔바라는 도구를 활용하는 것이 아닌, 제대로 된 교육적 적용의 의미를 파악하기

위해서는 2022 개정 교육과정과 디지털 기반 교육 혁신이라는 정책적 흐름을 이해할 필요가 있습니다.

먼저, 2022 개정 교육과정은 2024년도부터 초등 1, 2학년에 적용된 후 2025년도부터 초등학교 3, 4학년, 중학교 1학년, 고등학교 1학년 등에 적용되며 점차 확장되는 교육과정을 의미합니다(이를 살펴보면 2025년도에 도입되는 AI 디지털 교육자료의 도입 학년은 2022 개정 교육과정 도입 학년과 밀접한 관련이 있음을 알 수 있습니다).

교육부 고시 제2022-33호, 초중등학교 교육과정 총론 및 각론 고시에서는 다음과 같이 강조하고 있는 내용이 있습니다.

"교과의 깊이 있는 학습에 기반이 되는 언어, 수리, 디지털 기초소양을 모든 교과를 통해 함양…."

이는 학교가 학생의 깊이 있는 학습을 통해 핵심 역량을 함양할 수 있도록 교수·학습을 어떻게 설계해야 하는가에 대한 사항으로 학습의 기반이 되는 소양을 언어, 수리, 디지털 기초 소양으로 명시하고 있습니다. 미래 사회를 살아갈 학생들이 반드시 가져야 하는 핵심 역량을 함양하기 위해서 필요한 기초 자양분이 되는 소양으로 '디지털'이 강조되고 있음을 파악할 수 있습니다.

역량과 소양?
교육과정에 있는 문구를 통해 우리는 학생들이 핵심 역량을 갖추기 위해, 세 가지 종류의 소양을 모든 교과를 통해 함양해야 함을 알 수 있습니다. 그렇다면 디지털 역량과 디지털 소양의 차이점은 무엇일까요?
역량은 특정 과업을 수행하는 데 필요한 실질적인 능력과 기술을 의미합니다. 반면, 소양은 개인의 성숙도를 나타내며 교양을 의미합니다. 즉, 2022 개정 교육과정에서 이야기하는 바는 미래 사회를 살아갈 학생이 갖추어야 할 자질이자 교양으로서 '디지털'을 언어, 수리와 더불어 교양적 측면에서 갖추어야 함을 뜻합니다.

다음으로 **'디지털 기반 교육 혁신'**에 대해 알아보도록 하겠습니다. 교육부가 추진하고 있는 가장 큰 정책적 추진 방향의 하나로서 "모두를 위한 맞춤 교육의 실현"이라는 슬로건을 가지고 있습니다. 여기에서 파생된 정책이 AI 디지털교과서(교육자료)를 비롯한 각종 에듀테크 진흥과 관련된 내용이 있습니다.

이는 교육 방법의 디지털 전환을 의미하는 것으로 학생 한 명 한 명에게 책임교육을 실현하기 위한 핵심적인 기제로서 기술의 도움을 받아 교사의 전문성을 널리 활용할 수 있도록 하는 정책입니다. 대표적으로 세 가지 정책 문서와 그 요약 내용에 대해 안내하도록 하겠습니다.

❶ 디지털 기반 교육 혁신 방안('23. 2.)
- 모든 학생을 위한 맞춤형 교육의 도입 필요
- 첨단 기술을 활용하여 시·공간의 한계를 극복한 데이터 기반의 교수·학습 도입
- 에듀테크와 AI 디지털교과서의 도입 필요성
- 디지털 기술을 활용한 교수학습 모델 개발 및 적용 추진
- 디지털 기기 과몰입, 과의존을 방지하는 교수·학습 지원

❷ AI 디지털교과서 추진 방안('23. 6.)*
- 1:1 개별 맞춤 교육을 위한 디지털 기술 여건 조성
- 평균 맞춤형 교육에서 개별 맞춤형 교육으로 전환하기 위한 AI 디지털교과서 도입
- 첨단 기술 활용 학습자를 교육의 중심으로 옮겨 수업 지원

❸ 에듀테크 진흥 방안('23. 9.)
- 디지털 대전환 시대 교육과 기술의 결합은 피할 수 없는 흐름
- 교육 난제 해결 및 개별 맞춤형 교육을 위하여 에듀테크 활용 기대
- 교육의 질 향상을 위한 도구로서 에듀테크 활용

---

* 2025년 현재 AI 디지털교과서는 AI.디지털 교육자료로 전환되어 학교 현장에서 활용되고 있습니다. 그 외 비슷한 원리를 갖춘 똑똑수학탐험대(KERIS), AI 펭톡(EBS) 등의 개별 맞춤형 교육을 위한 AI 기반 교수학습 플랫폼 등도 선생님들이 적재적소에 이용하고 있습니다.

다. 디지털 대전환을 지원할 최고의 에듀테크, 캔바

이러한 교육과정의 변화와 디지털 대전환의 사회 속에서 교육 현장에서는 적절한 에듀테크를 선택하여 올바르게 활용할 필요성이 있습니다. 많은 교육자가 다양한 도구를 수업에 적용하고 학생들과 함께해 본 결과 많은 교육자들이 최고의 에듀테크 툴로 꼽는 도구가 있습니다. 바로 '캔바(Canva)'입니다.

캔바는 호주에서 개발된 그래픽 디자인 플랫폼으로 이미지, 발표 자료는 물론이며 동영상 및 문서를 쉽고 간단하게 누구나 만들 수 있도록 도와줍니다. 기존 포토샵 등의 플랫폼은 사용이 어렵고 익히는 데 시간이 많이 소요되었으며 높은 수준의 숙련도를 요구했습니다. 하지만 캔바는 직관적인 사용법과 강력한 연동성을 바탕으로 학생들도 쉽게 익힐 수 있다는 점에서 교육 현장의 높은 호응을 받았습니다.

특히나 교육기관의 대표 한 명이 교육용 계정 인증을 받고 해당 조직에 속한 모든 사람을 워크스페이스에 초대한다면 초대받은 이용자는 계정 로그인 한 번으로 별도의 교육용 인증을 받지 않아도 되는 편리함을 제공합니다.

1) 캔바의 장점

- 직관적 인터페이스와 다양한 템플릿 제공으로 필요한 디자인 숙련도 장벽이 낮음.
- 교육용 인증을 받을 시 전문가 기능을 무제한 무료로 활용 가능(상업용 별도 검토 필요).
- 클래스 기능 제공으로 학급 관리 가능. 수업 설계에 따라 창작 및 공유와 나눔 학습 가능.
- 학생이 다양한 방법으로 여러 가지 형태의 산출물을 창의적으로 만들어 낼 수 있도록 지원.

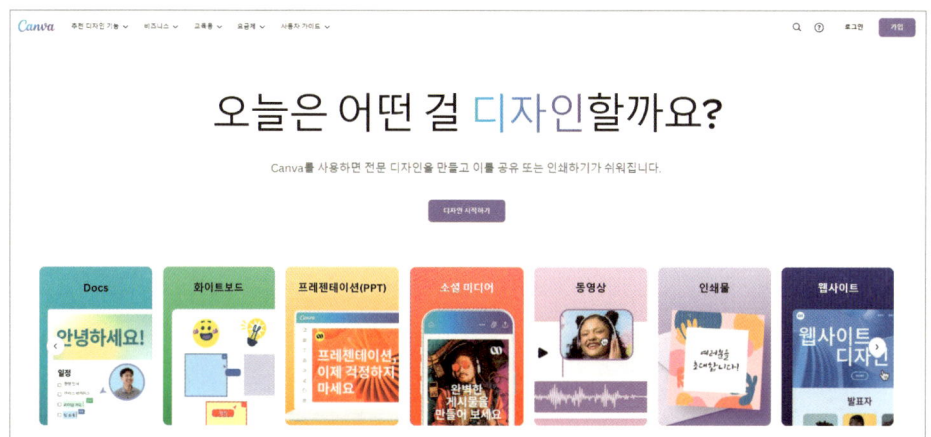

그림 1-1. 캔바 홈 화면

　이 책은 캔바를 교육적으로 활용한 다양한 프로젝트형 사례들을 소개합니다. 이를 통해 선생님과 학생들의 역량을 함양하고 디지털 소양을 자연스럽게 키울 수 있도록 구성했습니다. 회원가입 및 교육용 인증이 되어 있다면 책의 **3장**부터 살펴보도록 합시다. 교육용 계정을 기본으로 설명했지만 무료 기본 계정으로도 일부 기능을 제외하고 충분히 따라할 수 있습니다. 우선, 회원가입부터 시작하여 교육용 인증, 그리고 캔바의 기본 기능을 차근차근 익힐 수 있도록 안내했습니다. 책의 후반부로 갈수록 고급 기능을 자유자재로 다뤄볼 수 있도록 했습니다.

2) 캔바 vs PPT

　캔바와 PowerPoint는 모두 프레젠테이션 문서를 만들 수 있는 도구이지만, 몇 가지 주요 차이점이 있습니다. 디자인 유연성에서 캔바는 템플릿 중심적이어서 빠른 디자인에 유리하며, 파워포인트는 프레젠테이션의 모든 측면에 대해 사용자 정의에 따라 전문적인 제어를 할 수 있습니다.
　캔바는 주로 웹 기반으로 사용자가 언제 어디서나 작업해도 작업 결과가 클라우드에 자동 저장되는 장점을 가지고 있으며, 파워포인트는 기본적으로 데스크톱 소프트웨어입니다. 물론 최근 클라우드 저장 기능을 제공하고 있으며 웹에서 작업하는 기능 역시 있으나 웹 접근 및 작업 편의성 측면에서 캔바가 더 편리하다는 평이 많습니다.

협업의 측면에서 캔바의 실시간 협업 기능은 플랫폼에 내장되어 있어 어떤 계정으로 회원가입을 하던 캔바 회원이면 초대를 통해 협업할 수 있으나, 파워포인트는 Microsoft 365 도구를 활용하는 사람끼리 협업이 가능합니다.

최종적으로 캔바는 시각적으로 매력적이고 만들기 쉬운 디자인에 적합하고, 파워포인트는 고급 기능을 갖춘 콘텐츠 중심의 프레젠테이션을 전달하는 데 탁월한 소프트웨어로 각각의 장점이 있습니다. 다만, 교육 현장에서는 최근에 사용 편의성에 중점을 둔 캔바의 활용이 점점 늘어나는 상황입니다.

	캔바	파워포인트
주요 용도	프레젠테이션을 포함한 그래픽 디자인 도구	전통적 프레젠테이션 소프트웨어
사용자 인터페이스	드래그 앤드 드롭, 템플릿 기반, 뛰어난 시각적 기능을 지님. 높은 수준의 디자인 기술이 필요하지 않음	슬라이드 기반의 기존 UI에 친숙함이 높음. 고급 기능에 대해서는 어느 정도 학습이 필요함
사용 편의성 및 가격	무료 버전 사용 가능. 더 많은 기능을 갖춘 유료 버전이 있음. 단 교사용은 프로 기능 무료 이용	유료 소프트웨어, 라이선스 필요(또는 월 구독 필요)
디자인 유연성	디자이너가 아닌 사람도 쉽게 사용할 수 있는 다양한 템플릿 보유함(광범위함)	고급 사용자를 위한 더 많은 디자인 제어 가능. 템플릿이 많지만 프레젠테이션에 더 중점을 둠
협업	클라우드 기반 프로젝트의 실시간 협업	OneDrive 또는 SharePoint를 통한 공동 작업 가능
오프라인 엑세스	제한됨(오프라인 디자인은 데스크톱 앱에서만 사용 가능)	완전한 오프라인 가능

표 1-1. 캔바와 파워포인트 비교

라. 캔바 가입하기

캔바에 접속한 후 회원가입을 함께 해보도록 하겠습니다. 포털 사이트에서 '캔바'를 검색합니다. 가장 위쪽에 있는 파란색 배경에 흰색 'C' 글씨가 있는 것이 캔바의 파비콘 로고입니다. 해당 웹사이트로 접속합니다.

01 포털 사이트에서 '캔바'를 검색합니다.

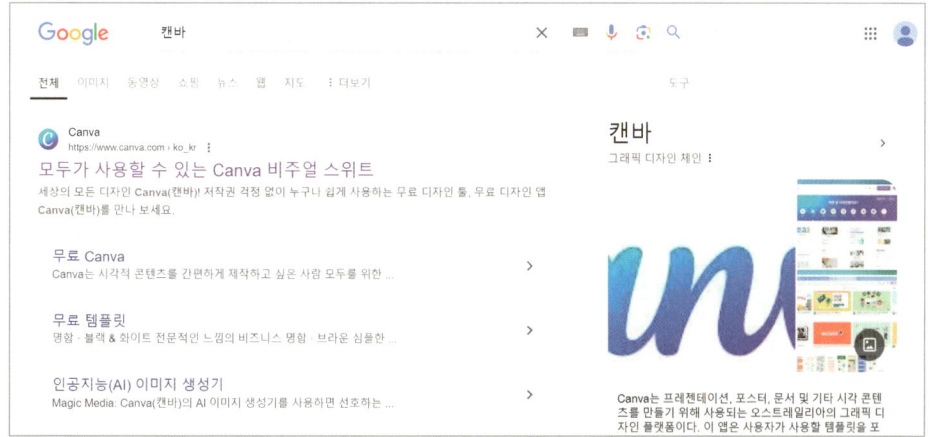

그림 1-2. 포털 사이트에서 '캔바' 검색

02 우측 상단의 '가입' 버튼을 클릭합니다.

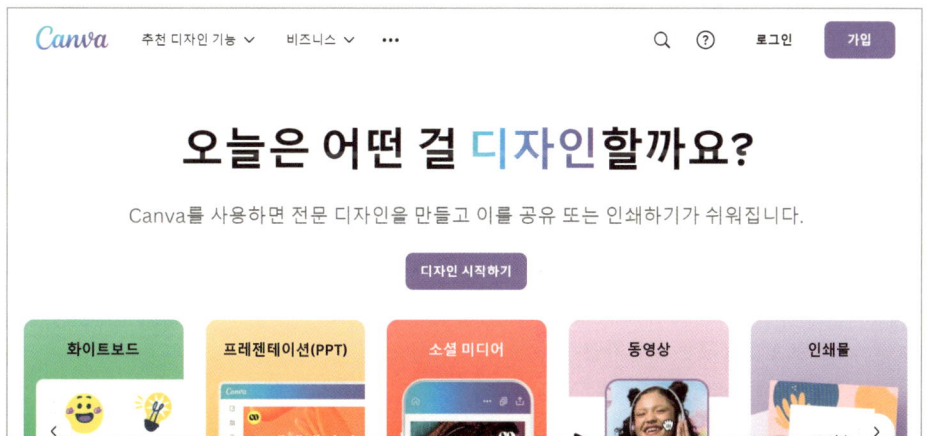

그림 1-3. 보라색 '가입' 버튼 클릭

03 캔바 이용 약관에 동의합니다.

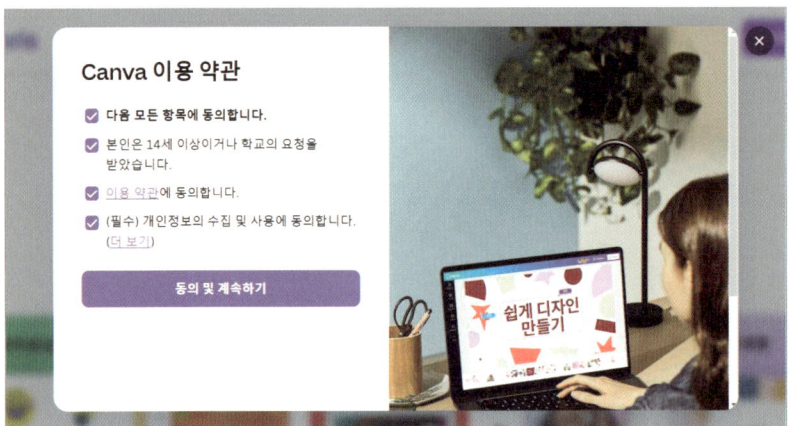

그림 1-4. 캔바 이용 약관 동의

　캔바를 활용하기 위해서는 모든 이용 약관에 동의해야 합니다. 만 14세 미만의 학생은 교육용 캔바 서비스를 활용할 것을 약관에서 이야기하고 있습니다. 교육용 캔바의 경우 아동의 온라인 서비스에 적용되는 미국의 모든 법률을 준수하여 만들어졌습니다. 따라서 초등학생과 중학교 1, 2학년 학생 등 만 14세 미만의 아동을 교육할 때는 교육용 캔바를 활용하는 것이 바람직합니다.

04 이메일을 활용하여 간편하게 로그인(회원가입)할 수 있습니다.

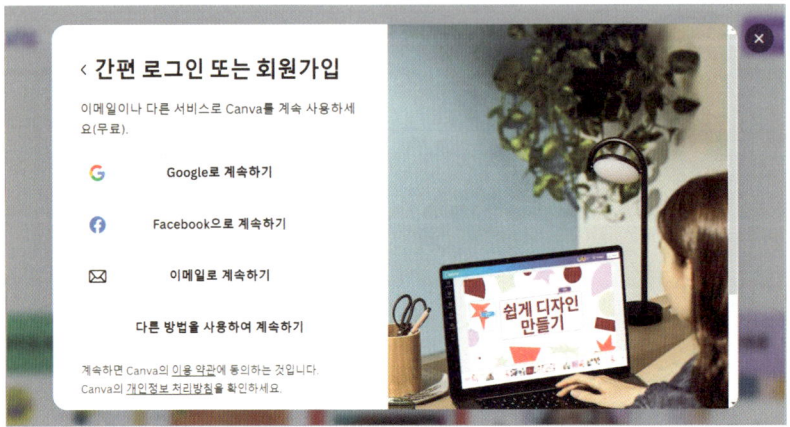

그림 1-5. 간편 로그인 또는 회원가입 화면

구글 계정을 활용하여 로그인하는 것이 캔바 활용에 있어서 일반적이며 만약 마이크로소프트 및 애플 계정을 활용하고 싶을 시에는 '다른 방법을 사용하여 계속하기'를 클릭해 줍니다. 이 책에서는 구글을 기준으로 설명할 예정이며 가입 과정은 어떤 플랫폼의 계정을 활용하여도 같습니다.

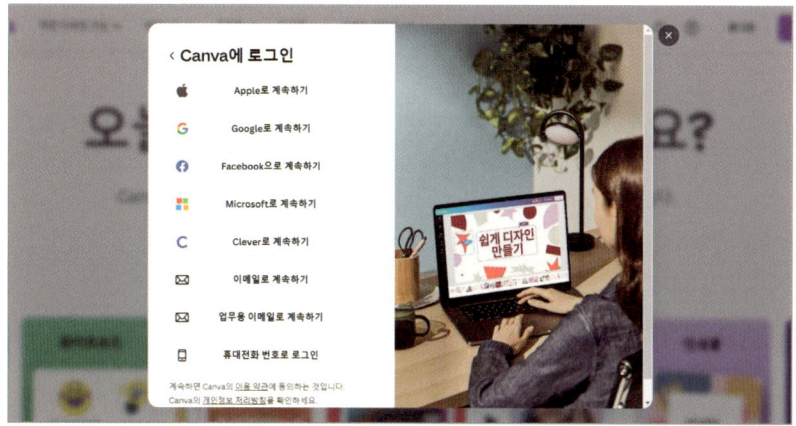

그림 1-6. '다른 방법을 사용하여 계속하기'

'다른 방법을 사용하여 계속하기'를 클릭하면 캔바에 로그인(회원가입)할 수 있는 모든 간편 로그인 방법이 나옵니다. 여기에서는 일반적으로 가장 많이 활용하는 구글 계정으로 캔바에 회원 가입하도록 하겠습니다. 'Google로 계속하기'를 클릭합니다.

05 구글 계정을 선택합니다.

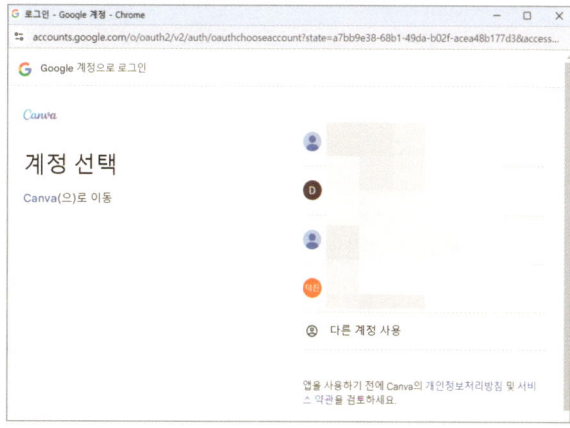

그림 1-7. 구글 계정 선택하기

1. AI•디지털 수업혁신 필수 도구, 캔바

06 구글 계정의 비밀번호를 입력합니다.

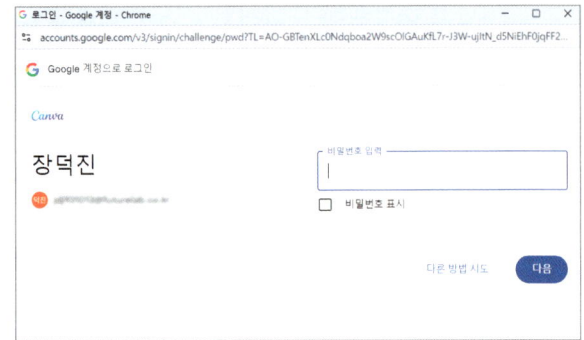

그림 1-8. 비밀번호 입력하기

07 '계속' 버튼을 클릭하여 캔바 서비스에 로그인 합니다.

그림 1-9. 캔바 서비스로 로그인하기

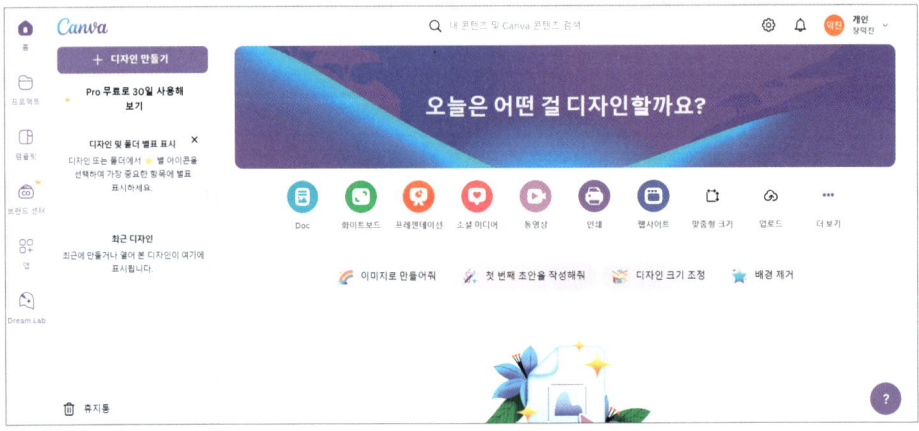

그림 1-10. 캔바 회원가입 완료

캔바 회원가입이 완료되며 첫 화면으로 이동합니다. 이때, 우측 상단 계정 정보에

'개인' 표시가, 좌측 상단에 'Pro 무료로 30일 사용해 보기'라고 나옵니다. 이 상태는 아직 교육용 인증을 받지 않은 상태입니다. 현재 상태에서도 충분히 캔바를 활용하여 많은 작업을 할 수 있으며 성인의 경우 유료 결제를 통해 모든 기능을 활용할 수도 있습니다. 다만, 이 책에서는 학교 현장의 선생님이 무료로 캔바의 모든 기능을 활용하고 학생들이 선생님의 보호 아래에서 다양한 교육적 기능을 활용할 수 있도록 교육용 인증을 받는 것을 권장합니다.

2 교사를 위한 캔바 인증과 기본 설정

가. 교육용 계정 인증받기

캔바가 선생님들을 위한 도구로 많이 활용되는 이유는 교육용 계정 인증을 받은 교직원의 경우 캔바에서 제공하는 거의 **모든 기능을 무료로 사용할 수 있다는 점**과 더불어 **교사가 초대한 학생 또는 동료 교사가 자동으로 교육용 계정으로 인증 가능**하다는 점 때문입니다(일부 교육청의 경우 교육청 도메인 계정으로 접속 시 자동으로 캔바 교육용 계정 전환).

캔바에서는 '선생님을 위한 교육용 캔바 라이선스'를 제공하여 교육 현장에서 그래픽 저작도구 활용 수업을 지원하고 있으며 해당 라이선스에 따르면 교육용 계정을 활용하여 교육적 목적으로 제작하는 산출물의 경우 캔바 내의 모든 템플릿 요소와 음악을 사용할 수 있다고 규정하고 있습니다. 다만, 이러한 혜택을 받기 위해서는 회원가입 후 '재직증명서' 인증 등의 방법으로 교육자 인증을 받아야 합니다.

※ 캔바에 접속한 후 회원가입만 하면 '개인 계정'을 얻을 수 있으며, 교육자 인증까지 마무리하면 '교육용 계정'을 얻을 수 있습니다. 두 계정의 활용도에 대한 비교는 '표 2-1'과 같습니다.

회원가입 후 바로 사용할 수 있는 '**개인 계정**'	회원가입 후 교육자 인증을 통해 라이선스를 획득한 '**교육용 계정**'
- 1백만 개 이상의 전문적으로 디자인된 템플릿 - 1,000개 이상의 디자인 유형 - 3백만 개 이상의 스톡 사진과 그래픽 - 일부 AI를 이용한 텍스트 및 디자인 생성 - 디자인 저장 및 인쇄 - 5GB의 클라우드 저장 공간	- 1억 개 이상의 저작권이 행사되지 않는 이미지, 동영상, 애니메이션, 오디오 등 - 수천 개의 고품질 교육용 템플릿 제공 - 배경 제거 기능, magic eraser, magic grab 기능 등의 AI 기능 - 코드, 이메일, Google 클래스룸을 통해 교실에 학생과 다른 교사 초대 - 1TB 클라우드 저장 공간 - 수업 내 학생들에게 과제 전송 및 실시간 피드백 가능

표 2-1. 무료 계정 및 교육용 계정 비교

> **Tip.** 캔바 회원가입 시 구글계정 SSO(싱글사인온) 활용하기
>
> 싱글사인온은 한 번의 로그인으로 여러 독립된 소프트웨어에 접근할 수 있는 인증 방식을 뜻합니다.
> 우리나라에서는 흔히 '간편 로그인'으로 불리는 방식으로 '구글 계정으로 로그인'을 활용하면 기존에 보유하고 있는 구글 계정을 그대로 캔바 로그인에 활용할 수 있습니다.
> 특히 해당 구글 계정에서 생성한 구글 클래스룸 및 구글 드라이브와의 연동 역시 지원하고 있어 교육용 '구글 워크스페이스'와 '교육용 캔바'의 호환 및 성능 극대화를 위해 캔바 회원가입 시 구글 계정을 활용한 싱글사인온 가입을 추천합니다.

다음으로 회원가입 후 교육용 인증을 받는 방법에 대해 알아보도록 하겠습니다.

교육용 라이선스를 부여받기 위해서는 회원가입을 할 때 미리 증빙자료를 준비하여 바로 교육용 인증을 받는 방법과 회원가입 후 증빙자료를 준비하여 첨부하는 방법이 있습니다. 두 가지 방법 모두 인증하는 방식은 같으며, 여기에서는 **무료 계정으로 가입한 상태에서 교육용 라이선스 인증을 통한 교육용 계정 업그레이드 방법**을 설명하겠습니다.

※ 이미 교육용 계정 인증을 받은 교사의 초대로 가입한 같은 조직의 학생 또는 동료 교사는 별도의 교육용 인증이 필요하지 않습니다.

01 캔바에 로그인한 후 좌측 하단의 프로필을 클릭하고 **[요금제]**를 클릭합니다. 그 후 나타나는 상단 메뉴 네비게이션에서 **[교육용] - [교사 및 학교]**를 찾아 접속합니다.

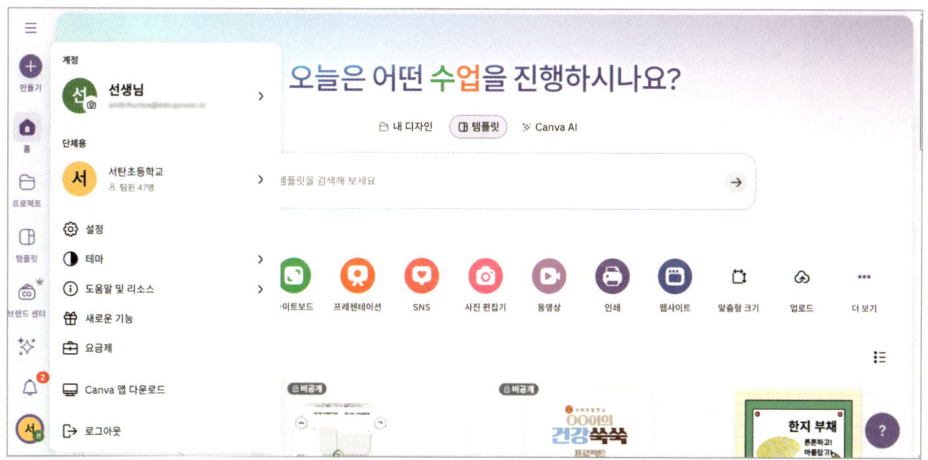

그림 2-1. 좌측 하단의 프로필 - 요금제 클릭하여 접속

02   [교육용] - [교사] - [인증받기]를 클릭합니다.

그림 2-2. 선생님 - '인증받기' 버튼

03   학교 이메일, 학교 위치, 학교 이름 등 관련 정보를 입력합니다.

그림 2-3. 교육 관련 정보 입력 창

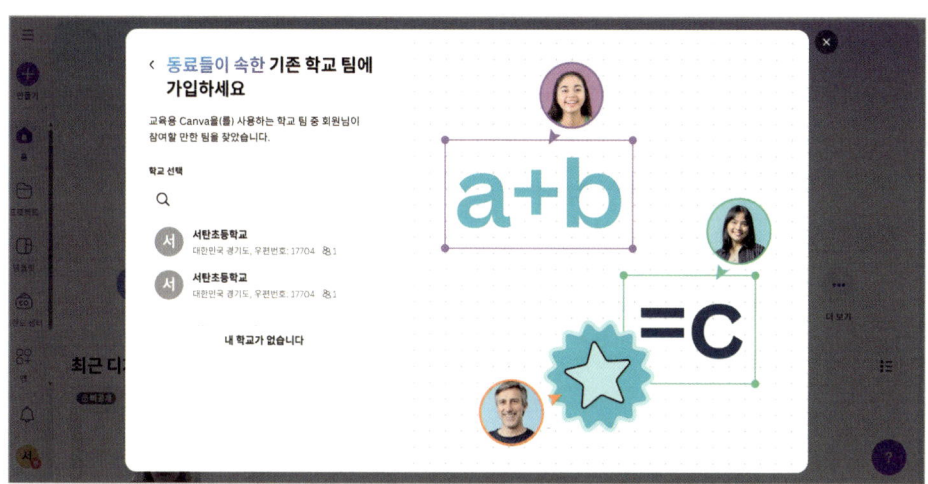

그림 2-4. 학교 선택하기

[내 학교가 없습니다]를 클릭하여 새로운 팀을 만들 수 있습니다.

※ 임의로 작성하여도 가능하나 가급적 사실대로 작성하는 것이 좋습니다. 만약 교육용 계정으로 승인되지 않을 시 **이메일을 통해 이의신청 및 재검토 요청을 할 수 있는데 이때 캔바 직원이 직접 사용자가 신청한 데이터를 살펴보고 승인 여부를 결정**합니다.

04 교육자임을 증빙하는 증빙자료를 탑재합니다.

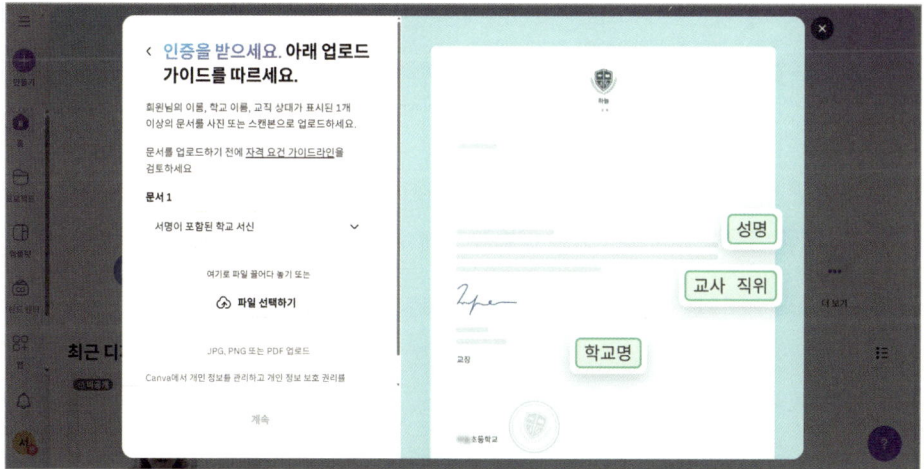

그림 2-5. 증빙자료 업로드

인증을 위한 증빙자료는 다양한 자료를 사용할 수 있으나, 일반적으로 '재직증명서(PDF)'를 활용합니다. 교원의 재직증명서는 '나이스 대국민 서비스(www.neis.go.kr)' 사이트에서 발급받을 수 있습니다.

> **Tip. 나이스 대국민 서비스 사이트에서 재직증명서 발급하기**
> 첫째, 나이스 대국민 서비스 접속 후 [서비스 바로가기] – [교육제증명] – [온라인 민원 현황] – [인사] –
> [재직증명서] – [발급하기]를 클릭합니다.
> 둘째, 로그인 후 [문서출력] – [인쇄] 클릭 후 [PDF]를 선택 후 출력하여 컴퓨터에 저장합니다.

　무료 개인 계정에서 교육용 계정으로 전환되었음을 확인하는 방법을 알아보도록 하겠습니다.

　무료 개인 계정은 화면 왼쪽 상단의 '함께 30일 동안 CANVA PRO 사용해 보기(유료버전 사용 권유)'가 뜨거나 오른쪽 상단의 로그인 계정 버튼을 클릭하면 '개인_무료' 글자가 적혀 있습니다.

　이와 달리 교육용 계정으로 인증된 경우, '함께 30일 동안 CANVA PRO 사용해 보기'가 뜨지 않고 오른쪽 상단의 로그인 계정 버튼을 클릭하면 소속 학교 또는 팀명이 나타나고 [교육용]이라는 글자가 보입니다(물론, 무료로 사용하는 개인 계정 역시 팀 작업을 할 수 있으므로 '팀원' 정보가 나타납니다. 반면 교육용 계정은 하나의 교육기관 단위로 팀으로 묶이며 구성원은 물론이며 세부 사항', '수업' 등 역시도 살펴볼 수 있습니다).

　계정에 따른 교육용 라이선스 인증 여부를 쉽게 확인하는 방법은 다음 '그림 2-6'과 같습니다.

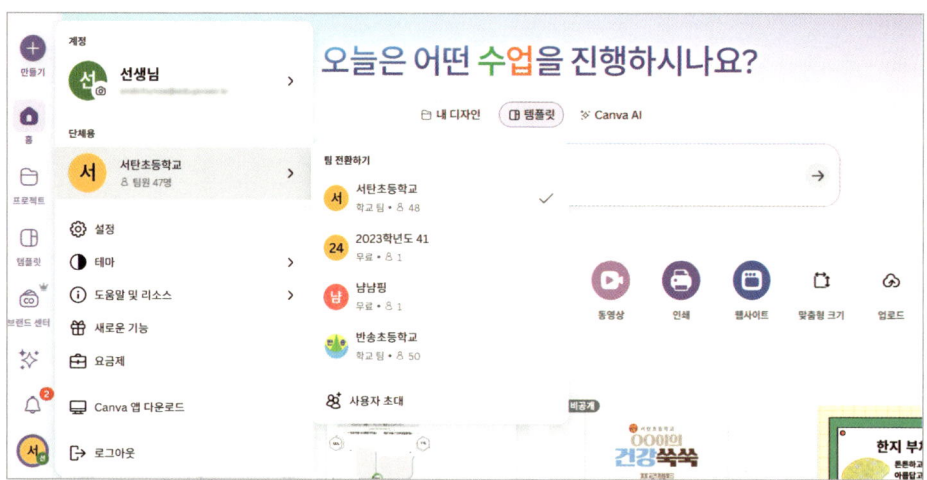

그림 2-6. 로그인 계정 정보 확인으로 교육용 라이선스 인증 여부 확인하기

※ **참고 사항** : 계정 종류에 따른 캔바 설정 하위 메뉴 비교

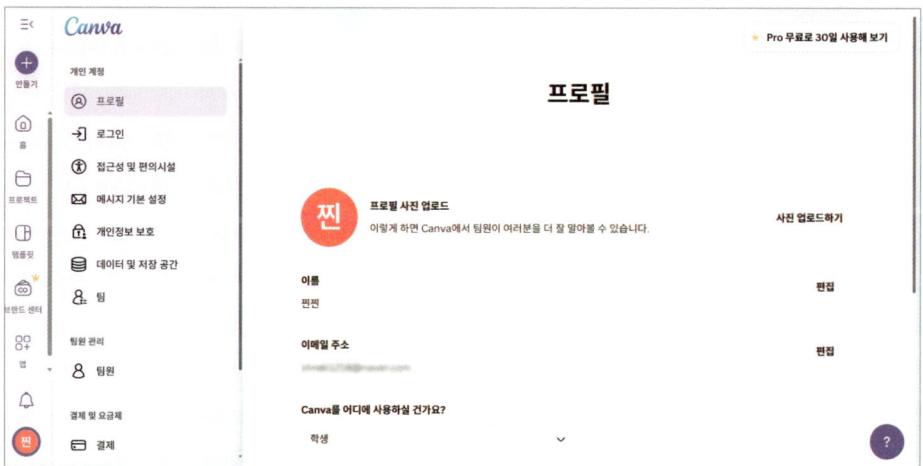

그림 2-7. 개인 계정 설정 화면(왼쪽 메뉴 참고)

그림 2-8. 교육용 계정 설정 화면(왼쪽 메뉴 참고)

나. 수업 생성 및 학생 초대 하기

　교육용 계정을 인증받은 후 학급 내에서 사용하는 방법은 무궁무진합니다. 단순히 교원·학생이 캔바라는 도구를 자유롭게 활용할 수 있도록 계정만 생성할 수 있으며, 사본 만들기 링크를 제공하여 학생들이 해당 템플릿 기반의 활동을 하도록 할 수 있습니다.

　여기에서는 캔바를 자유롭게 활용할 수 있도록 '팀원'으로만 초대하는 방식과 다수 학생을 대상으로 체계적으로 저작물을 관리하기 위해 캔바에서 제공하는 '수업' 메뉴를 활용해 초대하는 방식과 활용법에 대해 알아보도록 하겠습니다. **개별 교사가 수업을 생성하고 그 수업에 학생을 초대한 후 과제를 제시하는 방법을 통해 온라인 학급방 형태로 캔바를 활용**할 수 있습니다.

캔바 내에서 '수업' 기능을 활용한 학급방 구성의 장점
- 간단한 검색으로 수업 전체 또는 학생 개인에게 과제를 부여하기가 간편함.
- 학생들과 작업 및 과제를 실시간으로 공유 편집할 수 있음.
- 검토 메시지를 통해 학생들에게 즉각적인 피드백 제공이 가능.
- 교사의 계정에 학생들 작업물이 저장되어 한눈에 볼 수 있음.
- 교사는 이를 폴더에 저장하여 포트폴리오화 할 수 있음.

교육용 계정 설정 화면의 왼쪽 메뉴를 살펴보면 **'팀프로필'**, **'팀원'**, **'수업'** 등이 있습니다.

첫째, **'팀프로필'**에서 **학교명/웹사이트/주소** 등의 정보를 넣을 수 있습니다.

둘째, **'팀원'**에는 본인이 속한 학교의 모든 구성원이 나타납니다. 또한, 이 메뉴에서는 '사용자 초대'를 통해 새로운 사용자를 초대할 수 있습니다.

셋째, **'수업'**에서는 구글 클래스룸 수업과 연동하거나 '수업 만들기' 버튼을 통해 캔바 내에서 독자적으로 수업을 생성하고 학생을 초대할 수 있습니다.

'팀프로필' 화면은 '그림 2-9', '팀원' 화면은 '그림 2-10'과 같으며, '수업' 화면은 '그림 2-11'과 같습니다.

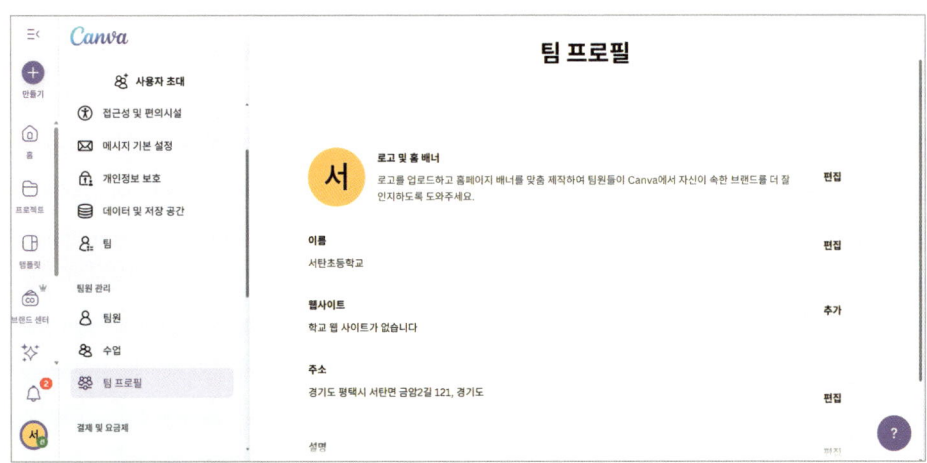

그림 2-9. 교육용 계정 설정 화면 - 학교 세부 사항 메뉴

'학교 세부 사항'에서는 별도의 정보를 수정하지 않아도 캔바 활용에 문제가 없어 일반적으로는 정보를 입력하지 않습니다. 만약 개인 선호에 따라 로고 및 배너, 학교 정보를 안내하고 싶다면 넣어 주세요.

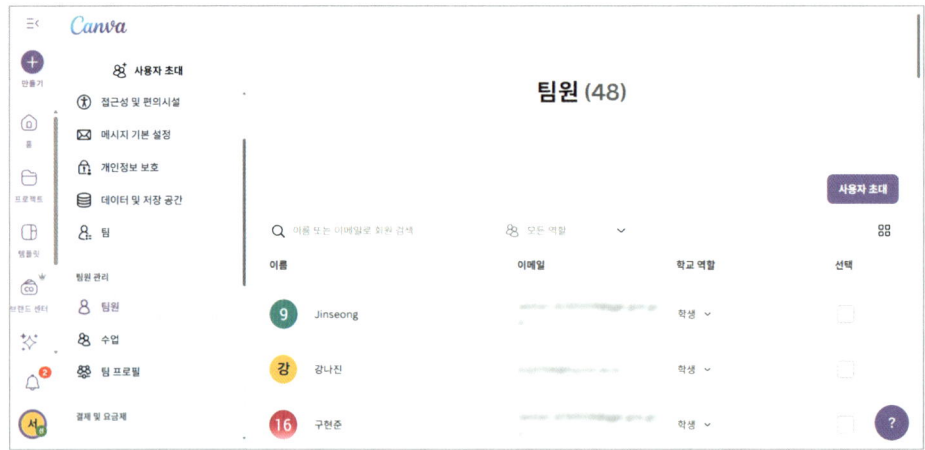

그림 2-10. 교육용 계정 설정 화면 - 팀원 메뉴

기본적으로 교육용 인증을 처음 받은 교육자에게 초대받아 회원가입 한 사용자는 모두 학생으로 지정됩니다. 이때 동료 교사를 초대하면 학생 대신 관리자, 교사의 역할을 부여할 수 있습니다. 교사 권한을 부여하면 교사 권한을 받은 사람은 수업을 만들고, 학생을 초대할 수 있습니다.

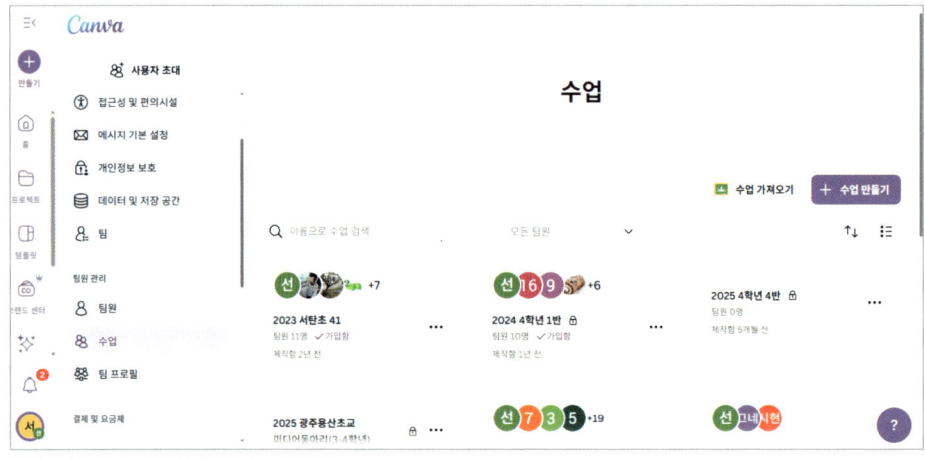

그림 2-11. 교육용 계정 설정 화면 - 수업 메뉴

수업은 학교에서 '반(학급)'의 개념입니다. 개별 수업을 생성한 후 학생을 해당 수업으로 초대하고 과제를 제시하고 관리할 수 있습니다. 지금부터 학생을 초대하는 방법에 대해 알아보도록 하겠습니다.

먼저, 앞서 캔바를 어떻게 활용할 것인지에 대해 차이점이 있음을 안내하였습니다. 교육용 계정 인증을 제공하며 사용자가 자유롭게 캔바를 활용할 수 있도록 '팀원'으로 초대하는 방식과 체계적 관리를 위한 '수업'으로 초대하는 방식이 있었습니다. 두 가지 방법 모두 '사용자 초대' 버튼을 클릭하고 방법을 정하는 같은 방식으로 각각의 방법에 대해 알아보도록 하겠습니다.

※ 팀원 메뉴에서 사용자를 먼저 초대한 후, 수업에 개별 초대 가능

1) 팀원 메뉴에서 사용자 초대하기

01 [팀원] 메뉴에서 접속한 후, 가운데에 있는 '사용자 초대' 버튼을 클릭합니다. 사용자 초대 버튼을 누르면 학생을 초대하는 방법은 네 가지가 나타납니다.

- 첫째, 공유 링크를 통한 초대
- 둘째, 코드를 통한 초대
- 셋째, 이메일로 초대
- 넷째, Google 클래스룸을 통한 초대

02 [팀원] 메뉴에서 접속한 후, '사용자 초대' 버튼을 클릭합니다.

그림 2-12. 팀원 - 사용자 초대

가장 먼저, 공유 링크로 초대할 수 있습니다. 링크 주소를 학생들에게 제공하고 학생들이 해당 링크를 클릭하여 캔바에 접속하면 초대 수락을 할 수 있도록 하는 구조로 가장 간단한 방식입니다. 다만, 이 방식의 경우 학생들과 기존에 소통하는 학급방이 있어서 쉽게 전달하고 클릭할 수 있는 구조가 되어 있을 시 가능합니다.

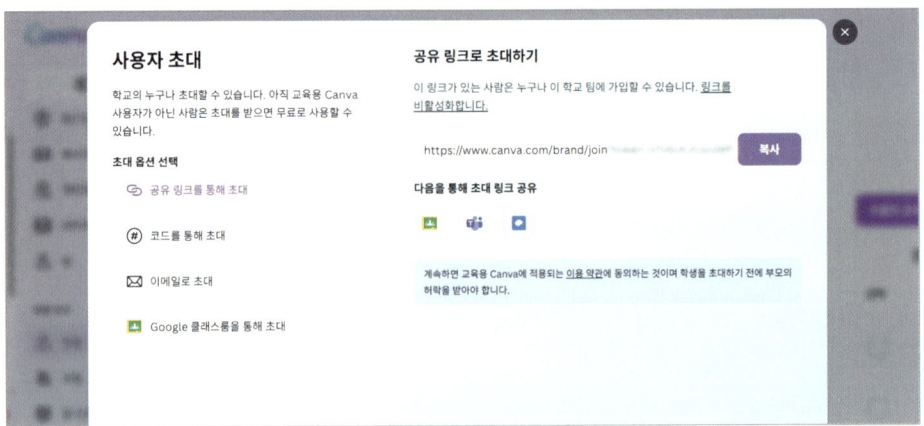

그림 2-13. 사용자 초대(공유 링크로 초대하기)

두 번째, 코드를 통한 초대 방법입니다. 코드를 캔바의 공통 초대 링크(https://www.canva.com/class/join) 주소를 학생들에게 제공한 후 표시되는 링크를 입력하여 들어오도록 하는 방법입니다. 이 방법은 오프라인에서 실시간으로 수업하는 상황에서 학생들을 캔바에 들어오도록 할 때 유용하지만, 한편으로는 영어 키보드 타이핑에 익숙하지 않은 초등학생의 경우 접근이 어려운 방법입니다.

그림 2-14. 사용자 초대(코드를 통해 초대하기)

세 번째, 이메일로 초대하기입니다. 팀원들을 정확하게 초대할 수 있는 한편, 학생을 한 명씩 추가하는 시간이 들 수 있습니다.

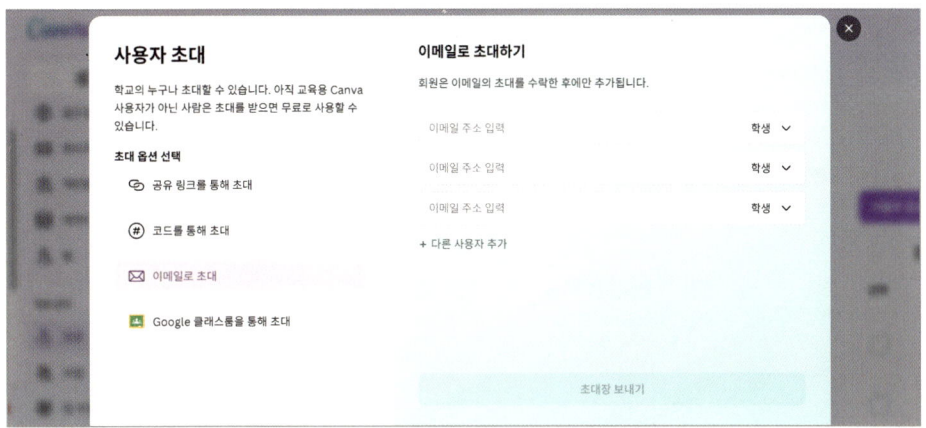
그림 2-15. 사용자 초대(이메일을 통해 초대하기)

네 번째, 구글 클래스룸(Google Classroom)에서 학생 초대입니다. 구글 워크스페이스 계정과 캔바의 계정을 동일하게 사용한다면, 기존에 사용하던 구글 클래스룸 속 학생의 이메일을 자동으로 불러올 수 있습니다.

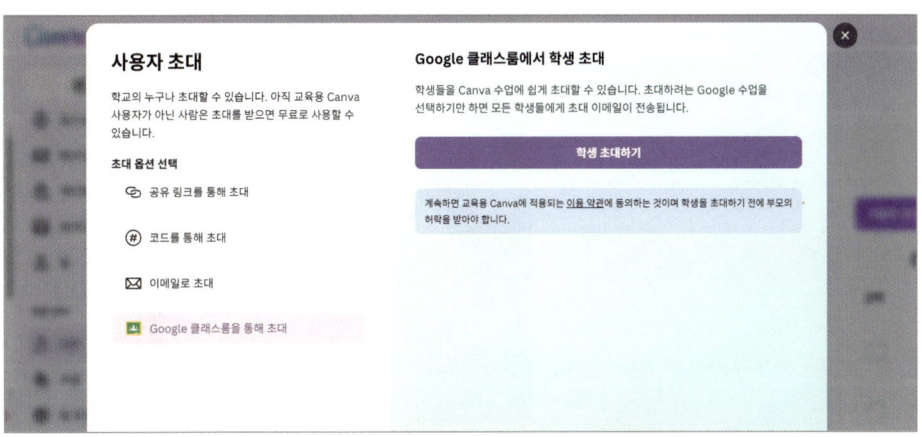
그림 2-16. 사용자 초대(구글 클래스룸을 통해 초대하기)

지금까지 '팀원' 메뉴에서 사용자를 초대하는 방법을 알아보았습니다. 다음으로, '수업' 메뉴에서 수업(단위 학급)을 생성하고 사용자를 초대하는 방법에 대해 알아보도록 하겠습니다.

2) 수업 메뉴에서 '수업' 만든 후, 사용자 초대하기

01   우측 상단에 있는 [+수업 만들기] 버튼을 클릭합니다.

그림 2-17. 수업 메뉴에서 '수업 만들기'

02   수업 이름을 정합니다.

그림 2-18. '수업 만들기' - 이름 선택

03 수업에 사용자를 초대합니다.

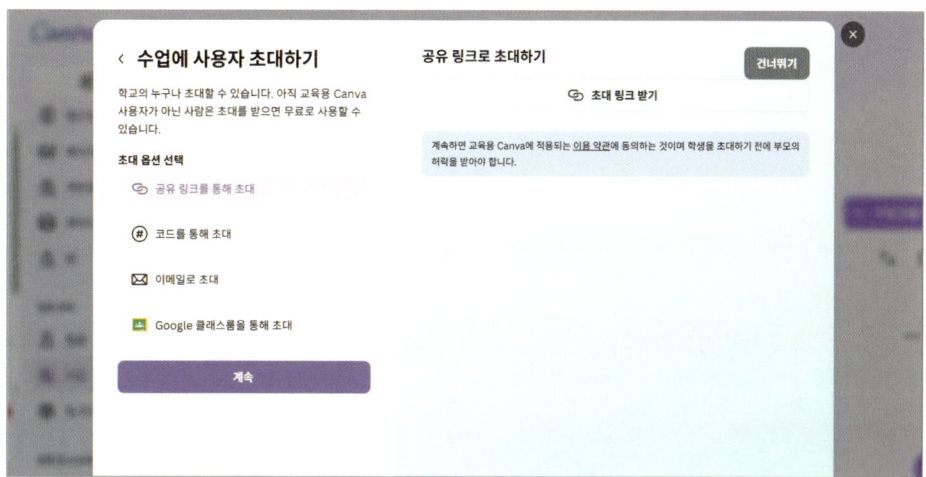

그림 2-19. 수업 만들기 - 수업에 사용자 초대하기

이때 사용하는 초대 방법은 '팀원' 메뉴에서 활용한 네 가지 방법과 같습니다. 네 가지 방법 중 자신에게 가장 익숙하고 편한 방법으로 진행합니다.

그림 2-20. 수업에서 사용자 추가 버튼으로 사후 추가 가능

만약 수업을 생성한 후, 나중에 학생을 추가하고 싶을 때는 개별 수업 이름을 클릭하여 들어간 후, 우측 상단의 [사용자 추가] 버튼을 클릭합니다. 그러면 기존의 네 가지 초대 방법이 다시 나타나게 되고 각각의 방법으로 안내할 수 있습니다.

수업을 생성한 후, 학생을 초대하였다면 이제 **해당 수업에 참여 중인 학생에게 과제를 제시**할 수 있습니다. 이 책에서는 국내에서 많이 활용되는 수업 방법과 같이 교사가 수정된 템플릿을 일괄 전송하는 방법을 통해 '수업' 메뉴에서 과제 제시 예시를 실습하도록 하겠습니다.

01 교사가 미리 작업한 수업 자료에서 우측 상단 [배정]을 클릭하거나 [공유] 버튼을 눌러 [배정]을 클릭합니다.

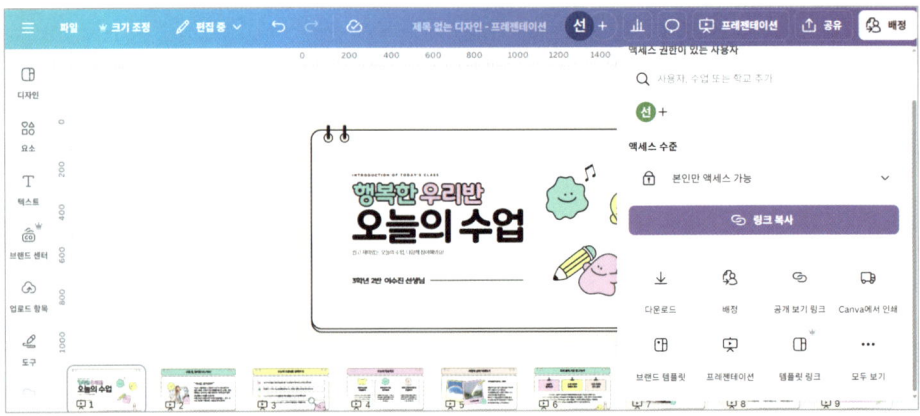

그림 2-21. 교사가 준비한 교육자료 배정 준비

02 배정 버튼을 누른 후 [링크를 통해 공유] 또는 [Canva에서 배정]을 클릭합니다. [Canva에서 배정]을 클릭하면 학생 또는 학급을 검색하여 과제를 배정할 수 있습니다. 과제를 공유할 대상(수업 학급)을 클릭합니다.

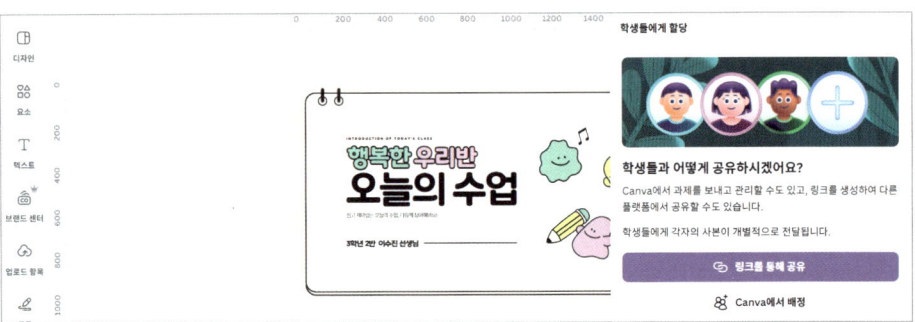

그림 2-22. 과제 배정하기

검색을 통해 과제를 공유할 대상을 선택한 후 [게시] 버튼을 클릭하면 지정된 학생에게 전송됩니다(국내 캔바 교육 사례에서는 과제를 제시하고 이를 수행하는 사례가 많은데, 일반적으로 교사가 캔바의 템플릿 또는 디자인을 일부 수정하여 제시하고 학생들은 그에 따라 교사의 설계된 과제를 수행하는 경우가 많습니다. 그 이유는 캔바가 영미권 기반의 디자인 플랫폼이라 영어 기반의 템플릿 역시 많으며, 학생들이 용어 검색을 통해 최적의 템플릿을 찾기 어려운 경우가 존재하기 때문입니다).

그림 2-23. 학생 화면 알림 버튼

[학생 화면] 학생에게는 오른쪽 종 모양의 상단 알림을 통해 과제를 안내받을 수 있습니다.

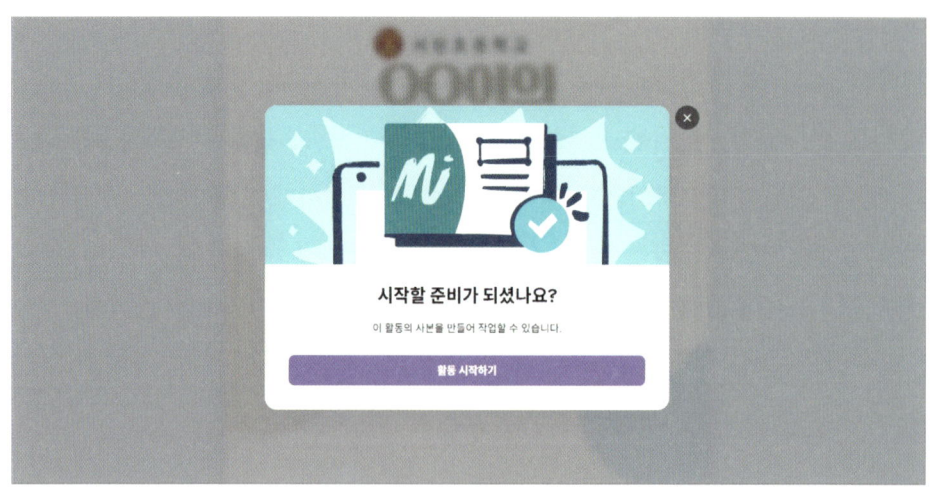

그림 2-24. 학생 화면 학생이 해당 과제에 접속한 모습

학생은 선생님이 내준 과제를 수행한 후 우측 상단에 있는 [교사에게 보내기] 버튼을 클릭하여 선생님에게 과제를 제출합니다. 학생이 버튼 클릭 후 교사를 선택하여 의견을 보내면 '의견 기다리는 중'으로 표시가 바뀝니다.

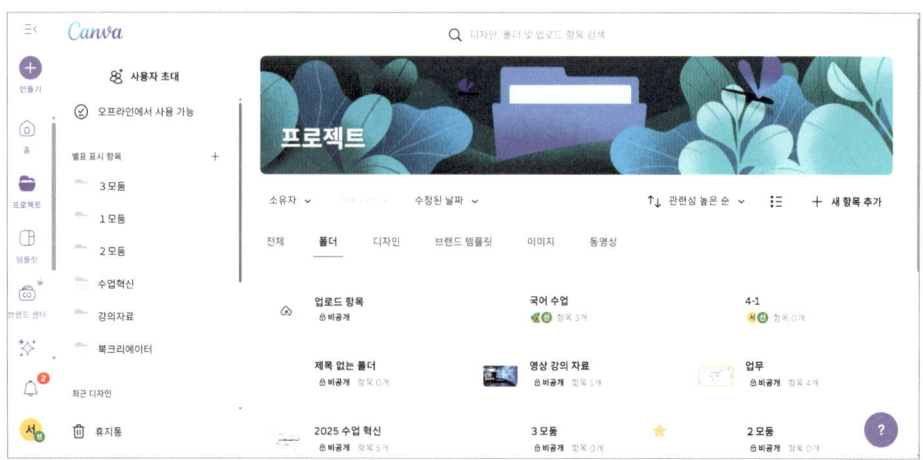

그림 2-25. 교사 화면 학생작품 포트폴리오화

교사는 학생이 제출한 학생의 작업물을 확인할 수 있습니다. 가령 캔바 홈 화면에 있는 '최근 디자인'에 학생들이 '교사에게 보내기'를 통해 제출한 모든 결과물이 나타납니다. 이를 폴더에 잘 정리하면 학급 단위의 포트폴리오를 생성할 수 있습니다.

이렇게 만들어진 결과물을 수행평가 결과로 활용할 수 있음에 더하여 캔바는 클라우드 기반으로 구동되기 때문에 학생이 실시간으로 과제를 수정하는 과정을 교사 화면에서 확인하고 즉각적 피드백 역시 가능하다는 장점이 있습니다.

3 캔바 첫 화면 기본 기능 살펴보기

앞서 캔바에 회원가입하고 교육용 인증 과정을 진행해 보았습니다. 일련의 과정을 통하여 이 책을 읽으시는 분들이 캔바의 UI/UX에 조금 익숙해지기 시작했을 것으로 생각합니다. 이번 장에서는 캔바의 기본 화면 구성 및 기능을 완전히 이해할 수 있도록 차근차근 화면을 살펴보도록 하겠습니다. 여러분들이 캔바에 접속하면 처음으로 만나는 '첫 만남'의 장소, 캔바 홈 화면을 알아봅시다.

가. 캔바 홈 알기

캔바 홈은 디자인 작업을 시작하고 관리하는 데 매우 유용한 허브 역할을 합니다. 캔바 홈을 활용하여 디자인 작업을 시작하고 관리하는 모든 도구와 기능에 쉽게 접근할 수 있어 만약 내가 어떠한 작업을 새로 시작해야 하거나 기능을 찾기 위해서 '캔바 홈'에 접속하면 됩니다. 이를 통해 디지털 기반 작업의 효율성을 높일 수 있습니다.

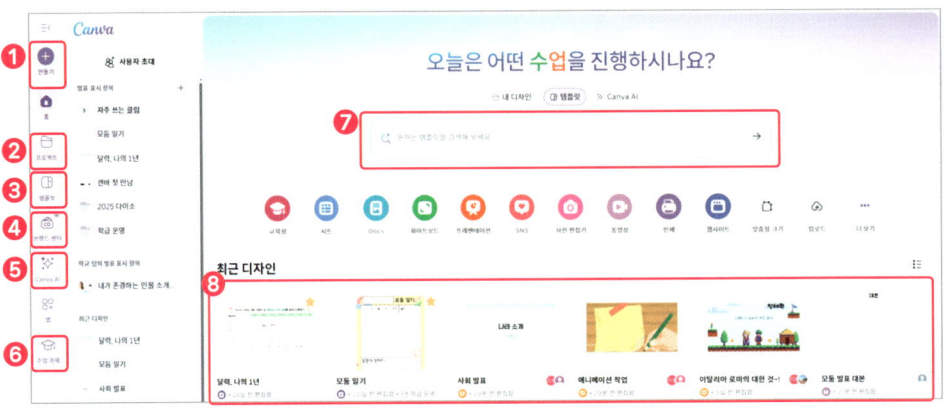

그림 3-1. 캔바 홈 이미지

캔바 홈에서 바로 접근할 수 있는 주요 도구와 기능은 다음과 같습니다.

① **디자인 제작**: 다양한 디자인 유형을 선택하여 새 디자인을 시작할 수 있습니다.
② **프로젝트 관리**: 프로젝트 탭에서 디자인, 폴더, 업로드된 파일 등을 관리할 수 있습니다.
③ **템플릿 탐색**: 다양한 디자인 유형에 맞는 수천 개의 템플릿을 탐색하고 선택할 수 있습니다.
④ **브랜드 관리**: 브랜드 키트, 로고, 색상 팔레트 등을 관리하여 일관된 브랜드 이미지를 유지할 수 있습니다.
⑤ **캔바 AI**: 원하는 작업을 입력하면 AI로 이미지 생성, 텍스트 작성, 문서 초안 작성, 코드 생성 등 다양한 작업을 빠르게 시작할 수 있습니다.
⑥ **수업 과제**: 수업 자료와 활동을 순서대로 구성하여 학생이나 팀원과 함께 학습할 수 있습니다.
⑦ **검색 바**: 원하는 디자인 유형, 스타일, 크기 등을 검색하여 빠르게 찾을 수 있습니다.
⑧ **최근 디자인**: 최근에 작업한 디자인을 빠르게 찾아 열 수 있습니다.

> **Tip.** "삭제한 자료는 어디서 찾을 수 있나요?"
>
> 캔바 홈 사이드 탭 – 휴지통
>
>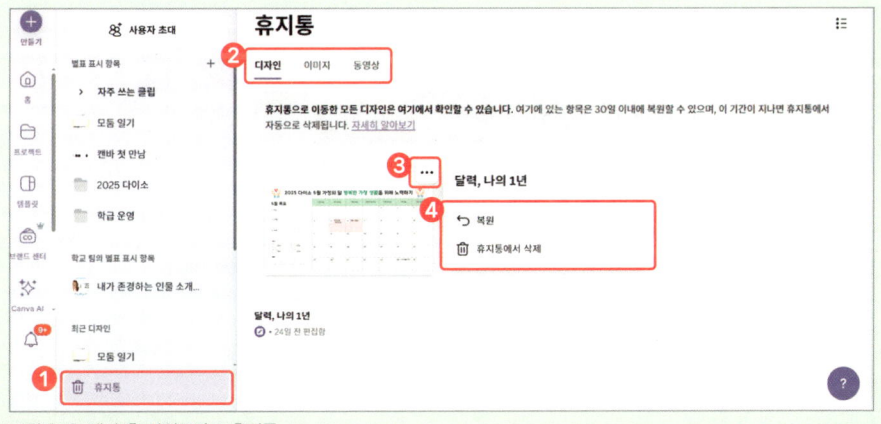
>
> 그림 3-2. 캔바 홈 사이드바 – 휴지통
>
> ① 홈페이지의 사이드바에서 **휴지통**을 클릭합니다.
> ② 휴지통에서 복원하거나 삭제하려는 항목에 따라 **디자인**, **이미지** 또는 **동영상** 탭을 클릭합니다.
> ③ 휴지통에서 복원하거나 삭제하려는 디자인 또는 파일 위로 커서를 이동합니다. 미리 보기에서 더 **보기 아이콘**을 클릭합니다.
> ④ 복원하려면 **복원**을 클릭합니다. 삭제하려면 '**휴지통에서 삭제**'를 클릭합니다. 이 작업은 취소할 수 없습니다.

나. 캔바 프로젝트 살펴보기

캔바의 **프로젝트**는 디자인과 파일을 체계적으로 관리할 수 있는 공간입니다. 디자인을 정리하고, 팀원들과 공유하며, 피드백을 받는 협업 과정을 보다 쉽게 진행할 수 있습니다.

앞서 교육용 계정 이해를 할 때 학생이 제출한 과제물을 한 번에 살펴볼 수 있는 공간이 바로 이 '프로젝트'였습니다. 이 공간은 모둠 또는 팀을 구성하여 협력형 수업, 프로젝트형 수업 진행 공간으로도 활용할 수 있고 교육용 인증을 받으면 다음의 기능도 활용할 수 있습니다.

- **디자인 정리**: 프로젝트를 통해 디자인과 파일을 폴더로 정리할 수 있음.
- **팀과 공유**: 팀원들과 디자인, 템플릿, 미디어 등을 쉽게 공유할 수 있음.
- **폴더 관리**: 폴더 이름 변경, 이동, 삭제 등의 작업을 할 수 있음.

Tip. 프로젝트에 폴더, 수업, 요소를 추가하는 방법: '+ 새 항목 추가'

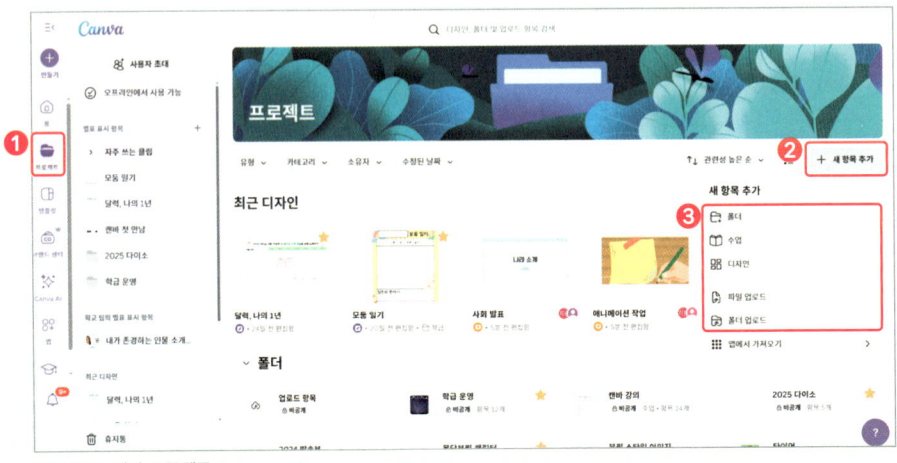

그림 3-3. 캔바 프로젝트

① 홈페이지의 사이드 탭에서 **[프로젝트]**를 클릭합니다. 프로젝트 항목에 따라 존재하는 **폴더, 디자인, 브랜드 템플릿, 이미지** 또는 **동영상**을 살펴봅니다.
② 내가 새롭게 추가하고 싶은 항목이 있을 시 **[새 항목 추가하기]**를 클릭합니다.
③ 폴더나 수업을 새로 구성하거나 원하는 형태의 요소를 업로드할 수 있습니다.

다. 캔바 템플릿 살펴보기

사이드 탭에 있는 '템플릿'을 누르면 쉽고 편리하게 활용할 수 있는 다양한 기본 디자인 템플릿이 제공되어 있습니다. 또한 각종 사진/아이콘은 물론이며 유명한 캔바 크리에이터들을 팔로우하고 그들의 디자인을 받아 볼 수 있습니다.

그림 3-4. 템플릿

캔바에서는 검색 기능이 통합되어 있어 내가 원하는 유형 또는 목적, 분위기 등을 검색하여 찾아볼 수 있습니다. 마음에 드는 템플릿을 찾아봅시다.

그림 3-5. 템플릿 검색하기

라. 캔바 디자인 만들기

지금부터 캔바를 활용한 디자인 만들기 실습을 시작하겠습니다. 먼저 디자인을 처음 만들기 위해서 캔바 화면 좌측 상단에 있는 [+디자인 만들기]를 클릭합니다. 보라색 상자는 사이드 탭의 어떤 도구에 들어가도 고정적으로 좌측 상단에 있습니다.

01 [+ 디자인 만들기] 클릭하기

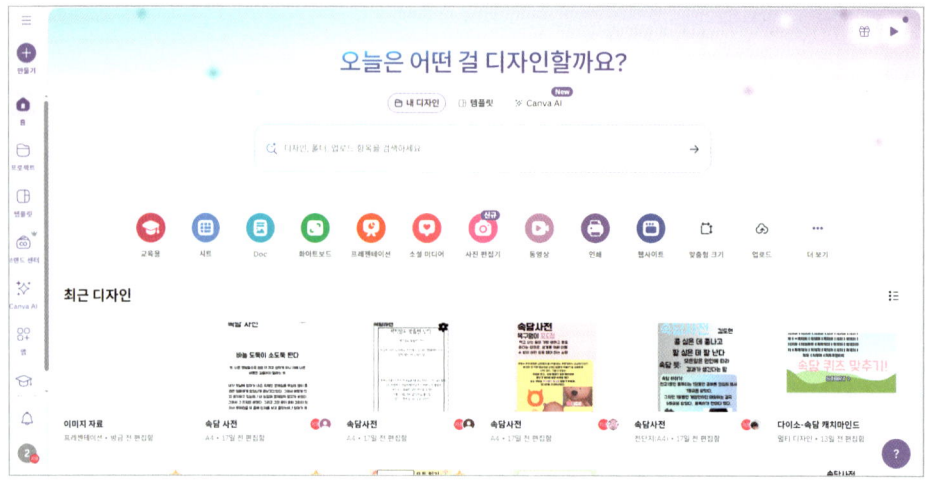

그림 3-6. + 디자인 만들기 클릭

02 디자인 만들기 - 템플릿 살펴보기

그림 3-7. 디자인 만들기(템플릿 탐색)

　디자인 만들기에서는 기존에 내가 활용한 템플릿을 기반으로 맞춤형 템플릿을 안내합니다. 또한, 각 목적에 맞는 템플릿을 활용할 수 있도록 여러 유형에 따라 크기와 디자인을 추천하므로 사용자는 클릭 한 번으로 자료 제작을 할 수 있습니다.

　여기에서 [+ 디자인 만들기]를 클릭하여 접속한 후 여러 종류의 템플릿을 보는 과정이 번거로운 경우 [+ 디자인 만들기]를 누르지 않고 디자인을 제작할 수 있는 간단한 방법이 있습니다.

　해당 방법은 홈 화면을 자세히 보시면 힌트를 얻을 수 있습니다. '그림 3-6'을 다시 하면 자세히 바라보면 홈 화면 가운데에 아이콘 열한 개가 나란히 나열된 것을 알 수 있습니다. 이 아이콘들은 [+ 디자인 만들기]를 클릭했을 때 나타나는 템플릿 유형의 이름입니다.

　다만, 이렇게 아이콘을 클릭하여 디자인을 바로 만들 경우, **빈 화면으로 새로 만들기**가 적용되며 나중에 템플릿을 다시 적용할 수 있습니다. 미리 템플릿을 보고 디자인을 만들지 빈 화면에서 템플릿을 적용할 지는 개인의 취향 문제로 익숙해진 방법으로 적용하도록 합니다.

　그렇다면 캔바의 디자인 작품의 제한은 어느 정도일까요? 이를 확인하기 위해 홈 화면의 아이콘 또는 [+ 디자인 만들기]를 클릭하여 [맞춤형 크기]를 선택하면 가로, 높이를 직접 설정하여 사용자가 직접 처음부터 크기부터 선정할 수 있는 빈 화면(새 디자인)을 생성할 수 있습니다.

그림 3-8. 맞춤형 크기

그림 3-9. 맞춤형 크기- 단위 선택 및 치수 입력

맞춤형 크기에서 디자인 치수 단위를 선택하려면 **드롭다운 메뉴를 클릭합니다. 적절한 단위를 선택한 후,** 디자인의 **너비(가로)**와 **높이(세로)**를 입력합니다. 캔바에서 제공하는 디자인의 크기는 너비와 높이가 각각 **최소 40px 이상, 최대 8000px 이하여야 합니다.** 희망하는 너비와 높이 값을 입력한 후 [새 디자인 만들기]를 클릭합니다. 편집기가 열리며 작업에 들어갈 수 있습니다.

마. 캔바 편집기(에디터) 기본 용어 알기

다음으로 캔바 편집기(이하, 에디터)의 기본 용어와 기능들에 대해 알아보도록 하겠습니다.

그림 3-10. 캔바 에디터 화면

캔바에서 디자인을 열거나 새로 만들면 에디터로 이동하게 됩니다. **캔바 에디터**는 디자인을 만들고 편집하는 공간입니다. 캔바 에디터에는 크게 세 가지 영역이 존재하며 이 세 가지 영역을 활용해 모든 작업이 이루어집니다.

첫째, 캔버스는 사용자의 작업물이 표현되는 화면 공간입니다.
둘째, 상단 메뉴는 파일 관리 기능을 제공합니다.
셋째, 에디터 툴바는 디자인 속 요소에 대한 서식 기능으로 캔버스 속 요소를 클릭했을 때 활성화되는 도구 모음입니다. 에디터 툴바를 통해 각 요소에 적용할 수 있는 도구를 직관적으로 확인할 수 있습니다.
넷째, 하단 메뉴는 페이지 추가 및 삭제, 디자인 확대 및 축소, 도움말 등을 참고할 수 있습니다.
다섯째, 사이드 패널은 왼쪽 측면에 있으며, 디자인에 필요한 모든 도구와 기능이 모여 있습니다.

바. 캔바 에디터 '상단 메뉴' 이해하기

캔바 에디터 상단 메뉴는 다양한 디자인 관리 옵션을 제공합니다. 한글을 비롯한 워드프로세서 등에서 흔히 '파일'에 해당하는 메뉴로 이해할 수 있습니다. 각 기능은 다음과 같습니다.

그림 3-11. 캔바 에디터 상단 메뉴

❶ 파일 메뉴: 디자인을 저장하거나 불러오는 옵션을 제공합니다.
❷ 크기 조정 및 매직 스위치: 디자인의 크기를 조정하거나 다른 형식으로 변환할 수 있습니다.
❸ 실행 취소 및 다시 실행: 작업을 취소하거나 다시 실행할 수 있습니다.
❹ 인사이트 메뉴: 디자인에 대한 통계를 확인할 수 있습니다.
❺ 프레젠테이션: 다양한 프레젠테이션 모드를 활용하여 발표할 수 있습니다.
❻ 공유 메뉴: 디자인을 다른 사람과 공유할 수 있습니다.

또한, 상단 메뉴를 통해 디자인의 이름 변경(제목 클릭 시)과 파일의 저장 상태도 확인할 수 있습니다.

그림 3-12. 캔바 자동 저장 확인하기

캔바는 클라우드를 기반으로 학생의 모든 작업물이 자동 저장됩니다. 이에 따라 학생들이 별도의 저장 버튼을 클릭하지 않아도 각자의 작품을 저장할 수 있습니다. 이처럼 클라우드 기반으로 작업물이 저장되는 방식은 예기치 못한 사고로 인해 작품을 잃어버리지 않도록 지원하여 캔바가 왜 수업용 에듀테크 도구로서 강점을 가지고 널리 활용되는지 알 수 있는 점입니다.

사. 캔바 에디터 '툴바' 이해하기

캔바 에디터 툴바는 처음 화면에서는 활성화가 되어 있지 않으며 개별 요소를 클릭했을 시 활성화되며, 디자인 작업 시 각 요소에 적합한 서식 옵션을 제공합니다. 캔바의 툴바에서 제공하는 서식은 각 요소에 따라 매우 다양하게 나타나며 개별 요소마다 다를 수 있어 여러 요소를 직접 클릭해 보며 도구에 마우스 포인터를 직접 올려서 확인하면 기능을 이해하는 데 도움이 됩니다. 여기에서는 대표적으로 나타나는 몇 가지 사례에 대해 안내하도록 하겠습니다.

1) 텍스트를 클릭 시 나타나는 툴바

디자인 내 텍스트를 클릭했을 때 나타나는 툴바에서는 폰트, 글자 크기, 색상, 굵게, 기울임꼴, 밑줄, 정렬 등을 조정할 수 있습니다. 또한, 글자 간격 및 투명도와 개체 순서, 애니메이션 효과 등을 지정해 줄 수 있습니다. 또한, 텍스트 바로 위에도 작은 툴바가 나타나는데 [AI Write], [댓글], [잠금]은 물론이며 [더 보기]를 통해 다양한 내용들을 확인할 수 있습니다.

그림 3-13. 캔바 에디터 툴바(텍스트)

2) 배경 클릭 시 나타나는 툴바

배경 클릭 시 소통을 위한 댓글 작성 및 배경 색상 지정, 애니메이션 효과와 요소 간 위치 조절을 위한 기능이 도구 모음으로 제시됩니다.

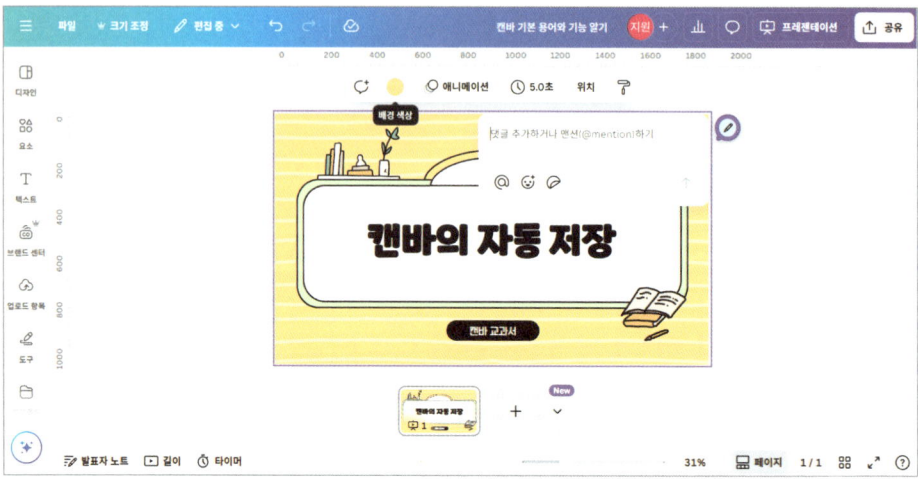

그림 3-14. 캔바 에디터 툴바(배경)

3) 이미지 요소 클릭 시 나타나는 툴바

이미지 요소를 클릭했을 때 나타나는 툴바에서는 이미지를 편집하거나 테두리 지정 및 자르기, 뒤집기, 애니메이션, 위치 조정 등의 도구들이 제공됩니다.

그림 3-15. 캔바 에디터 툴바(이미지)

4) 도형 요소 클릭 시 나타나는 툴바

도형 요소를 클릭했을 때는 도형 편집, 색상, 테두리 및 모서리와 텍스트 관련 서식 및 애니메이션, 위치와 관련된 도구 모음이 나타납니다.

그림 3-16. 캔바 에디터 툴바(도형)

이처럼 캔바 에디터에서 툴바는 매우 다양한 기능을 가지고 있으며 공통적인 부분이 많지만, 개별 요소에 따라 적용할 수 있는 범위가 다를 수 있어 직접 클릭하면서 익히도록 해봅시다.

아. 캔바 에디터 '하단 메뉴' 이해하기

에디터의 하단 영역에는 페이지를 관리하고 편의성을 높여주는 다양한 기능이 있습니다. 작업 페이지를 추가하거나 확대하고 축소하며 작업의 디테일을 향상하는 등 디자인 작업을 효율적으로 관리하고 최적화하는 데 도움이 되는 기능들입니다. 주요 기능을 살펴보면 다음과 같습니다.

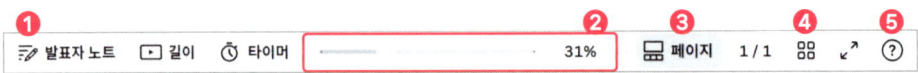

그림 3-17. 캔바 에디터 하단 메뉴 기능

1. 발표자 노트: 프레젠테이션이나 디자인에 대한 메모를 추가할 수 있습니다.
2. 확대/축소: 디자인을 확대하거나 축소하여 세부 사항을 더 잘 볼 수 있습니다.
3. 디자인 보기 방식 변경: 수직으로 페이지를 하나씩 연속적으로 확인하는 '스크롤 뷰' 또는 페이지 섬네일을 한눈에 보며 여러 페이지를 빠르게 확인 할 수 있는 '섬네일 뷰'로 변경할 수 있습니다.
4. 그리드 보기: 디자인의 전체 페이지를 한눈에 볼 수 있는 그리드 보기를 활성화할 수 있습니다.
5. 도움말: 캔바의 다양한 기능에 대한 도움말과 튜토리얼을 확인할 수 있습니다.

자. 캔바 에디터 '사이드 패널' 이해하기

캔바 에디터 사이드 패널 메뉴는 사용자의 작업에 필요한 디자인(템플릿), 요소, 텍스트 및 개인이 가지고 있는 자료(업로드 항목) 등을 제공하는 메뉴입니다. 사용자의 선호에 따라 작업과 관련해 추가/수정이 빈번할 경우 사이드 패널을 활성화하여 쓰며, 작업 화면을 넓게 보고 싶을 때 사이드 패널을 비활성화할 수 있습니다. 먼저 사이드 패널에 홈 화면에서 볼 수 있는 메뉴를 활성화하고 비활성화하는 방법을 알아보도록 하겠습니다.

01 화면 왼쪽 상단에 햄버거 아이콘(메뉴 열기)를 클릭합니다.

그림 3-18. 캔바 에디터 - 메뉴 열기

02 사이드 패널에서 [메뉴 닫기] 버튼을 클릭하여 비활성화할 수 있습니다.

그림 3-19. 캔바 에디터 - 메뉴 닫기

위 방법을 통해 캔바 홈 화면에서 볼 수 있었던 메뉴를 여닫을 수 있습니다. 다음으로 에디터에 있는 사이드 패널을 접고 펴는 방법에 대해 알아보도록 하겠습니다.

3. 캔바 첫 화면 기본 기능 살펴보기

그림 3-20. 캔바 에디터 사이드 패널 펴기

캔바 에디터의 사이드 패널을 열기 위해서는 패널의 각 아이콘에 마우스를 롤오버(올리기)하면 세부 사항이 나타나게 되고 이 상태에서 **아이콘을 한 번 더 클릭하면 사이드 패널이 펼쳐진 상태가 유지**됩니다.

그림 3-21. 캔바 에디터 사이드 패널 접기

사이드 패널이 고정된 후 나타나는 '접기' 토글을 클릭하면 사이드 패널을 접을 수 있습니다. 개인의 선호에 맞추어 작업 환경을 설정할 수 있도록 합니다. 현재 교육용 버전에서 제공하고 있는 사이드 패널의 메뉴는 다음과 같습니다.

01 **디자인**: 작업하는 디자인 템플릿을 변경할 수 있습니다.

02 **요소**: 디자인 안에 필요한 이미지, 요소, 도형, 표 등을 넣을 수 있습니다.

03 **텍스트**: 글 상자 등을 통해 디자인 속에 텍스트를 입력할 수 있습니다.

04 **브랜드 센터**: 조직 단위 및 저장된 브랜드 키트에 따른 여러 로고, 글꼴, 아이콘, 사진 등을 바로 활용할 수 있는 창고입니다.

05 **업로드 항목**: 사용자가 가지고 있는 이미지/동영상/오디오를 업로드하거나 녹화할 수 있습니다.

06 **Draw**: 디자인 내에 그림을 그릴 수 있습니다.

07 **프로젝트**: 개별 프로젝트에 활용된 디자인/폴더/이미지/동영상을 유목화하여 보고 활용할 수 있습니다.

08 **앱**: 디자인을 더욱 강력하게 만들어 주는 서드파티 앱을 적용할 수 있으며 QR코드, 구글 드라이브 등 상용 애플리케이션 등과 연동 가능합니다.

09 **Magic Media**: 생성형 인공지능 기술을 활용하여 필요한 이미지, 그래픽, 동영상을 만들 수 있습니다.

10 **동영상**: 캔바에서 제공하는 동영상을 삽입할 수 있고 직접 화면을 녹화하여 추가할 수도 있습니다.

11 **차트**: 여러 유형의 그래프를 생성하고 데이터를 넣을 수 있습니다.

이 책에서는 각 사이드 패널 메뉴와 그 기능에 대해 캔바 활용에 가장 기초가 되며 핵심적인 '**디자인**', '**요소**', '**텍스트**' 메뉴에 대해 우선 자세히 다루며, 나머지 메뉴는 다양한 사례와 실습을 체험하는 과정에서 자연스럽게 익힐 수 있도록 지원합니다.

4 캔바 에디터 화면 메뉴 살펴보기

이번에는 캔바 에디터 사이드 패널 메뉴 중 가장 많이 활용하는 세 가지 '디자인', '요소' 그리고 '텍스트'에 대해 알아보도록 하겠습니다.

가. 디자인 메뉴

디자인 메뉴에서는 사용자가 자신의 선호에 따라 자료를 커스터마이징할 수 있도록 미리 만들어진 다양한 디자인을 **템플릿, 레이아웃, 스타일**의 형태로 제공합니다. **템플릿 기능**은 미리 디자인된 템플릿을 사용하여 쉽게 아름다운 디자인을 만들 수 있습니다. 프레젠테이션, 소셜미디어 게시물, 문서 등 다양한 유형의 디자인을 제공하기 때문에, 누구나 손쉽고 빠르게 작업을 시작할 수 있습니다. 다만, 유의할 점으로 작업하던 중 템플릿을 새로 클릭하면 기존 작업 중인 내용이 덮어지고 작업한 내용이 사라질 수 있습니다. 이때 실행취소 단축키인 Ctrl+Z를 누르거나 메뉴 상단에 있는 왼쪽 방향으로 돌아가는 실행취소 아이콘을 클릭하여 작업 전으로 돌아갈 수 있습니다.

지금부터 **템플릿**을 이용하는 방법을 알아보도록 하겠습니다.

그림 4-1. 디자인-템플릿 사용법

① **[디자인] 메뉴에서 [템플릿] 탭**을 클릭합니다.

② 검색 바를 사용해 원하는 디자인 유형, 스타일 또는 크기를 검색합니다. 여기에서는 환경교육 자료를 제작한다고 가정하여 '지구'라는 단어를 검색하겠습니다. 여기에서 나온 템플릿을 클릭하면 내 작업물에 템플릿을 적용할 수 있습니다.

이때 템플릿을 잘 고를 수 있도록 도와주는 두 가지 팁이 있습니다.

③ 검색 바 우측의 필터를 활용하면 관련 색상 및 언어가 적용된 템플릿을 필터링할 수 있습니다.

그림 4-2. 디자인-템플릿-검색 바 필터

4. 캔바 에디터 화면 메뉴 살펴보기

검색 바 필터를 이용하여 캔바가 제공하는 템플릿 중 내가 원하는 핵심 색상과 배경 언어를 지정하여 볼 수 있습니다. 적용된 필터를 제거하려면 [모두 지우기(n개)]를 클릭하면 됩니다.

④ 템플릿 위에 마우스를 올리면 [더 보기(…)]가 활성화되며 추가 메뉴를 활용할 수 있습니다.

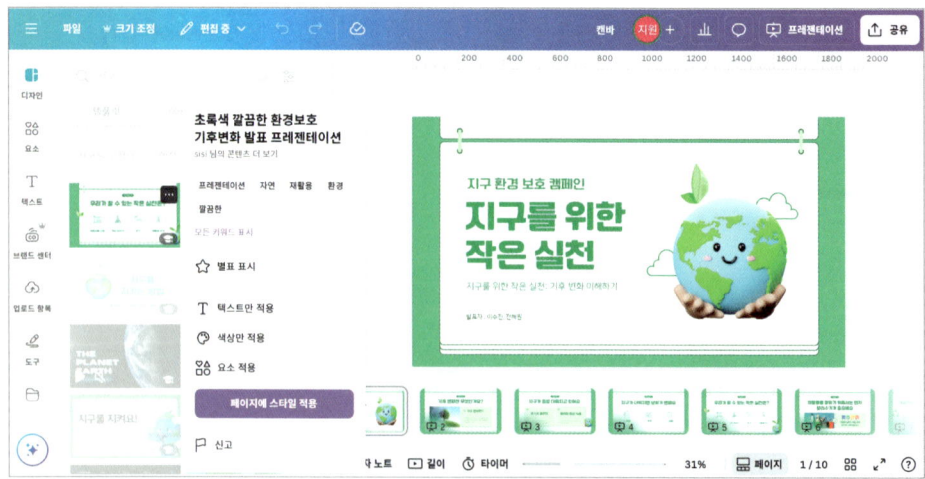

그림 4-3. 디자인-템플릿-더 보기

해당하는 템플릿의 공식 명칭과 제작자, 그리고 관련 검색 태그가 나타납니다. 더하여 사용자는 내가 즐겨 찾는 템플릿으로 지정(별표 표시)할 수 있으며 적용 시 템플릿 중에서 텍스트, 색상, 요소 등 일부 콘텐츠만 선택 적용하는 기능 역시 제공하고 있습니다.

다음으로 [디자인] 메뉴의 [레이아웃] 탭에 대해 알아보도록 하겠습니다.

레이아웃 기능은 디자인을 더 쉽게 구성할 수 있도록 도와주는 기능입니다. 디자인 메뉴의 레이아웃 탭을 실행하면 교사와 학생은 전문적인 레이아웃 제안을 선택할 수 있습니다. 각 페이지에 맞는 레이아웃을 선택하여 클릭하면 자동으로 해당 페이지에 적용됩니다.

1) 레이아웃 사용의 장점

① 디자인이 너무 복잡해 보일 때, 제안된 레이아웃을 사용하여 깔끔하게 정리할 수 있습니다.
② 페이지의 요소를 어떻게 배치할지 아이디어를 얻을 수 있습니다.
③ 슬라이드의 내용을 균형 있게 배치할 수 있습니다.
④ 캔바가 추천하는 디자인 형식 활용을 통해 작업 시간 절약이 가능합니다.

2) 레이아웃 사용 주의 사항

레이아웃을 사용하려면 디자인에 최소한 하나의 그래픽, 요소 또는 텍스트가 있어야 하며, 너무 많은 요소가 있는 경우, 레이아웃이 적절한 제안을 제공하지 못할 수도 있습니다.

임의의 레이아웃을 페이지에 적용해 봅시다. 필요하다면 에디터 화면 하단 [+] 버튼을 클릭하여 페이지 추가 후 여러 페이지에 각각의 레이아웃을 적용해 봅니다.

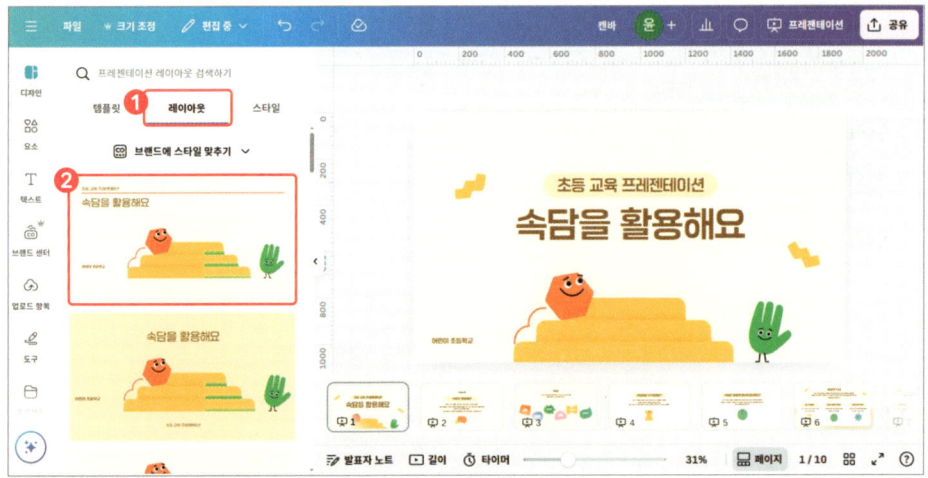

그림 4-4. 디자인 – 레이아웃 사용법

❶ **디자인 메뉴에서 [레이아웃] 탭**을 클릭합니다.
❷ 원하는 레이아웃을 선택하여 디자인에 적용합니다(이때 적용을 희망하는 개별 페이지에 작업 화면이 보이고 있어야 합니다).

다음으로 [디자인] 메뉴의 [스타일] 탭에 대해 알아보도록 하겠습니다.

스타일 기능을 활용하면 디자인의 글꼴과 색상 조합을 변경할 수 있습니다. 이를 통해 디자인의 전반적인 느낌을 바꿀 수 있습니다. 브랜드 일관성을 유지하거나 디자인의 분위기를 빠르게 변경하고 싶을 때 유용합니다. 단, 스타일 변경은 텍스트와 색상에만 적용되며, 디자인의 레이아웃이나 구조에는 영향을 미치지 않습니다.

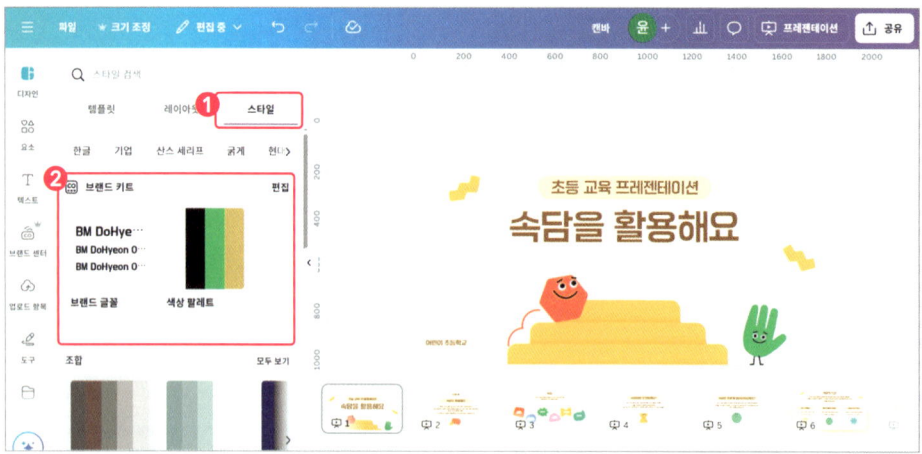

그림 4-5. 디자인 - 스타일 사용법

❶ **디자인에서 [스타일] 탭**을 클릭합니다.

❷ 원하는 색상 팔레트, 글꼴 세트, 이미지 팔레트 또는 조합을 선택하여 페이지 내의 디자인 스타일을 일괄 변경하거나, 모든 페이지에 적용할 수 있습니다.

끝으로 디자인 메뉴의 세 가지 탭의 기능을 간단하게 비교해 보겠습니다.

템플릿	레이아웃	스타일
미리 디자인된 레이아웃의 모음으로 사용자가 **빠르게** 작업물을 제작할 수 있습니다.	디자인의 요소를 재배치하여 **균형 잡힌 구성**에 기반한 작업물을 제작할 수 있습니다.	글꼴과 색상 조합을 변경하여 디자인의 **전반적인 느낌**을 일관되게 변경·제공 가능합니다.

표 4-1. 캔바 '디자인' 메뉴 속 세 가지 탭 비교하기

나. 요소 메뉴

다음으로 캔바의 [요소] 메뉴를 살펴보겠습니다. 캔바에서 이야기하는 요소는 디자인을 더욱 풍부하고 다채롭게 만들어 주는 다양한 **그래픽, 이미지, 비디오, 오디오, 도형, 차트, 테이블, 라인, 스티커, 프레임, 그리드 등**의 광범위한 의미의 요소를 뜻합니다.

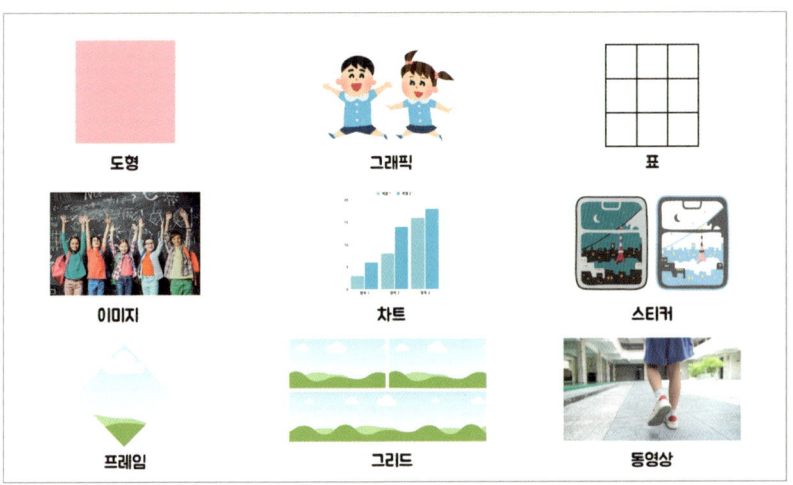

그림 4-6. 캔바 속 요소

① **모양**: 사각형, 원, 삼각형 등 다양한 도형을 추가하여 디자인을 구성할 수 있습니다.

② **그래픽**: 아이콘, 일러스트, 스티커 등 다양한 그래픽을 추가할 수 있습니다.

③ **표**: 많은 양의 데이터를 명확하고 간결하게 표현하는 표를 생성할 수 있습니다.

④ **이미지/사진**: 고해상도의 스톡 이미지와 사진을 추가할 수 있습니다.

⑤ **차트**: 데이터를 시각적으로 표현할 수 있는 차트(그래프)를 추가할 수 있습니다.

⑥ **스티커**: 재미있고 생동감 있는 스티커를 추가할 수 있습니다.

⑦ **프레임**: 이미지를 특정 모양으로 자르고 삽입할 수 있는 프레임을 추가할 수 있습니다.

⑧ **그리드**: 사진이나 비디오를 레이아웃에 맞게 배치할 수 있도록 도와줄 수 있습니다.

⑨ **비디오(동영상)**: 비디오 클립을 추가하여 동적인 디자인을 만들 수 있습니다.

1) 요소 삽입하기

먼저, 캔바에서 요소를 검색하여 디자인에 삽입하는 연습을 해보겠습니다.

01 에디터 왼쪽 사이드 패널에서 [요소] 메뉴를 클릭합니다.

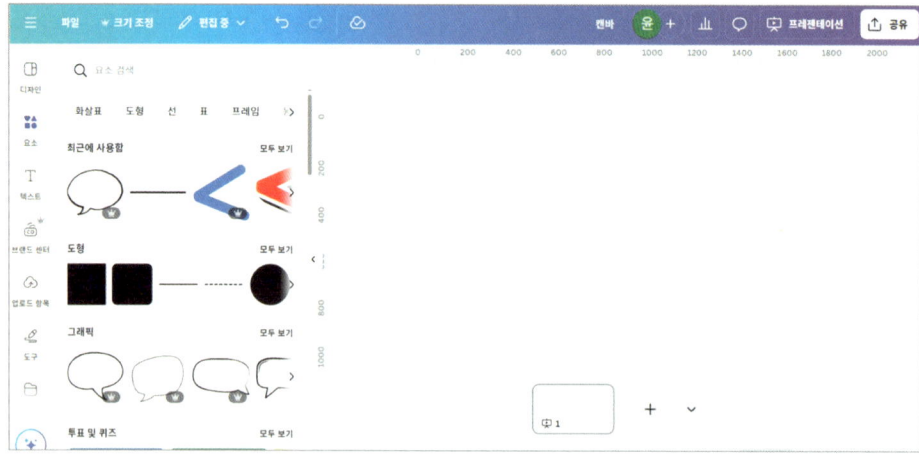

그림 4-7. 요소 메뉴

사이드 패널에서 요소 메뉴를 클릭하면 최근에 사용한 요소와 추천 요소들이 나타납니다. 검색 바를 사용해 특정 요소를 좀 더 정밀하게 찾아볼 수 있습니다.

02 **검색 바**를 사용해 특정 요소를 검색한 후 추천 컬렉션을 살펴봅니다.

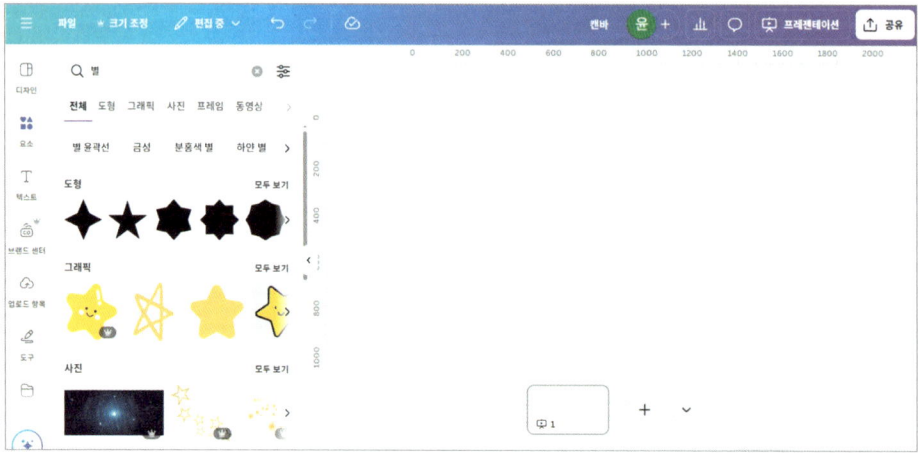

그림 4-8. 요소 - 검색 바 - '별' 검색

원하는 요소를 선택하거나 드래그 앤드 드롭을 하면 내가 작업 중인 디자인에 추가할 수 있습니다.

03 필터 기능을 활용하여 색상 및 비율, 애니메이션 여부 등을 설정할 수 있습니다.

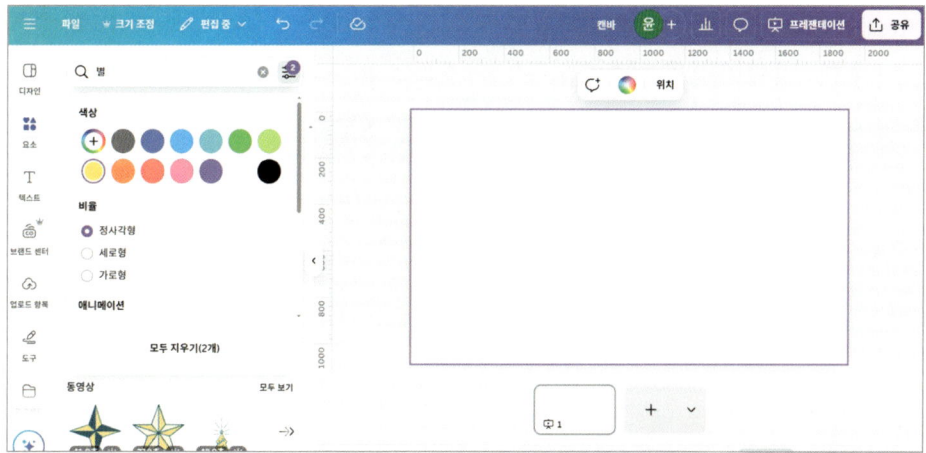

그림 4-9. 요소 - 검색 바 - 필터

색상 및 비율, 애니메이션 여부 등을 지정하여 내가 원하는 최적의 요소를 추천받을 수 있습니다. 이때 적용한 필터를 해제하고 싶으면 아래에 있는 [모두 지우기(n개)] 버튼을 클릭하면 됩니다.

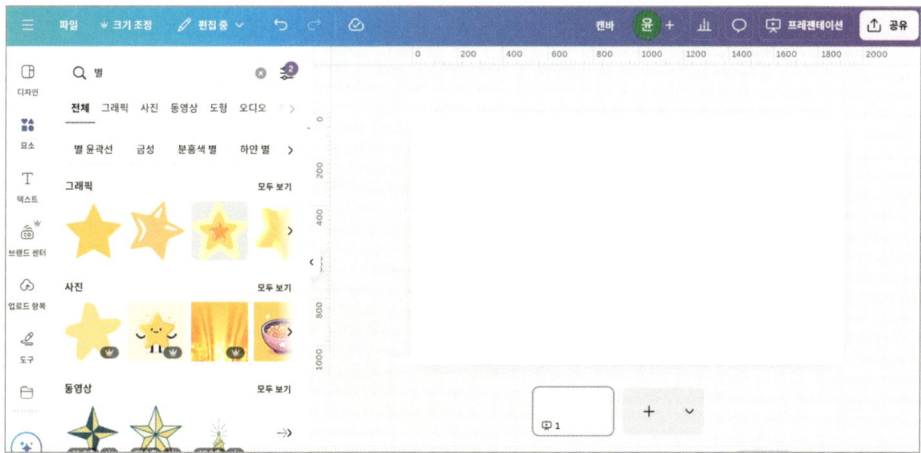

그림 4-10. 요소 - 검색 바 - 필터 지정 결과

필터를 지정한 후 검색된 결과를 살펴보고 마음에 드는 요소를 클릭하거나 드래그 앤드 드롭하여 삽입합니다. 만약 결과가 마음에 들지 않을 시 다른 단어를 검색하거나 필터를 변경합니다. 이때 유의할 점은 필터 적용은 개별 단어 검색과 별개로 작동합니다. 따라서 위 이미지 속 검색어 '별'을 '나무'로 변경하여 검색했을 때도 '노란색, 정사각형'의 필터가 자동 적용되어 있으므로 내가 찾는 요소에 따라 필터를 해제하거나 재적용할 필요가 있습니다.

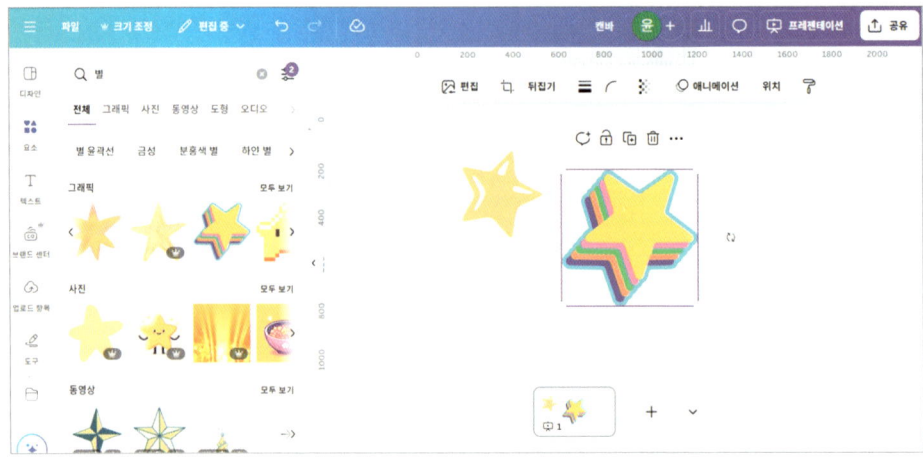

그림 4-11. 요소 삽입 결과

요소를 클릭하여 삽입하면 디자인의 정중앙에 차례로 삽입되며, 드래그 앤드 드롭을 활용하면 내가 원하는 위치에 바로 삽입할 수 있습니다.

Tip. 개별 요소 더 보기 기능 – '지금과 비슷한 이미지 더 보기'

내가 삽입한 요소와 유사한 스타일의 다른 요소를 쉽게 찾는 방법으로 개별 요소에서 제공하는 [더 보기(…)]를 활용하는 방법이 있습니다.

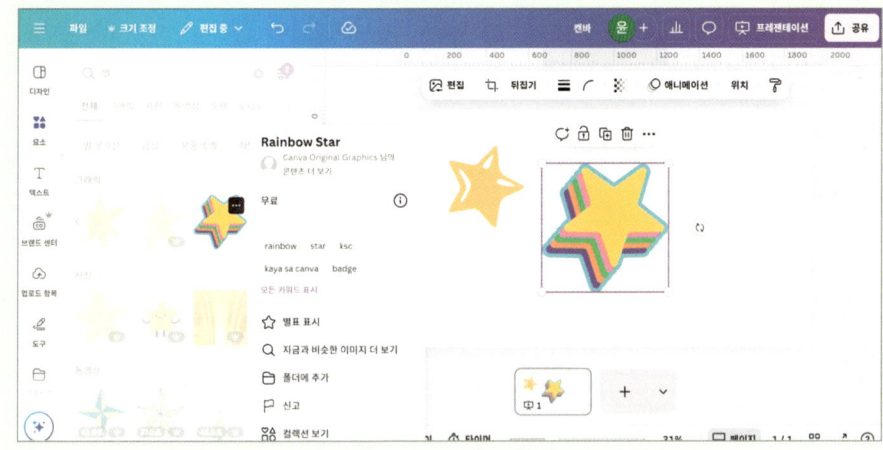

그림 4-12. 요소 더 보기 – 지금과 비슷한 이미지로 더 보기

개별 요소에 마우스를 올린 후 우측 상단에 생성되는 [더 보기(…)]를 클릭하면,

첫째, 선택한 요소와 유사한 스타일의 다른 요소들을 쉽게 찾을 수 있도록 '지금과 비슷한 이미지로 더 보기'를 실행할 수 있습니다. 이 기능을 활용하면 내 디자인의 일관성을 유지하면서 다양한 요소를 추가할 수 있습니다.

둘째, [컬렉션 보기]를 통해 제작자가 하나의 컬렉션 안의 여러 요소를 제작하여 넣었을 때 해당 컬렉션 속 요소들을 한 번에 확인할 수 있습니다. 단, 별도의 컬렉션이 없을 시 [더 보기] 버튼을 눌러도 [컬렉션 보기]는 나타나지 않습니다.

2) 요소-이미지/그래픽 편집하기

이미지와 그래픽은 디자인에서 자주 사용되는 요소들이지만, 그 용도와 형태에서 차이가 있습니다. **이미지**는 주로 사진이나 그림을 말하며, 포착된 현실 장면을 전달하는 데 사용됩니다. 예를 들어, 자연 풍경 사진이나 인물 사진이 해당합니다.

그래픽은 디자인 기반 요소로, 도형, 아이콘, 일러스트레이션 등에 해당합니다. 그래픽은 주로 정보전달 및 시각적 흥미 유발을 위해 사용합니다. 예를 들어, 인포그래픽이나 로고가 그래픽의 일종입니다. 디자인할 때 이 두 요소를 적절히 활용하면 메시지를 효과적으로 전달할 수 있습니다.

	이미지(사진)	그래픽
형식	사진이나 그림과 같은 비트맵 형식	도형, 아이콘, 일러스트레이션 같은 벡터
종류	실제 사진, 스크린샷, 디지털, 아트워크	로고, 아이콘, 인포그래픽 요소, 일러스트레이션
해상도	해상도가 고정되어 있어 크기를 크게 조정하면 품질이 저하됨.	벡터 형식이므로 크기를 조정해도 품질이 저하되지 않음.
편집	편집/**배경 제거**/테두리/모서리/자르기/뒤집기/투명도/회전 등	편집/**색상**/테두리/모서리/자르기/뒤집기/투명도/회전 등

표 4-2. 캔바 요소 메뉴 속 이미지 vs 그래픽 비교하기

 캔바에서는 이미지/그래픽에서는 [편집]을 클릭하여 다양한 기능을 사용할 수 있습니다.

① 조정(이미지 설정): 이미지의 밝기, 대비, 채도 등을 조정합니다.

② Magic Studio: AI를 활용해 이미지의 특정 부분을 수정, 추가, 또는 교체할 수 있는 기능입니다. 편집 툴바에서 Magic Studio를 선택해 사용할 수 있습니다.

③ 필터 및 이미지 효과: 이미지에 사전 설정된 필터나 효과를 추가합니다. 편집 툴바에서 효과 탭을 선택하면 다양한 옵션을 볼 수 있습니다.

④ 애니메이터 효과: 이미지를 선택한 후, 편집기 툴바에서 애니메이트를 선택합니다. 다양한 애니메이션 스타일을 선택해 이미지를 움직이게 하여 생동감을 더할 수 있습니다.

※ 이 기능들은 데스크톱에서 프레젠테이션 디자인을 편집할 때 사용할 수 있습니다.

 이미지 편집 및 그래픽 편집은 기본적으로 유사하므로, 여기에서는 임의의 이미지를 1종 삽입하여 실습해 보겠습니다.

01 [요소] 검색 바에서 '공'을 검색한 후 '사진'에서 임의의 공 이미지를 삽입합니다.

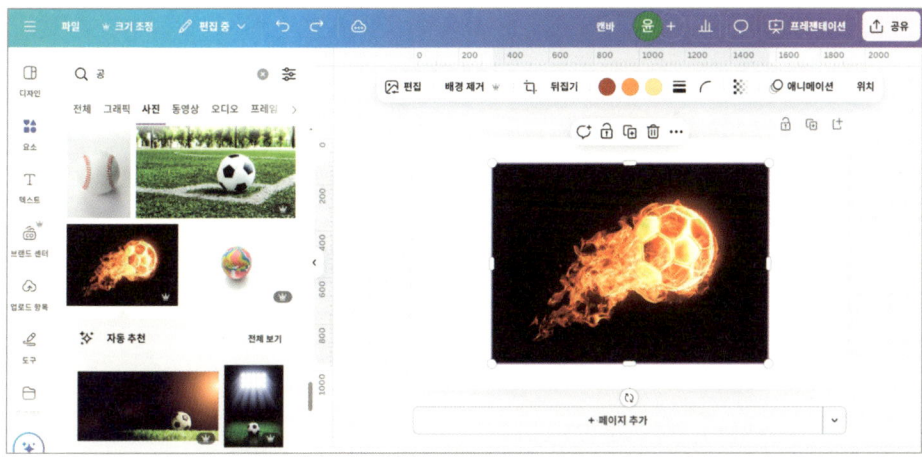

그림 4-13. 임의의 이미지 삽입하기

02 이미지를 삽입한 후 클릭하면 이미지 상단에 툴바가 2종 생성됩니다. 이미지 바로 위에 생성되는 툴바는 이미지를 복사 및 삭제, 정렬 및 링크 연결 등에 활용하며, 보다 상단에 있는 툴바는 이미지를 편집하기 위한 기능들을 제공합니다(이때, 기존 상용 단축키 역시 적용됨을 알 수 있습니다).

그림 4-14. 이미지 툴바 살펴보기

여기에서는 위쪽 편집 도구가 있는 툴바를 활용하여 이미지를 편집해 보도록 하겠습니다.

03   이미지를 클릭한 후 상단 툴바에서 [배경 제거] 버튼을 선택합니다.

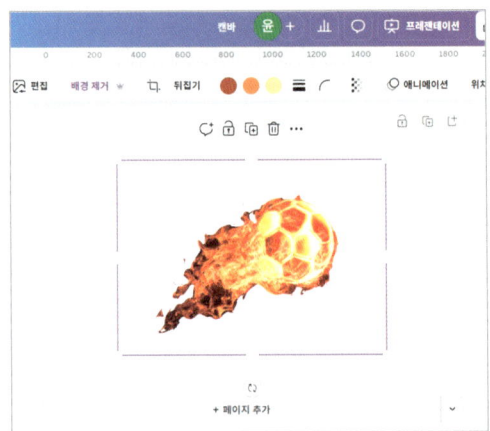

그림 4-15. 이미지 - 툴바 - 배경 제거

캔바의 [요소]에서 '사진(이미지)'을 통해 할 수 있는 강력한 기능 중 하나는 바로 [배경 제거]입니다. 기존에 별도의 프로그램(Remove.bg) 등을 활용하여 별도로 배경을 제거해야 했다면 캔바에서는 업로드된 이미지의 배경을 클릭 한 번으로 제거할 수 있습니다.

04   이미지 하단의 [회전] 아이콘을 누른 채 마우스를 돌려 이미지를 회전합니다.

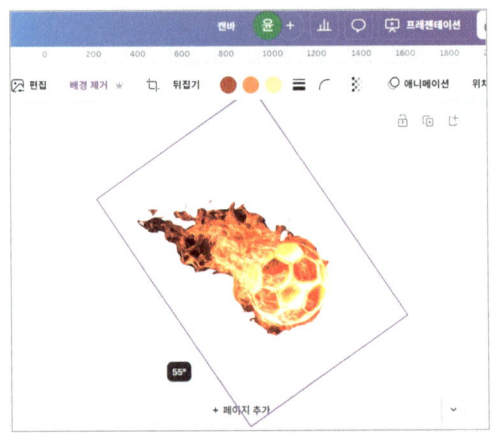

그림 4-16. 이미지 회전

이미지를 클릭한 후 하단에 있는 [회전] 아이콘을 클릭한 후 원하는 만큼 회전합니다. 이때 Shift 키를 누른 상태에서 [회전] 버튼을 클릭하면, 회전하는 동시에 크기를 늘리거나 줄이면서 조정할 수 있습니다.

05 이미지를 클릭한 후 휴지통 아이콘의 [삭제] 버튼을 클릭합니다.

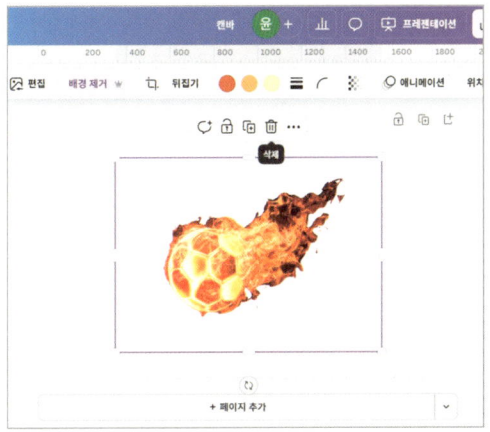

그림 4-17. 이미지 – 툴바 – 삭제

디자인을 작업하는 중 마음에 들지 않는 요소가 있을 때 해당 요소를 클릭한 후 [삭제] 버튼을 눌러서 지울 수 있습니다(키보드 Delete 키 사용 가능).

06 상단 메뉴의 [실행 취소] 버튼을 클릭하거나 단축키 'Ctrl+Z'를 입력하여 실행 취소해 봅시다.

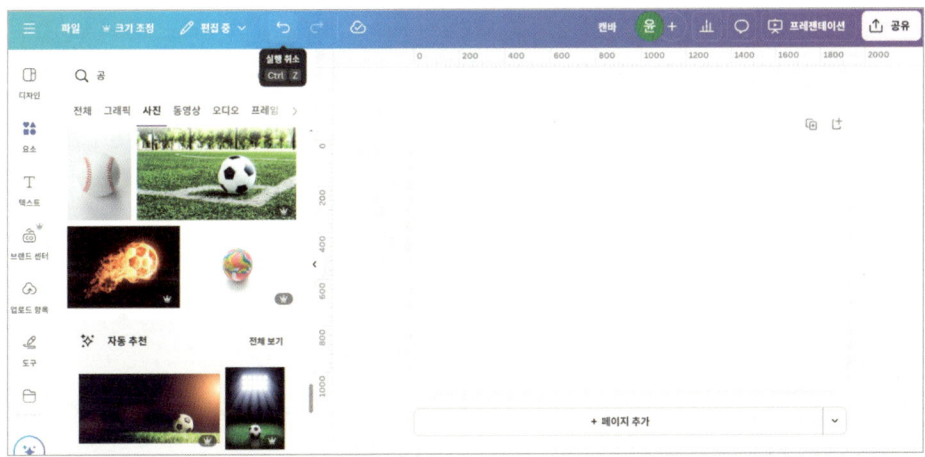

그림 4-18. 실행 취소

캔바에서는 모든 작업에 대해 공통으로 실행 취소를 통해 되돌아갈 수 있습니다. 하지만, 너무 많은 실행 취소는 불가하며 과거 기록으로 한 번에 돌아가기 위해서는 [파일] - [버전 기록]에 들어가서 자동 저장된 데이터를 기반으로 한 과거 버전으로

4. 캔바 에디터 화면 메뉴 살펴보기

되돌아가도록 합니다.

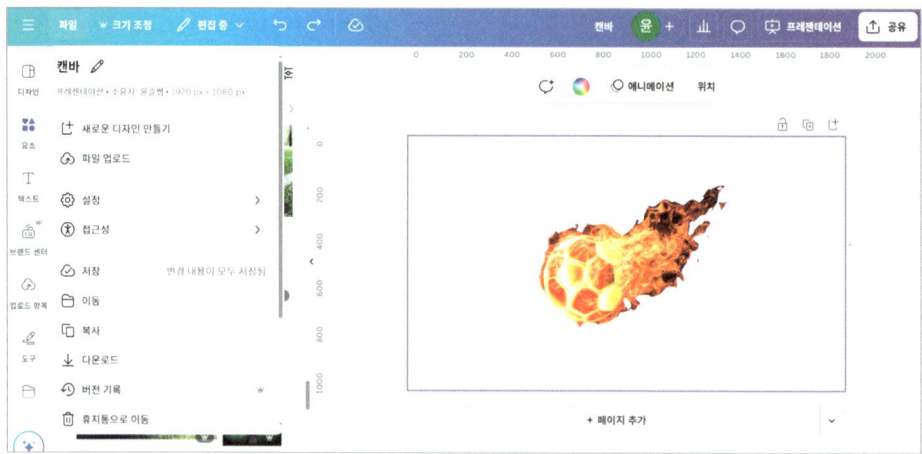
그림 4-19. 버전 기록

07 이미지를 클릭한 후 [편집] 버튼을 클릭합니다.

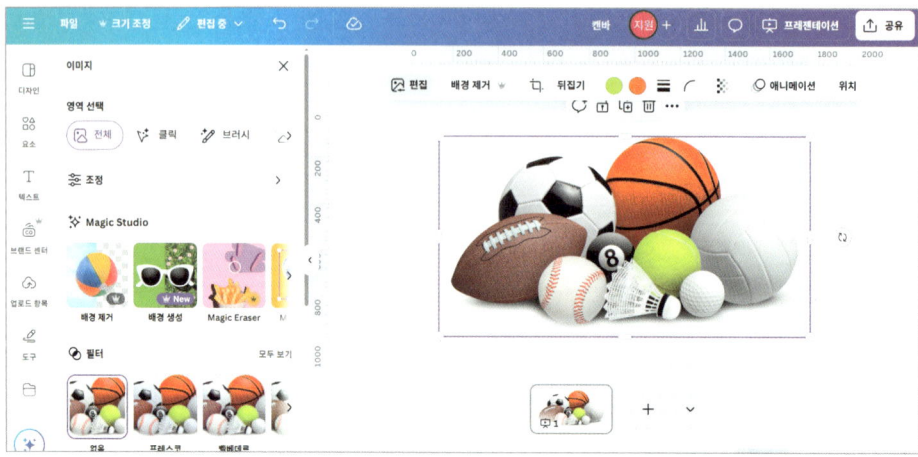
그림 4-20. 편집 버튼 클릭

캔바의 다양한 요소 이미지 편집 기능을 살펴봅시다. 위에서부터 순서대로 [조정], [Magic Studio], [필터], [효과], [앱]이 있습니다.

그림 4-21. 이미지 편집 – 조정

이미지 편집의 **[조정]**에서는 화이트 밸런스, 조명, 색상, 텍스처 등을 자신이 원하는 대로 조정할 수 있습니다. 또한, 사용자 편의를 위하여 **[자동 조정하기]** 버튼과 **[조정 초기화]** 버튼을 제공합니다. 이미지 조정을 하나씩 만져본 후 조정 왼쪽에 있는 [←] 버튼을 클릭하여 이전 화면으로 이동합니다.

08 **[Magic Studio]**와 **[필터]**, **[효과]**, **[앱]** 등을 활용하여 이미지에 다양한 변화를 줄 수 있습니다.

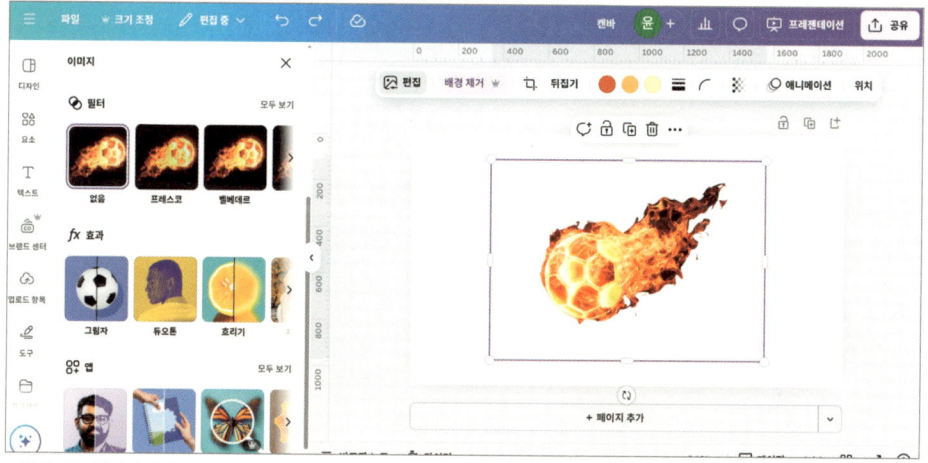

그림 4-22. 이미지 편집 – 다양한 효과

각 기능에 대해서는 뒤에서 실제 프로젝트 활동을 하는 과정에서 자연스럽게 체험할 수 있도록 안내할 예정입니다. 여기에서는 몇 가지를 임의로 적용하는 활동을 스스로 해봅시다.

지금까지 툴바에 있는 메뉴 중 [편집]에 대해 알아보았습니다. 다음으로 툴바에 있는 **[애니메이션]**을 알아보겠습니다. [애니메이션]은 개별 이미지 또는 요소에 적용이 가능하며 또한 페이지 전체에 적용도 가능합니다. 일반적으로 프레젠테이션을 제작할 때 슬라이드 쇼에 들어가는 애니메이션을 넣는 과정으로 생각하면 됩니다.

09 애니메이션을 적용할 요소를 선택하고 에디터 툴바에서 [애니메이션] 버튼을 클릭하면 사이드 패널에 [애니메이션] 옵션이 나타납니다.

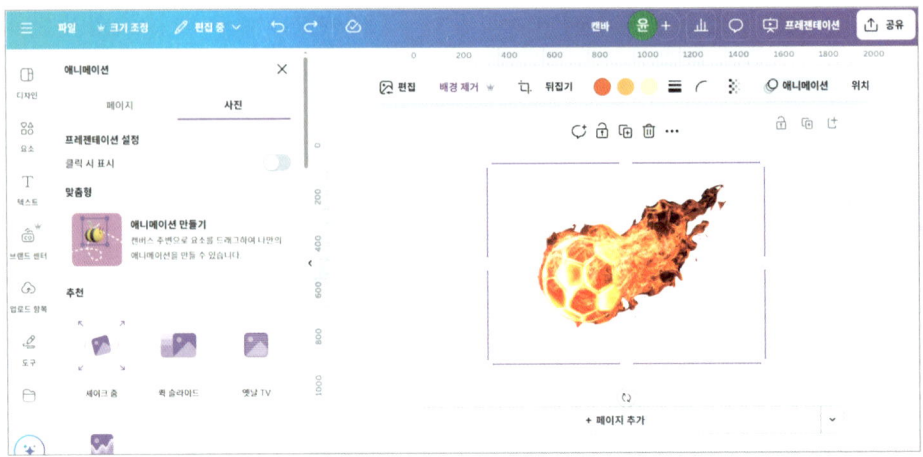

그림 4-23. 이미지 - 애니메이션 옵션

범용적으로 자주 사용되는 애니메이션 옵션이 있으며, 만약 자유롭게 움직이는 나만의 애니메이션을 만들고 싶을 때는 **[맞춤형] - [애니메이션 만들기]**를 선택합니다.

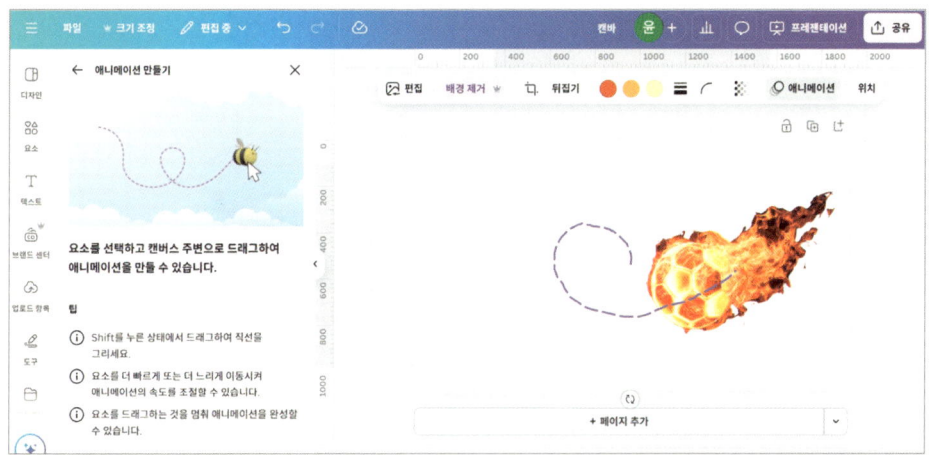

그림 4-24. 맞춤형 – 애니메이션 만들기

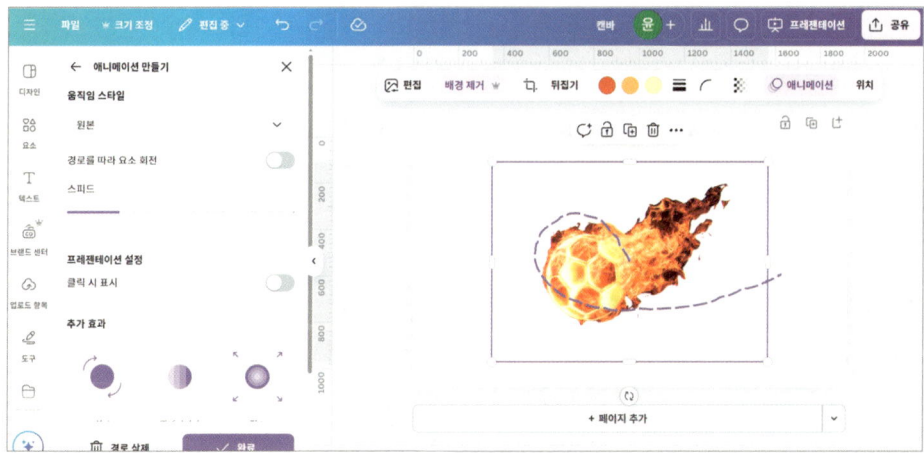

그림 4-25. 맞춤형 – 애니메이션 만들기 – 스타일 설정하기

　　이동 경로를 정한 후, 원하는 움직임 스타일을 선택하고 속도를 조절합니다. 이때 경로를 따라 요소를 회전시키는 방법 및 스피드 등을 조절할 수 있으며 추가적인 효과 역시 연결할 수 있습니다. 완성된 애니메이션을 저장하려면 **[완료]** 버튼을 클릭하고, 다시 경로를 지정하고 싶다면 **[경로 삭제]**를 클릭한 후 다시 경로를 지정합니다.

4. 캔바 에디터 화면 메뉴 살펴보기

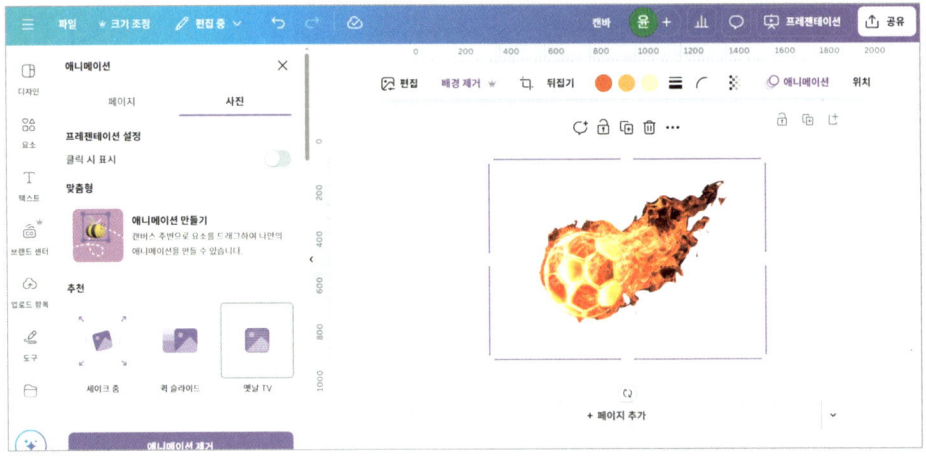
그림 4-26. 애니메이션 제거

　밖으로 이동하면 애니메이션이 적용된 것을 알 수 있습니다. 적용된 애니메이션을 해제하기 위해서 애니메이션이 적용된 요소를 클릭한 후 **[애니메이션 제거]** 버튼을 클릭하여 삭제할 수 있습니다.

3) 요소-표 편집하기

　다음으로 요소에서 표를 편집하는 방법을 알아보도록 하겠습니다. 자료를 시각적으로 한눈에 파악하기 쉽게 도와주는 **[표]**는 캔바의 요소 내에서 조작할 수 있습니다. 사이드 패널에서 [요소] 메뉴를 클릭한 후 아래로 마우스를 스크롤하여 내리면 [표] 항목이 보이며, 검색 바에서 [표]를 검색해도 바로 이동할 수 있습니다.

01　표 아래에 있는 임의의 종류를 클릭하여 디자인 안에 표를 삽입해 봅시다.

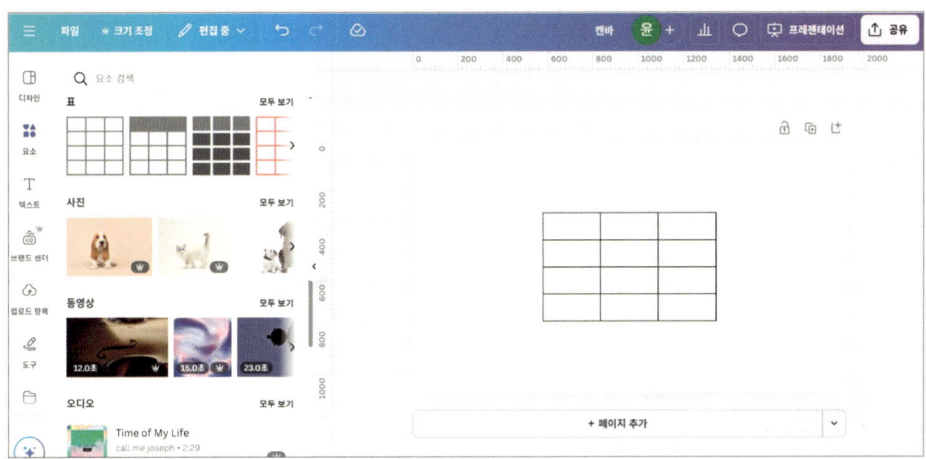

그림 4-27. 표 삽입

02 삽입된 표를 클릭한 후 주변에 생기는 버튼을 확인합니다.

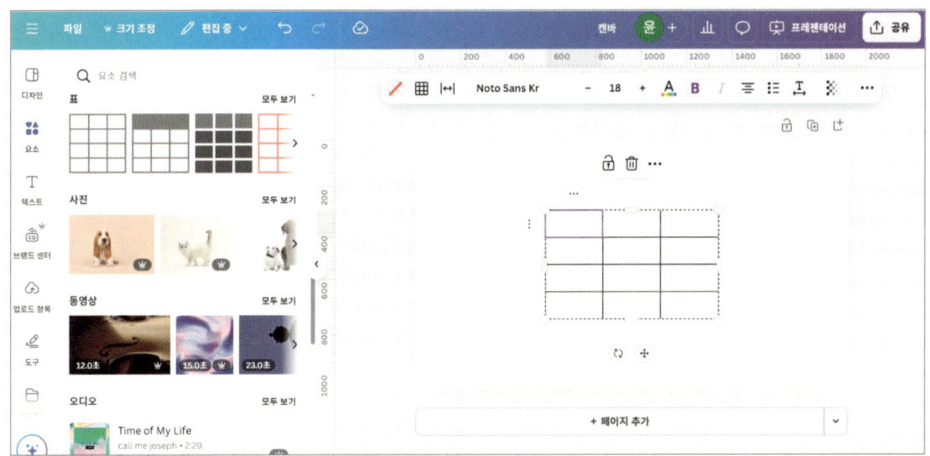

그림 4-28. 표 클릭하기

캔바에서 표를 작업하는 것은 다소 불편함이 있습니다. 따라서 기능에 대해 이해하고 적절하게 활용하거나 한글 또는 스프레드시트 등의 도구를 활용해 표로 만든 후 이미지로 입력하는 방법도 고려할 필요가 있습니다.

우선, 디자인 내에서 표를 움직이기 위해서는 표를 클릭한 후 나타나는 십자교차로 형태의 아이콘을 이용해야 합니다. 이 아이콘은 회전 아이콘 옆에 있습니다.

03 십자교차로 아이콘을 클릭한 후 표를 왼쪽 상단으로 이동해 봅시다.

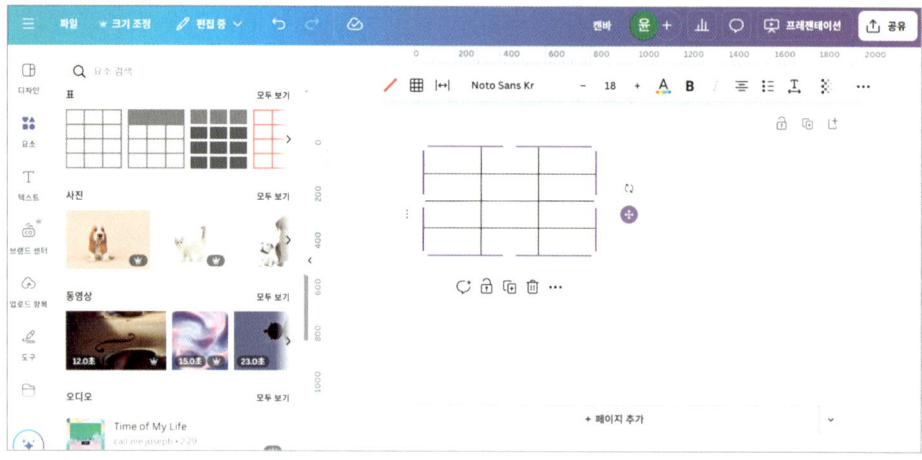

그림 4-29. 표 이동

캔바를 비롯한 디자인 툴을 활용할 때 가장 지도하기 어려운 점 중 하나는 대상을 이동시키고 싶거나, 내용을 수정하고 싶을 때 각각 요소의 테두리와 내부를 클릭해야 함을 인식시키는 것입니다. 따라서 표 요소를 클릭한 후 십자 교차로가 나타나면 이동하는 방법을 택하면 실수 없이 '이동'이 가능함을 알려줄 수 있습니다. 또한, 표의 각 셀에 내용을 입력하고 싶을 때는 작성하고 싶은 곳에서 더블 클릭을 하여 내용을 수정할 수 있습니다.

04 표에서 행과 열을 추가하거나 삭제하는 방법을 알아봅시다.

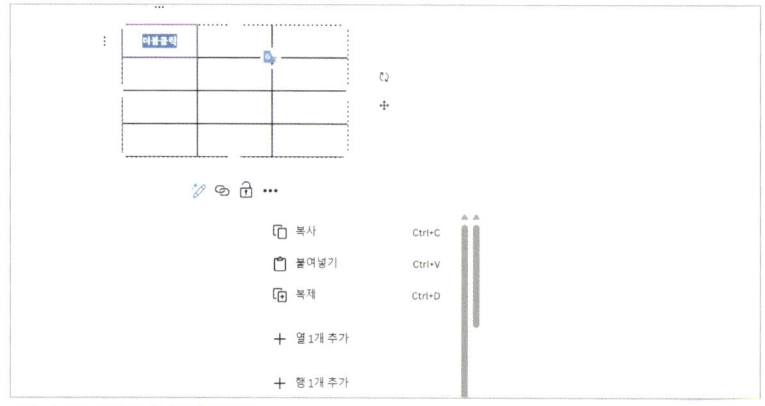

그림 4-30. 표에서 열/행 추가하기

표의 행과 열을 추가하고 삭제하는 방법은 표를 클릭하여 [더 보기]를 누른 후 나타나는 메뉴에 '열/행' 추가 및 삭제를 할 수 있습니다. 혹은 마우스 우클릭을 클릭하면 [더 보기] 메뉴가 마찬가지로 나타나므로 둘 중 편한 방법을 선택하여 행의 수와 열의 수를 조정해 줍니다.

05 표에서 색상을 채우는 방법은 표의 특정 셀을 클릭한 후 나타나는 서식 중 가장 왼쪽에 있는 **[색상]**을 클릭하여 변경해 줄 수 있습니다.

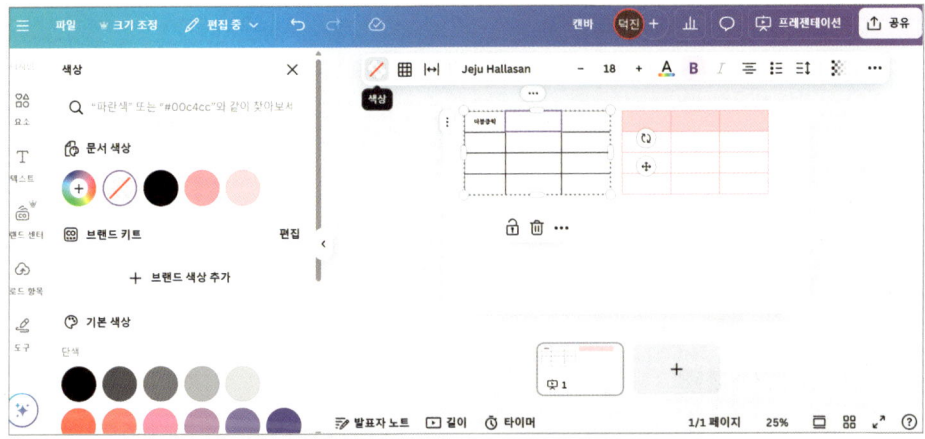

그림 4-31. 표 색상 채우기

이상으로 캔바에서 표를 입력하고, 행/열 및 색상을 정하는 방법을 알아보았습니다. 우리가 일반적으로 작성하는 워드프로세서 도구에 비해 표를 작성하는 과정이 이미 다양한 문서 편집 도구를 다룬 사용자에게는 다소 복잡하다고 생각할 수 있지만 교육적 효과성이 높아 캔바에서의 표 활용은 교육 현장에서 널리 활용되고 있습니다.

4) 요소-차트 편집하기

요소에서 차트를 입력하는 방법에 대해 알아보도록 하겠습니다. 차트는 흔히 그래프라고 표현되며 수학 시간, 사회 시간을 비롯하여 다양한 통계를 다루는 교과에서 널리 활용되고 있습니다.

01   요소에 들어간 후 검색 바에 '차트'를 검색하거나 왼쪽 검색 바 하단에 있는 '[전체] - [차트] - [그래픽]'으로 시작되는 요소 유형 분류에서 **[차트]**를 선택합니다.

그림 4-32. 요소에서 차트 추가하기

차트를 검색하면 다양한 종류의 차트 요소를 바로 가져와서 활용할 수 있으며 그래픽 형태로 제작된 차트 역시 살펴볼 수 있습니다. 여기에서는 가장 왼쪽에 있는 세로 막대그래프를 삽입해 보겠습니다.

02   차트를 삽입한 후 클릭하면 왼쪽에는 데이터를 수정할 수 있는 패널이, 상단에는 서식을 바꿀 수 있는 툴바가 나타납니다. 차트 데이터 편집 창이 나타나지 않으면 서식 막대의 가장 왼쪽에 있는 [편집]을 클릭합니다.

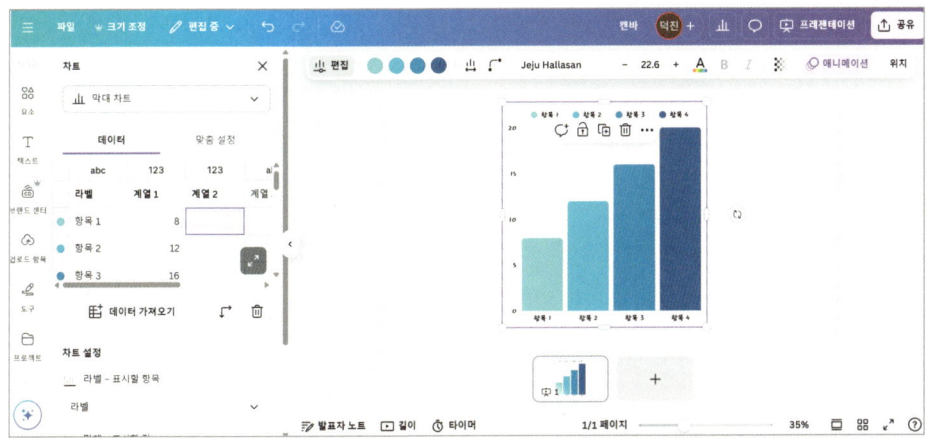

그림 4-33. 차트 편집하기

　라벨에 항목의 이름을 각각 넣은 후, 계열은 그에 해당하는 값을 넣어줄 수 있습니다. 예를 들어 학생의 성적에 대해 막대그래프로 나타내고 싶다면 라벨에는 학생의 이름을 넣어주고, 계열 1은 국어 점수로, 계열 2는 수학 점수 등으로 활용할 수 있습니다. 그 후 글꼴 및 색상 등의 서식은 에디터의 그래프 상단에 있는 툴바에서 변경할 수 있습니다.

03　차트를 선택한 후 마우스 우클릭합니다.

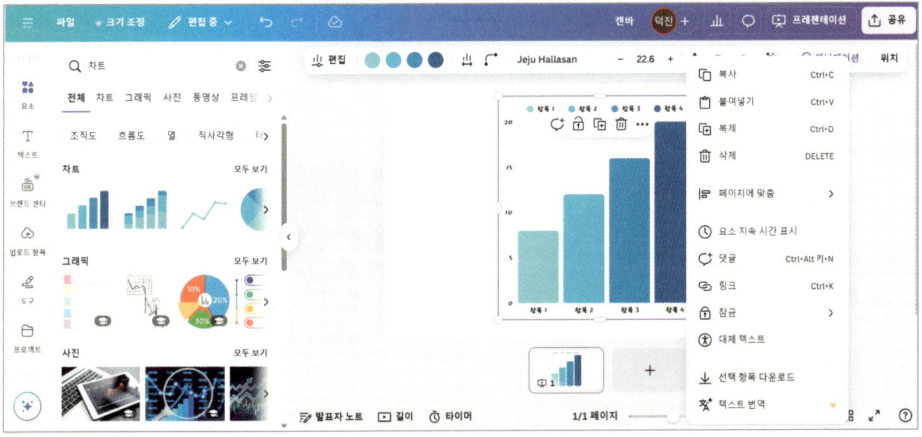

그림 4-34. 차트 마우스 우클릭하기

차트를 마우스로 우클릭하면 표와는 다르게 차트의 숫자를 조정할 수 있는 항목이 보이지 않습니다. 차트에서 도식화되어 보이는 요소는 모두 '[차트] - [편집]'에서 데이터 수정에 따라 동기화되어 자동으로 변경되며 별도로 마우스 우클릭으로 변경할 수 없습니다.

더하여, 차트에서는 표와 다르게 마우스 우클릭 시 나타나는 옵션이 한 가지 더 있는데 **[선택 항목 다운로드]**입니다. 캔바에서는 생성한 차트 이미지를 별도로 저장할 수 있는 옵션을 제공하고 있어 만약 과제를 진행하면서 캔바로 만든 그래프를 다른 곳에 활용할 필요가 있을 때 마우스 우클릭을 통해 [선택 항목 다운로드]로 가져갈 수 있습니다.

4) 요소-동영상 편집하기

요소에서 동영상을 삽입해 봅시다. 이번에는 요소 검색 바 하단에 있는 요소 유형 분류에서 동영상을 클릭하여 들어간 후 검색해 보겠습니다.

01 [요소] 탭 검색창에서 주제어를 입력한 후, 원하는 동영상을 선택하거나 캔버스로 드래그하여 디자인에 추가합니다.

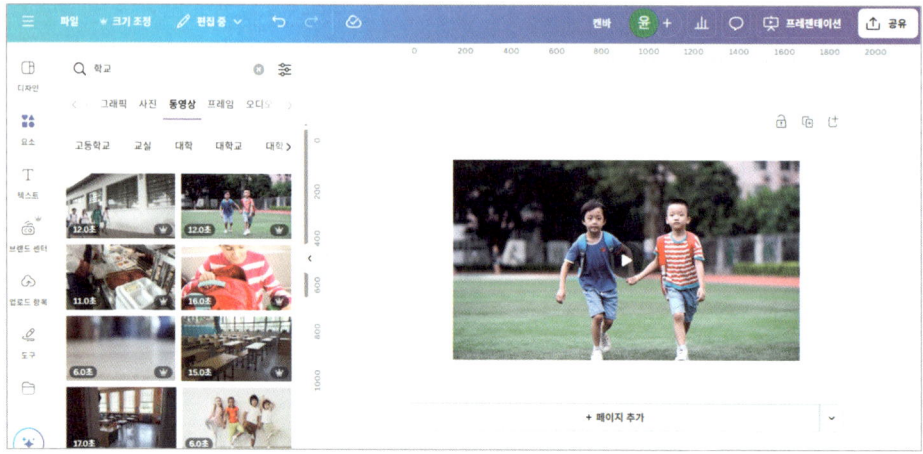

그림 4-35. 동영상 검색 및 추가하기

02 동영상을 클릭한 후 나타나는 작업 툴바에서 [편집] 버튼을 클릭합니다.

그림 4-36. 동영상 편집 들어가기

03 [조정] 메뉴의 드롭다운을 선택하여 밝기, 대비, 채도 등을 조정합니다.

그림 4-37. 동영상 편집 조정하기

이때, 만약 설정을 원래대로 되돌리고 싶다면 하단의 [다시 설정]을 선택합니다. 편집이 완료되면 조정 메뉴 우측의 'x' 버튼을 누르고 나오면 됩니다. 캔바 내부에서 설정은 모두 자동 저장됩니다.

Tip. 기존의 요소들과 달리 동영상의 경우 서식 툴바가 아닌 작업 툴바가 나타납니다.

동영상 에디터 작업 툴바의 주요 기능은 다음과 같습니다.

그림 4-38. 동영상 작업 툴바

① **다듬기(트림)**: 동영상의 시작과 끝을 조정하여 원하는 부분만 남길 수 있습니다.
② **배경 제거**: 이미지나 영상의 배경을 한 번의 클릭으로 제거합니다. 이 기능을 통해 영상이나 사진의 복잡한 배경을 제거하여 주제에 집중할 수 있습니다. 영상의 배경을 제거하여 초록 스크린 없이도 원하는 장소로 이동할 수 있습니다.
③ **재생 속도**: 동영상의 재생 속도를 0.25배부터 2배까지 조절할 수 있습니다.
④ **자르기**: 원하는 부분만큼 영상을 자를 수 있습니다. 이때, **다듬기**는 **컷 편집**을 뜻하며, **자르기**는 영상의 **물리적 크기를 조정**하는 것을 의미합니다.
⑤ **모서리 둥글게 만들기**: 영상의 모서리를 둥글게 할 수 있습니다.

동영상을 작업 툴바의 기능 중 다듬기와 배경 제거 활용 방법에 대해 살펴보겠습니다.

04 작업 툴바에서 '가위 이미지 N초'로 표기된 [다듬기]를 클릭합니다. 흔히 동영상 컷 편집이라고 불리는 작업을 실시할 수 있습니다.

그림 4-39. 동영상 작업 툴바 - 다듬기

다듬기를 클릭하면 크게 세 가지의 옵션이 나타납니다.

① **자동 다듬기(트림)**: AI를 사용하여 동영상의 주요 내용을 보존하고 불필요한 부분을 자동으로 제거합니다.
② **하이라이트**: 동영상을 여러 흥미로운 클립으로 나누고, 각 클립을 라벨링하여 선택할 수 있습니다.
③ **직접 다듬기**: 영상의 시작과 끝을 마우스로 조정하여 원하는 부분만 남길 수 있습니다. 이 중 직접 컷 편집하고자 할 때는 세 번의 직접 다듬기를 택하여 진행할 수 있습니다.

다음으로 배경 제거에 대해 알아보겠습니다.

05 임의의 배경 이미지와 동영상을 준비합니다. 그 후 동영상을 클릭하고 작업 툴바에서 [배경 제거]를 클릭합니다.

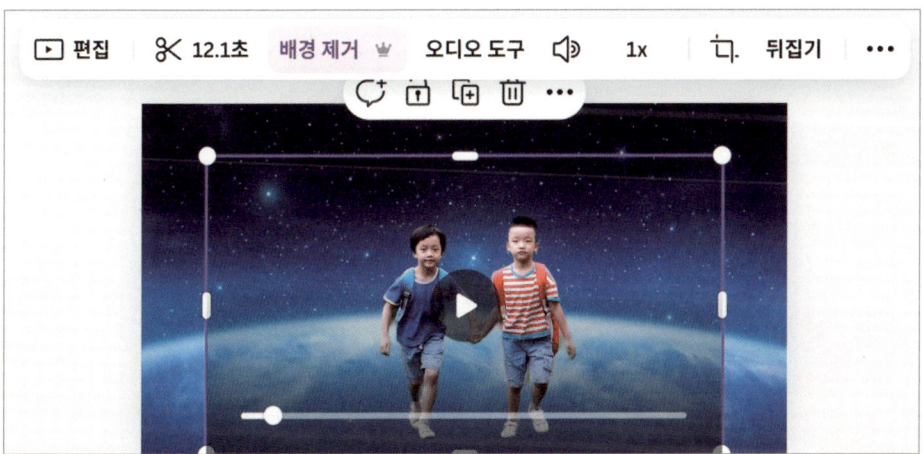

그림 4-40. 동영상 작업 툴바 – 배경 제거 실습

임의의 배경 이미지를 동영상 하단에 놓은 후 동영상을 그 위에 삽입합니다. 동영상을 클릭한 후 나타나는 작업 툴바에서 '배경 제거'를 누르면 하단의 배경 이미지와 동영상이 겹쳐 보이면서 쉽게 배경 합성을 할 수 있습니다.

Tip. 캔바에 유튜브 영상 삽입하기

작품을 제작할 때, 캔바 자체적으로 있는 동영상과 내가 보유한 동영상을 활용하는 방법이 있지만 추가로 세상에서 가장 큰 검색 도구인 '유튜브' 영상을 삽입하여 활용할 수 있습니다. 다만, 유튜브를 넣기 위해서는 [앱]에서 검색하고 추가해서 활용할 수 있습니다.

① 메뉴에서 [앱]을 클릭하여 [캔바 앱 검색]에 들어갑니다.

② 검색창에 'Youtube'를 검색합니다. 이때 한글로 '유튜브'를 검색하면 나타나지 않습니다.

그림 4-41. 캔바에서 유튜브 영상 삽입하기(1)

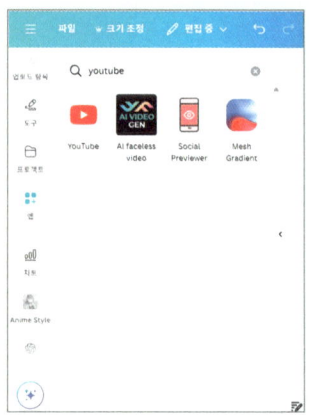

그림 4-42. 캔바에서 유튜브 영상 삽입하기(2)

③ 보라색 [열기] 버튼을 클릭합니다.

④ 유튜브 앱이 메뉴에 추가되며 검색창에서 주제어를 검색하여 영상을 삽입할 수 있습니다.

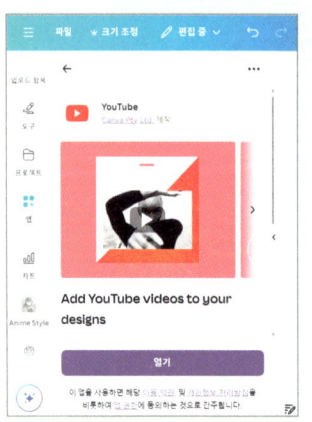

그림 4-43. 캔바에서 유튜브 영상 삽입하기(3)

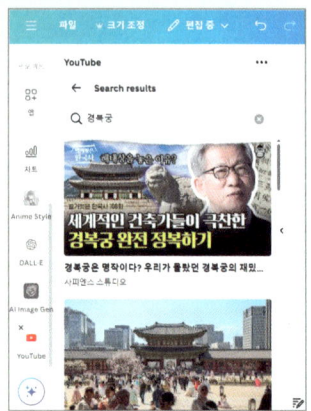

그림 4-44. 캔바에서 유튜브 영상 삽입하기(4)

이러한 방법으로 캔바 내에서 유튜브 영상을 삽입하여 발표 자료 등에 활용할 수 있습니다. 그러나, 유튜브 영상의 경우 내가 보유한 자료가 아니기 때문에 캔바의 요소 속에 있는 동영상이나 내가 직접 보유하여 올린 동영상과 달리 편집이 불가합니다.

Tip. 캔바에 영상 녹화하여 삽입하기

다음으로 내 컴퓨터를 활용하여 영상 녹화를 하여 캔바에 삽입하는 방법을 알아보겠습니다.

① 왼쪽 메뉴에서 [업로드 항목]을 선택합니다.

그림 4-45. 캔바에서 영상 녹화하여 삽입하기(1) - 업로드 항목 클릭

업로드 항목은 내가 가지고 있는 파일을 캔바 드라이브에 올려서 활용토록 지원하는 공간입니다. 이미지, 동영상, 오디오 등 다양한 요소들을 올릴 수 있습니다. 이때 만약 내가 보유한 영상이 없고 바로 촬영해서 넣겠다고 할 때는 **[직접 녹화하기]** 버튼을 클릭하여 영상을 녹화하여 삽입할 수 있습니다.

② 좌측 상단에 카메라 사용 권한 요청이 나타납니다. **[사이트에 있는 동안 허용]**을 선택합니다.

그림 4-46. 캔바에서 영상 녹화하여 삽입하기(2) - 권한 허용

③ 스튜디오에 접속되며 우측 상단의 [설정] 버튼을 클릭하여 환경을 구성합니다.

그림 4-47. 캔바에서 영상 녹화하여 삽입하기(3)- 영상 설정

영상 촬영 시 활용할 카메라/마이크 및 녹화할 화면이나 공유할 스크린이 있으면 선택해 줍니다. 특히 크롬북과 같이 카메라가 두 개 이상인 기기에서 캔바를 활용할 때는 카메라를 변경하는 방법을 학생들이 모를 수 있습니다. 이 경우 우측 상단의 **[설정(톱니바퀴)]** 버튼을 클릭하여 변경할 수 있음을 안내합니다. 스튜디오에서 나오고 싶을 때는 좌측 상단의 **[스튜디오 종료]**를 통해 에디터로 돌아갈 수 있습니다. 촬영 준비가 되었으면 화면 가운데에 있는 빨간색 **[녹화]** 버튼을 클릭하면 3, 2, 1 신호와 함께 녹화가 시작됩니다.

④ 화면 녹화 및 완료하기

그림 4-48. 캔바에서 영상 녹화하여 삽입하기(4)- 녹화하기

녹화가 완료되었으면 가운데의 보라색 [완료] 버튼을 클릭합니다.

⑤ 저장 및 종료하기

그림 4-49. 캔바에서 영상 녹화하여 삽입하기(5)- 저장 및 종료하기

[완료] 버튼을 클릭하여 영상 촬영이 종료되었으면 촬영한 자료를 저장하거나 재촬영을 위해 삭제할 수 있습니다. 이때 유의할 점은 우측 상단의 [저장 및 종료]를 눌러야 촬영한 자료가 저장된다는 점입니다.

캔바를 처음 사용하는 경우 기능을 숙지하지 못한 체 좌측 상단의 [스튜디오 종료]를 통해 밖으로 나오는 경우가 있는데 그 경우 저장이 되지 않아 재촬영을 해야 합니다.

⑥ 녹화된 영상 확인 및 편집하기

그림 4-50. 캔바에서 영상 녹화하여 삽입하기(6)- 영상 확인하기

녹화된 영상은 자동으로 삽입되며 유튜브 영상과 달리 캔바에서 편집할 수 있습니다. 또한, 캔바 클라우드 내에 자동으로 저장되어 있어 언제든 다시 재활용할 수 있습니다.

Tip. 녹화된 영상을 다른 프레임에 삽입하기

캔바에서 기본적으로 삽입된 영상은 둥근 원 형태로 삽입되어 있습니다. 이 영상을 분리하여 내가 원하는 틀 안에 넣어보도록 하겠습니다.

① [요소]에 들어가서 [프레임] 유형을 선택하여 내가 원하는 프레임을 삽입합니다.

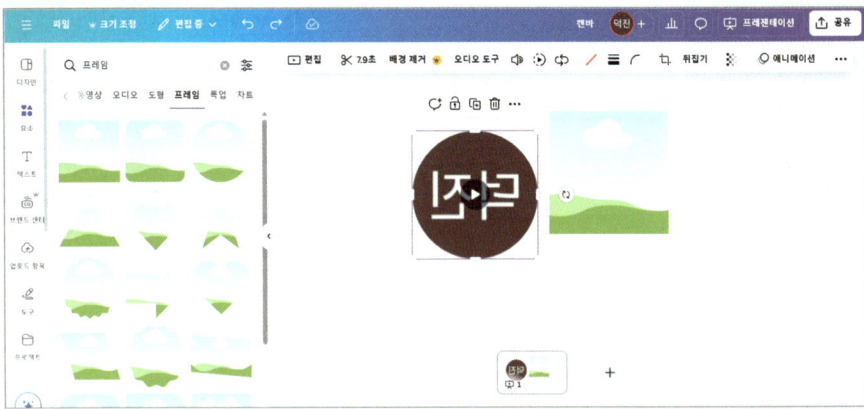

그림 4-51. 요소-프레임 메뉴에 접속하기

내가 녹화한 영상을 담고 싶은 프레임을 선택하여 넣어줍니다.

② 녹화한 영상을 클릭한 후 마우스 우클릭을 합니다(또는 [더 보기] 클릭). 그 후, **[동영상 분리하기]**를 찾아 동영상을 둥근 프레임에서 분리합니다.

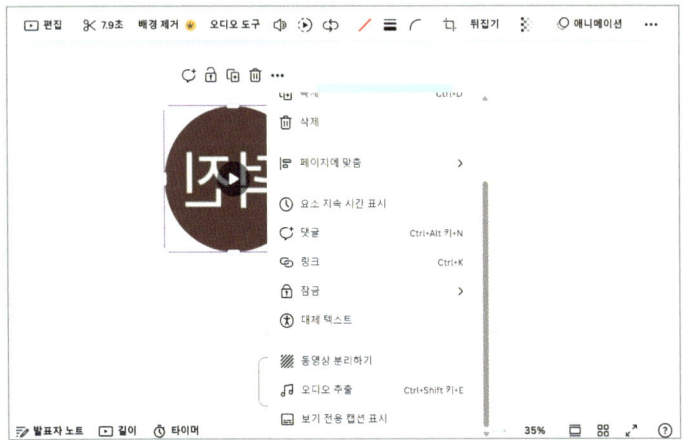

그림 4-52. 동영상 분리하기

그림 4-53. 동영상이 분리된 모습

③ 분리된 동영상을 드래그하여 내가 삽입한 프레임 안에 넣습니다.

그림 4-54. 동영상을 프레임 안에 드래그 앤드 드롭하기

　분리된 동영상을 마우스 왼쪽으로 클릭하여 끌어서 프레임 안으로 넣습니다. 이러한 방식으로 영상을 프레임 안에 넣어서 내가 원하는 형태로 나타낼 수 있습니다. 이 방법은 사진, 그림 등 각종 요소에도 유사하게 적용됩니다.

다. 텍스트 메뉴

다음으로 캔바의 텍스트 메뉴에 대해 알아보겠습니다. 글자를 추가하고 싶을 때 텍스트 메뉴를 사용할 수 있습니다. 일부 OS에서 텍스트 메뉴가 나타나지 않는 오류가 발생하는 경우가 존재하는데 이 경우 새로고침(키보드 F5)을 눌러 초기화를 해주거나 **[디자인]** 메뉴를 클릭하여 템플릿을 삽입한 후 템플릿 속에 있는 글자를 수정해서 사용해야 합니다.

01 메뉴에서 **[텍스트]**를 선택합니다.

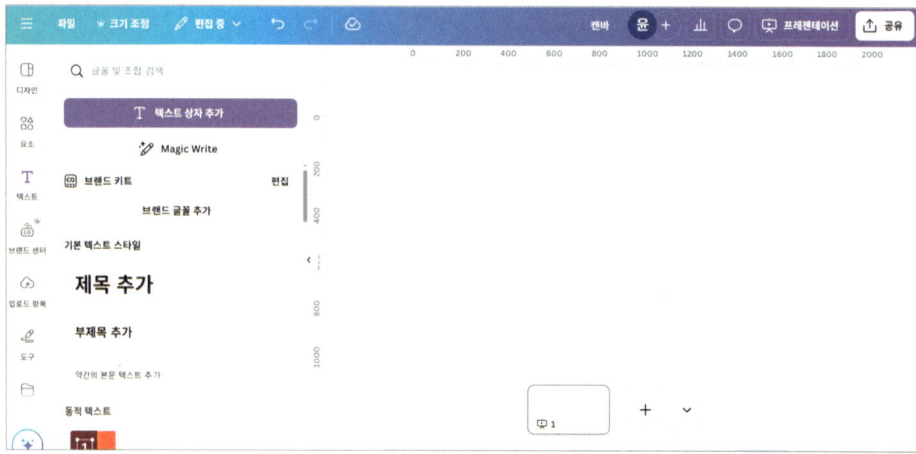

그림 4-55. 캔바 텍스트 메뉴

자주 사용하는 글꼴이 있거나 조직 단위에서 통일감을 주기 위해서는 여러 글꼴을 **[브랜드 키트]**에 등록한 후 사용하면 좋습니다. 다만, 여기에서는 기초적인 텍스트 메뉴를 다룰 예정이며 브랜드 키트 활용에 대해서는 뒤에서 별도로 다루도록 하겠습니다.

기본 텍스트 스타일에 있는 **[제목 추가]**, **[부제목 추가]**, **[약간의 본문 텍스트 추가]** 중 한 가지를 선택해 추가합니다. 어떤 텍스트 형식을 선택해도 서식 변경이 가능하므로 향후 캔바 작업을 할 때는 셋 중 아무것이나 추가해도 괜찮습니다.

02 텍스트를 클릭하여 서식 툴바에서 서식을 지정합니다.

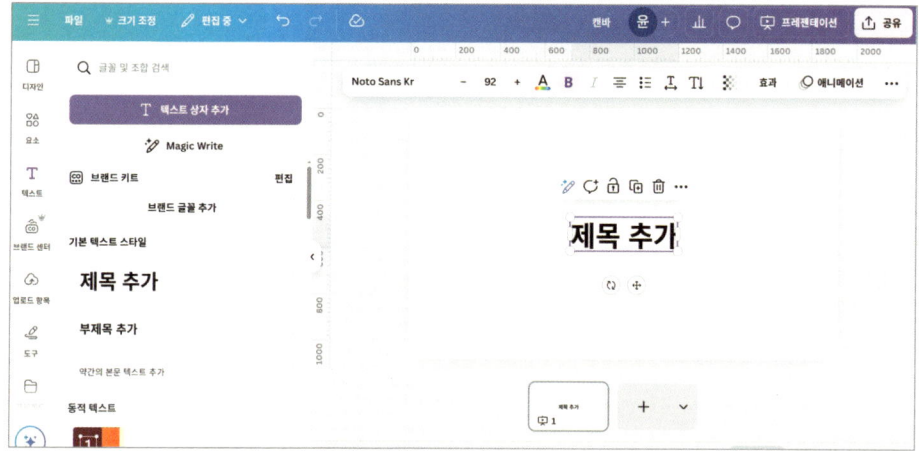

그림 4-56. 캔바 텍스트 삽입 및 서식 툴바에서 변경하기

텍스트를 클릭하면 상단의 서식 툴바가 나타나고 글꼴, 글자 크기, 색상 및 각종 서식과 정렬들을 지정해 줄 수 있습니다. 이때 유의할 점은 색상과 굵게, 밑줄, 취소선 등은 개별 텍스트마다 적용할 수 있으나 글꼴, 글자 크기, 정렬, 간격 등은 텍스트 덩어리(텍스트 요소 상자)에 적용됩니다.

이 부분은 다소 불편할 수 있는 지점으로 직접 여러 번 텍스트 입력 및 서식 변경 실습을 해볼 필요가 있습니다.

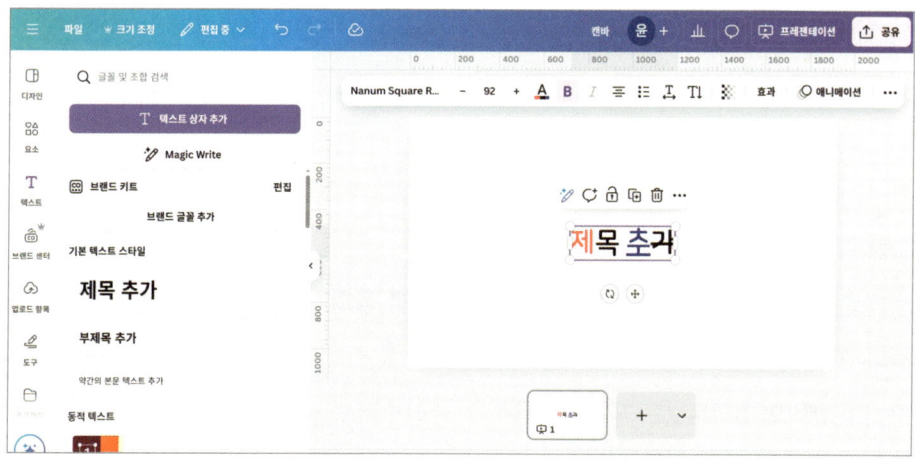

그림 4-57. 캔바 텍스트 서식 적용 연습하기

4. 캔바 에디터 화면 메뉴 살펴보기

5. 창의적 체험 활동 + 학교자율시간 수업 하기

창의적 체험 활동과 학교 자율 시간은 학생들이 다양한 경험을 통해 창의력을 발휘하고 협력과 소통의 가치를 배우는 중요한 시간입니다. 이 시간에 캔바를 활용하면, 직관적인 디자인 도구와 협업 기능 덕분에 기술적 지식이 부족한 학생들도 쉽게 참여할 수 있습니다.

가. 학급 로고 및 학급 규칙 이미지 제작하기

학기 초는 새로운 한 해의 시작을 준비하며 교실에서 중요한 청사진을 그리는 시간입니다. 이때 학급의 중요한 가치와 규칙을 정하고, 학급 이름을 결정하며, 이를 기반으로 한 활동을 통해 학생들과 함께 학급의 정체성을 만들어 나갈 수 있습니다. 특히, 캔바를 활용하면 이러한 과정을 시각적으로 표현하고 공유할 수 있어 더욱 효과적입니다. 이번 장에서는 캔바를 활용한 **학급 로고와 학급 규칙 이미지 제작 방법**에 대해 알아보겠습니다.

1) 학급 로고 제작하기
학급 가치와 목표 설정

학급 로고 제작은 학생들과 함께 **학급의 가치를 정의**하는 것에서 시작됩니다. 학생들과 학급에서 중요하게 생각하는 가치를 자유롭게 이야기합니다. **포스트잇**을 활용하거나 **캔바의 화이트보드 기능**을 사용해 브레인스토밍을 진행합니다.

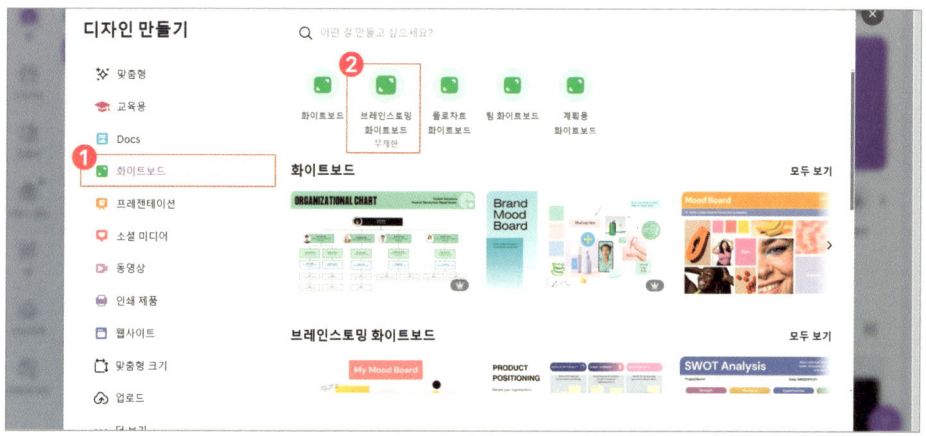

그림 5-1. 화이트보드 생성

우선 좌측 메뉴에서 [+ 만들기]를 클릭하여, [화이트보드] 탭에서 다양한 템플릿 중 [브레인스토밍 화이트보드]를 선택합니다.

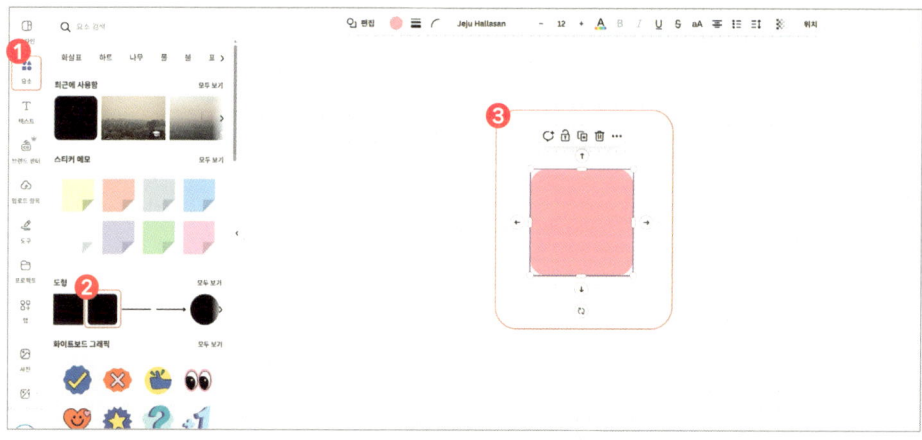

그림 5-2. 토의 준비하기

이제 [요소] 패널을 선택합니다. 그리고 [도형]에서 둥근 모서리 사각형을 선택하고, 화이트보드에 생성합니다.

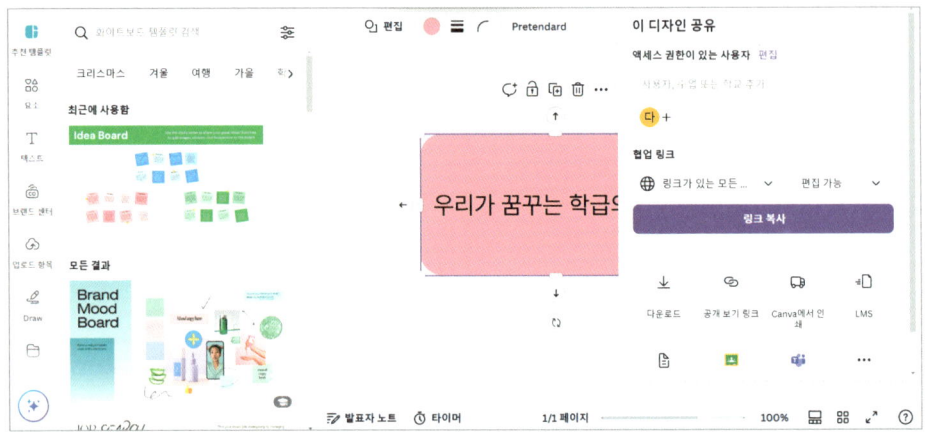

그림 5-3. 학생들에게 공유하기

도형을 선택하여 토의 주제를 중앙에 작성하고, 이렇게 만든 화이트보드를 학생들에게 공유합니다. 편집기 상단의 **[공유]** 버튼을 클릭하고 **[협업 링크]**에서 **[링크가 있는 모든 사용자]**, **[편집 가능]**으로 설정하신 후 **[링크 복사]**를 눌러 복사된 링크를 학생들에게 공유합니다. 학생들은 **[스티커 메모]**를 활용하여 자신의 의견을 공유합니다.

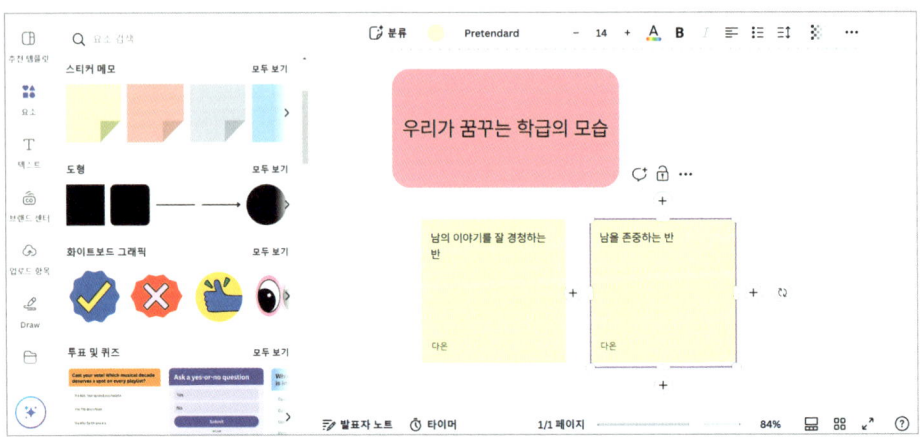

그림 5-4. 스티커 메모로 의견 공유하기

01 [요소] 패널을 선택합니다.
02 학생들은 [스티커 메모]에서 마음에 드는 메모를 선택하여 자신의 의견을 작성합니다.

이러한 과정을 통해 **학생들이 꿈꾸는 학급의 모습**을 한 문장으로 정리하고, 이를 기반으로 **학급 이름**을 결정합니다.

　예시로 저희 반 아이들은 우리 반은 협동하고 경청하며, 친구들을 평등하게 대하고 존중하며 재미있는 반을 만들고 싶다고 하였습니다. 이를 바탕으로 학급 이름을 정했고,

- 가장 평등하고 서로를 존중하는 **(육)** 학년 **(육)** 반 아이들
- **(개)**미처럼 열심히 협동하고 노는 우리 반
- 경청하는 것도 **(장)**한 우리 반

자신들이 꿈꾸는 반이 가진 가치가 들어가게 이름을 정하여 '육개장'이라는 이름을 정했습니다.

로고 디자인 시작하기

　학급 이름이 정해지면, 이를 시각적으로 표현할 로고를 제작합니다.

로고의 특징 이해하기

그림 5-5. 로고를 검색하여 살펴보며 로고의 특징 이해하기

　캔바에서 검색창을 클릭하고, '로고'를 검색하여 다양한 로고 예시를 확인합니다. 이 과정에서 학생들은 로고가 학급의 목표나 특성을 반영하며 간결하고 인식하기 쉬

운 디자인이어야 한다는 점을 인식합니다. 그리고 학급 로고를 위한 아이디어를 얻을 수 있습니다.

템플릿 선택 및 편집

로고를 만들기 위한 기본 창을 띄우는 방법은 두 가지인데요. 먼저 1단계에서 검색한 로고 예시 중 마음에 드는 것을 골라 여는 방법입니다. 살펴본 로고 중 마음에 드는 로고를 클릭하여 **[이 템플릿 맞춤 편집하기]**를 누릅니다.

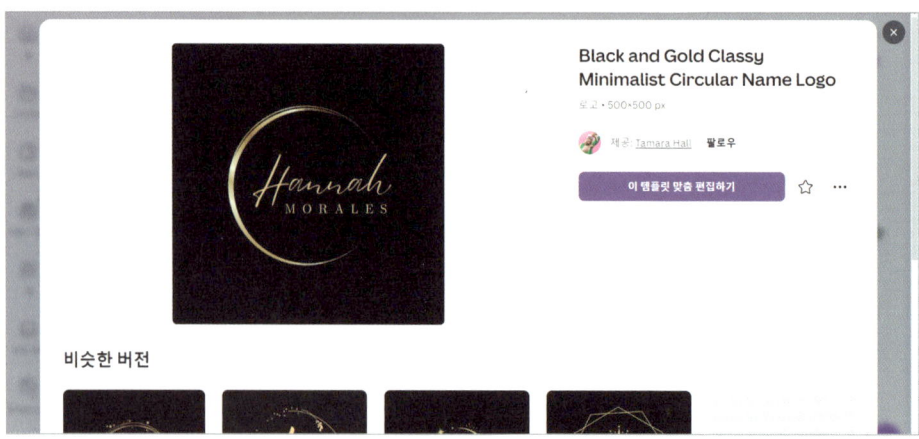

그림 5-6. 이 템플릿 맞춤 편집하기

다음 방법은 **'디자인 만들기'**를 활용하는 방법입니다.

그림 5-7. 디자인 만들기

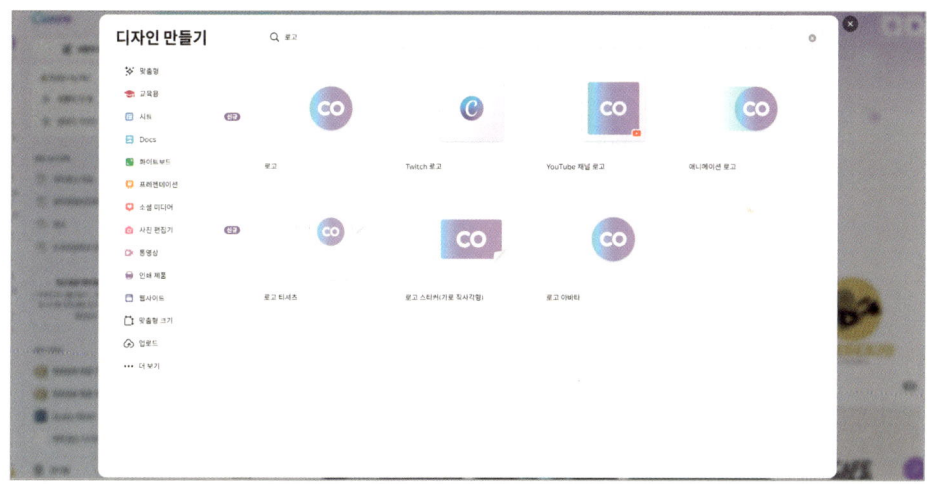

그림 5-8. 로고 검색하기

[+ 만들기] 버튼을 선택하여 검색창에 **'로고'**를 검색하고 선택합니다. 그리고 창이 열리면 캔바 내 다양한 요소들을 활용하여 로고를 완성합니다.

로고 제출 및 투표

그림 5-9. 교사에게 보내기에서 교사 선택하기

먼저, **교사**를 선택하여 메시지를 작성합니다. 그리고 **[보내기]** 버튼을 선택하여 선생님께 제출합니다.

그림 5-10. 학생 제출 확인하기

학생이 제출하면 선생님의 **알림**에 뜨게 되고 선생님은 학생들이 제출한 것을 선택하여 확인합니다.

학생들이 제출한 과제를 확인하고 [⬇**다운로드**] 버튼을 누릅니다.

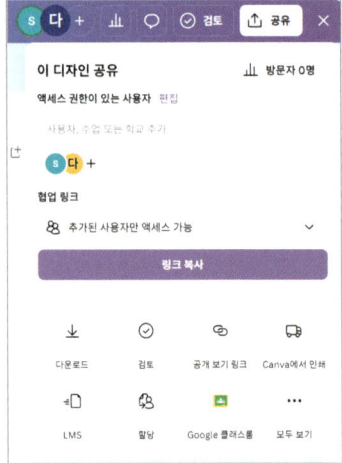

그림 5-11. 공유 버튼을 눌러 다운로드 누르기

파일 형식에서 [PNG]를 선택하고 다운로드 버튼을 눌러 다운을 받습니다.

그림 5-12. 파일 다운로드하기

학생들에게 구글폼을 통해 투표를 받아 최종 로고를 선정합니다. 선정된 로고는 학급 티셔츠, 학습지 상단, 공지사항 등에 활용할 수 있습니다. 이를 통해 학생들은 학급의 소속감을 더욱 느낄 수 있습니다.

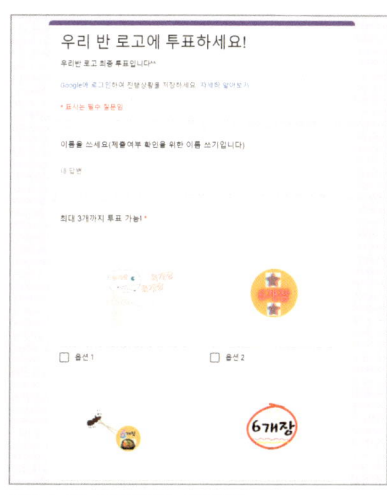

그림 5-13. 구글폼으로 투표하기

2) 학급 규칙 이미지 제작하기

학급 규칙 정하기

학급의 가치를 바탕으로 세부적인 규칙을 정합니다. 회의를 통해서 아침 시간, 수업 시간, 쉬는 시간 등 학급 생활을 구성하는 일과별로 규칙을 세분화합니다. 학생들은 모둠별로 각 시간대에 맞는 규칙을 정리하고, 이를 기반으로 이미지를 제작합니다.

캔바 템플릿 활용하기

캔바에서 검색창에 '학급 규칙'을 검색합니다. 마음에 드는 **템플릿**을 선택하고, 새 창에서 **[이 템플릿 맞춤 편집하기]**를 눌러 수정합니다.

그림 5-14. 템플릿 선택하여 학급 규칙 입력하기

모둠별로 정한 규칙을 **템플릿에 맞게 입력**합니다. 추가적으로 꾸미고 싶은 것이 있을 때는 [요소] 패널의 다양한 그래픽 요소를 활용합니다. 완성된 규칙 이미지를 학급에 게시하거나 SNS에 공유합니다.

규칙 상기 활동 - 밈 제작하기

학급 규칙을 재미있게 상기시키기 위해 '**밈**(Meme)'을 활용합니다. 학생들이 학급 규칙 중 **중요하다고 생각하거나 잘 지키지 못한 규칙을 선정하여 밈을 활용하여 재미있게 만드는 것**입니다. 이 과정은 학생들이 매우 즐겁게 참여합니다. 그래서 학생들의 적극적인 참여를 이끌 수 있을 뿐만 아니라 학생들은 학급 규칙을 다시 한번 익힐 수 있습니다. 다만, 이 과정에서 **폭력적이거나 선정적인 장면들은 활용하지 않도록** 지도합니다.

밈 아이디어 찾아서 표현하기

캔바에서 '밈'을 검색하거나 새로운 이미지를 업로드해 재미있게 규칙을 표현할 수 있습니다. 캔바에서 '밈'을 검색하여 표현하는 방법을 알아보겠습니다.

캔바 검색창에서 '밈'을 검색합니다. 다양한 밈을 살펴보고 마음에 드는 것을 선택하면 됩니다.

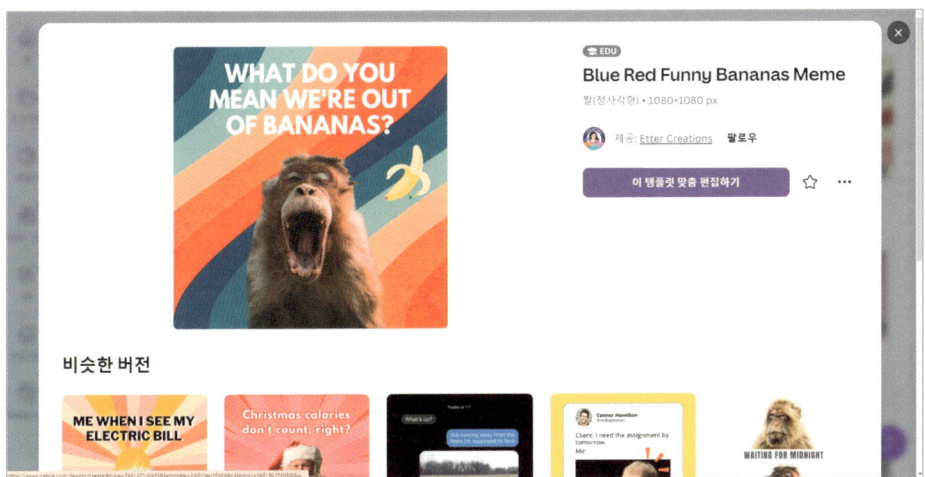
그림 5-15. 밈 선택하여 템플릿 맞춤 편집하기

저는, '교실에서 소리를 지르지 않기'라는 규칙을 표현하기 위해 밈을 검색한 창에서 원숭이를 선택하고 [이 템플릿 맞춤 편집하기]를 클릭합니다.

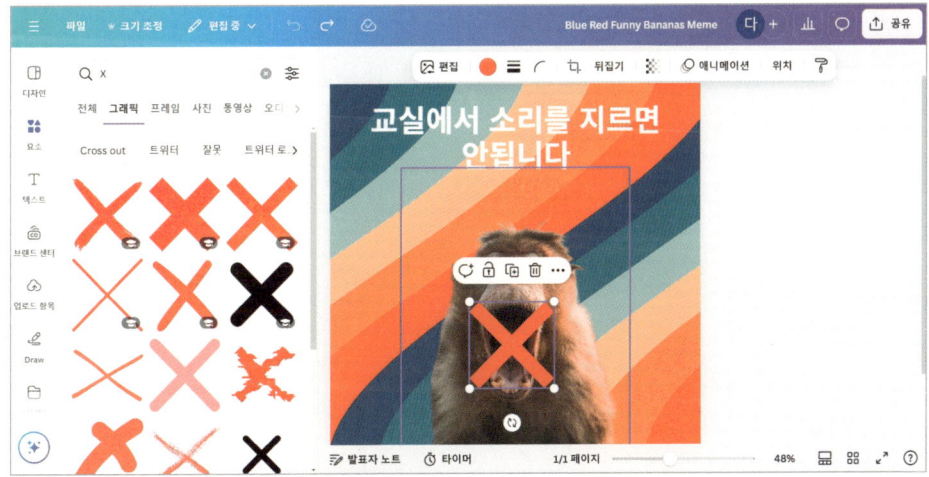
그림 5-16. 요소에서 그래픽 요소 검색하여 삽입하기

템플릿에 있었던 텍스트 상자를 클릭하여 '교실에서 소리를 지르면 안 됩니다'와 같이 작성합니다. 또한 [요소] 패널 검색창에서 'X'를 검색하고 다양한 그래픽 중 마

음에 드는 것을 골라 삽입합니다.

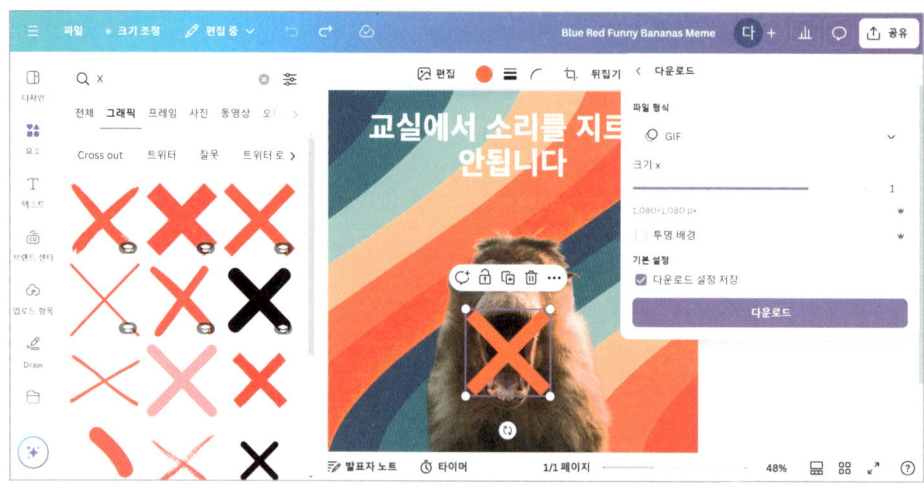

그림 5-17. GIF 형식으로 다운받기

이렇게 완성된 밈은 학급 게시판에 부착하거나 **[공유] - [다운로드] - 'GIF'**를 선택하여 다운로드합니다. 해당 파일을 학급 SNS(하이클래스, 구글 클래스룸 등)에 업로드하여 활용할 수 있습니다.

캔바를 활용한 학급 로고와 학급 규칙 이미지는 학생들이 학급 활동에 적극적으로 참여하도록 돕고, 학급의 가치를 시각적으로 공유함으로써 학급 문화를 긍정적으로 형성할 수 있는 좋은 방법입니다.

나. 일기 및 현장체험학습 보고서 작성하기

최근 학생들은 스마트폰과 SNS, 유튜브와 같은 플랫폼 덕분에 사진과 영상을 활용하는 데 익숙합니다. 자신의 모습을 사진으로 기록하거나 활동을 시각적으로 표현하는 것을 좋아하는 학생들이 많아졌습니다. 이러한 트렌드를 반영해, 일기나 현장체험학습 보고서를 작성할 때도 사진과 그림을 활용한 결과물을 만드는 활동이 효과적입니다. 하지만 모든 학생이 프린터를 가지고 있지 않기도 하고, 학급에서 모든 학생의 사진을 인쇄하는 데 제약이 있을 수 있습니다. 이러한 문제를 해결하기 위해 캔바를 활용한 일기 및 보고서 템플릿 제작 방법을 소개합니다.

1) 일기 쓰기 템플릿 제작 및 과제 공유

템플릿 선택

캔바에서 [+ 만들기] 버튼을 클릭합니다.

그림 5-18. 워크시트 선택하기

[더 보기]를 클릭하고 **[워크시트]**를 선택합니다.

디자인 템플릿 수정

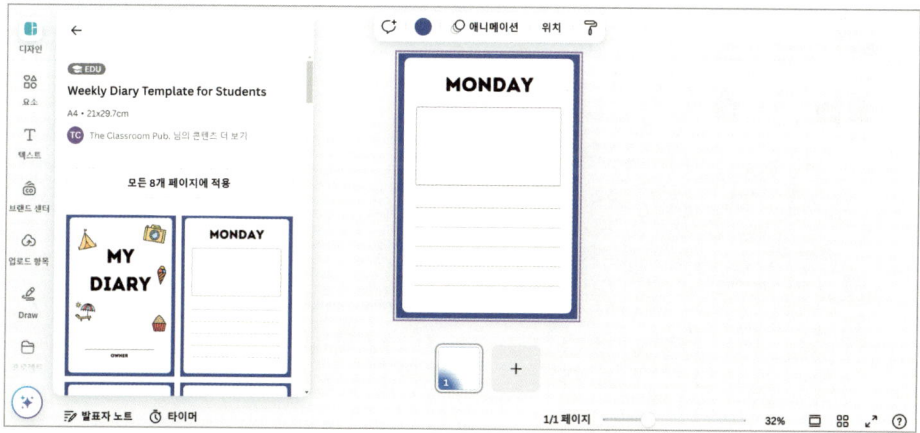

그림 5-19. 디자인 패널에서 템플릿 선택하여 입력하기

[디자인] 패널을 선택하고, 검색창에 **'일기'**를 입력하여 다양한 일기 템플릿을 살펴봅니다. 이 중 다양한 템플릿 중 적합한 것을 선택합니다.

 선택한 템플릿의 기본 요소들을 수정해 보겠습니다.

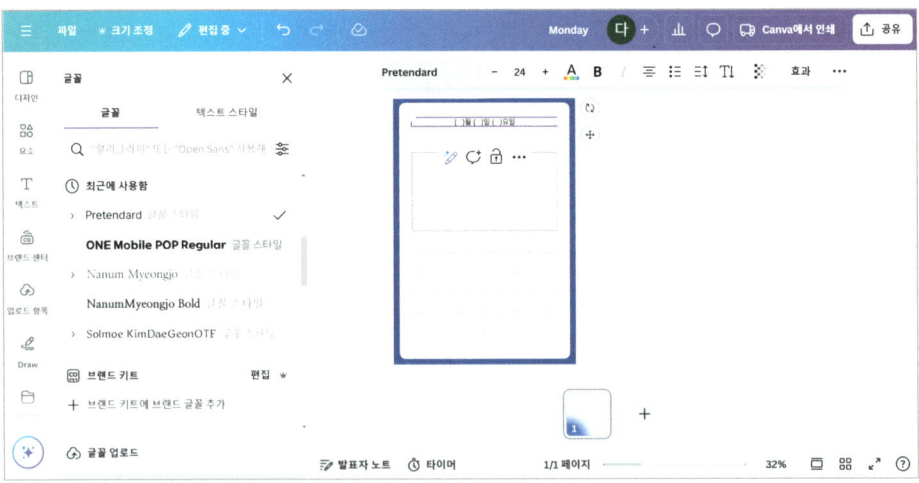

그림 5-20. 템플릿 텍스트 상자 수정하기

 텍스트 중 'MONDAY'로 되어 있던 것을 **'( )월 ( )일 ( )요일'**과 같이 변경합니다.

 더불어 제목판 추가를 위해서 **[텍스트]** 패널에서 **[텍스트 상자 추가]**를 클릭해 제목 텍스트 박스를 생성하고 '〈 제목 쓰기 〉' 등으로 입력합니다.

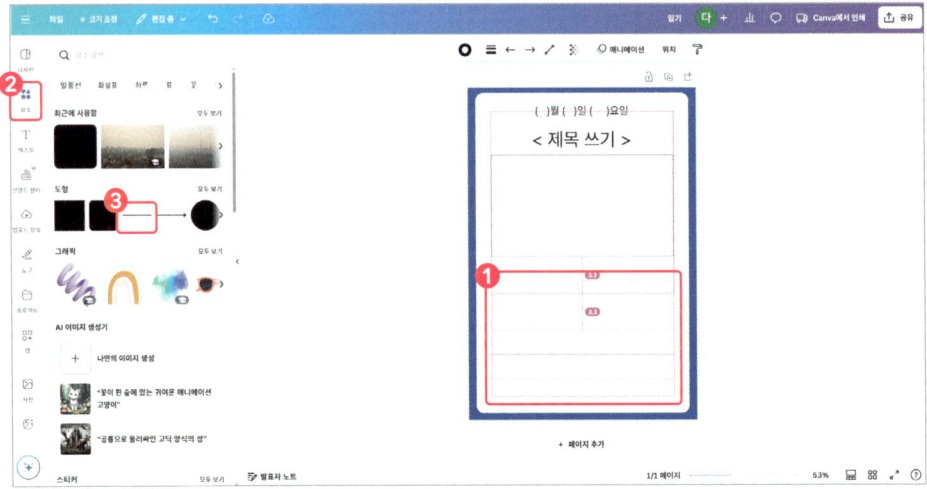

그림 5-21. 텍스트 상자 추가와 선 삽입하기

아래에 있는 선이 본인이 맡은 학생들의 수준에 비해 간격이 넓은 것 같으면 줄 간격을 조정합니다. 줄을 추가하고 싶으면 [요소] 패널을 클릭합니다. 도형에서 '선'을 선택하여 줄을 추가합니다.

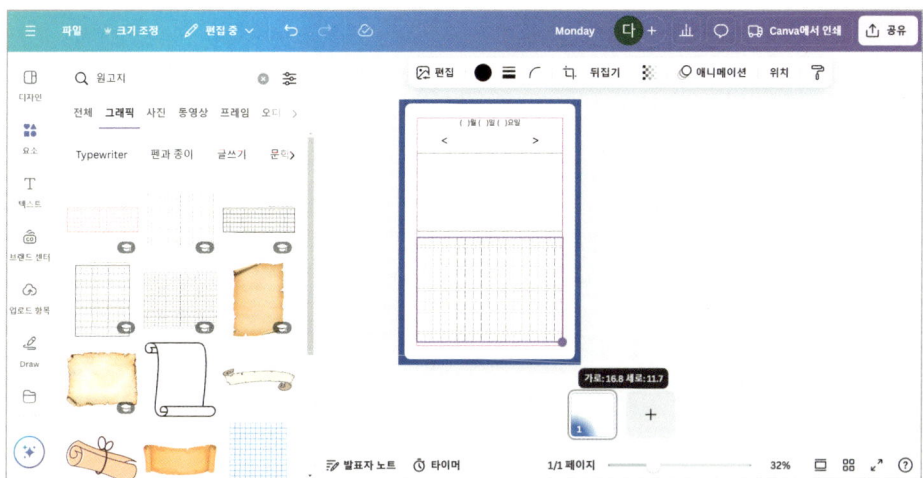

그림 5-22. 그래픽 요소에서 원고지 삽입하기

만약 원고지 양식이 필요하다면 [요소]에서 **'원고지'**를 검색하여 어울리는 것으로 삽입합니다.

과제 공유하기

우측 상단의 [배정]을 누르고 [링크를 통해 공유] 혹은 [Canva에서 배정]을 클릭합니다. [링크를 통해 공유]를 클릭하여 복사된 링크를 선생님께서 활용하고 계신 학급 관리 플랫폼(예: 구글 클래스룸)에 공유하여 학생들에게 과제를 제공할 수 있습니다.

그림 5-23. 학생에게 할당하기

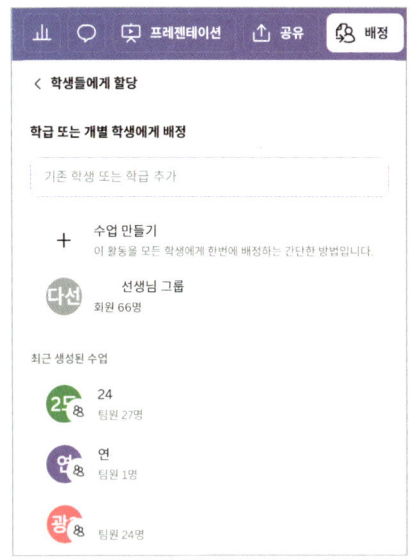

그림 5-24. [canva에서 배정]에서 학생들에게 할당하기

[Canva에서 배정]을 선택한 경우 학급 또는 개별 학생들에게 과제를 배정할 수 있습니다. 최근 생성된 수업에서 원하는 멤버 그룹에게만도 과제 배정이 가능합니다.

그림 5-25. 각 학생을 위한 새로운 디자인 선택하기

다음으로 공유에서는 **[각 학생을 위한 새로운 디자인]**으로 설정하여, 학생들이 템플릿을 활용해 개인별로 작성할 수 있도록 합니다.

2) 현장체험학습 보고서 템플릿 제작

캔바에서 **[디자인 만들기]** 버튼을 클릭한 뒤, **[더 보기] - [워크시트(A4)]** 를 선택합니다.

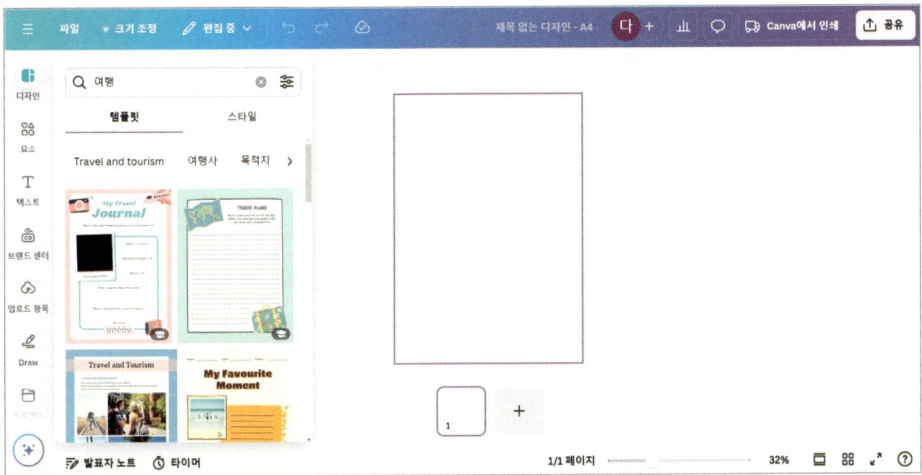

그림 5-26. 디자인 패널에서 검색하기

[디자인] 패널의 검색창에 '여행'을 검색해 다양한 템플릿을 살펴보고 적합한 것을 선택합니다. 예를 들어, 현장체험학습의 신나는 분위기와 어울리는 분홍색 테마의 여행 템플릿을 고를 수 있습니다.

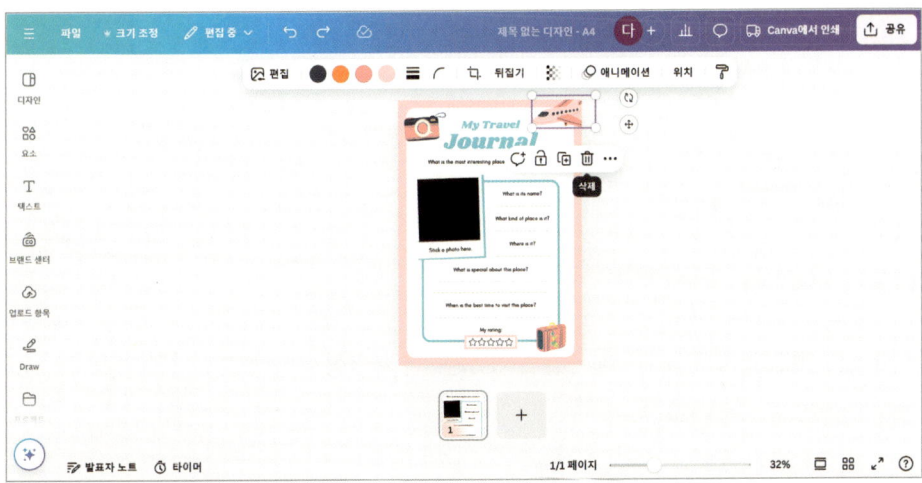

그림 5-27. 필요 없는 요소 삭제하기

이제, 템플릿의 여러 요소들 중 필요 없는 이미지 요소들을 **삭제(🗑)** **버튼**을 눌러 삭제합니다.

그림 5-28. 텍스트 상자 수정하기

텍스트 상자를 선택하여 '현장체험학습을 다녀와서'와 같이 수정합니다.

그림 5-29. 도형과 프레임 삽입하기

[요소]의 **[도형]** 중에서 네 컷 사진의 배경이 될 **사각형**을 삽입하고, **[프레임]**에서 '**사각형 프레임**'을 삽입합니다.

그림 5-30. 프레임 복제하고 정렬하기

　[복제] 버튼을 눌러 네 개의 프레임을 만들고 **정렬**을 맞추어 배치합니다.

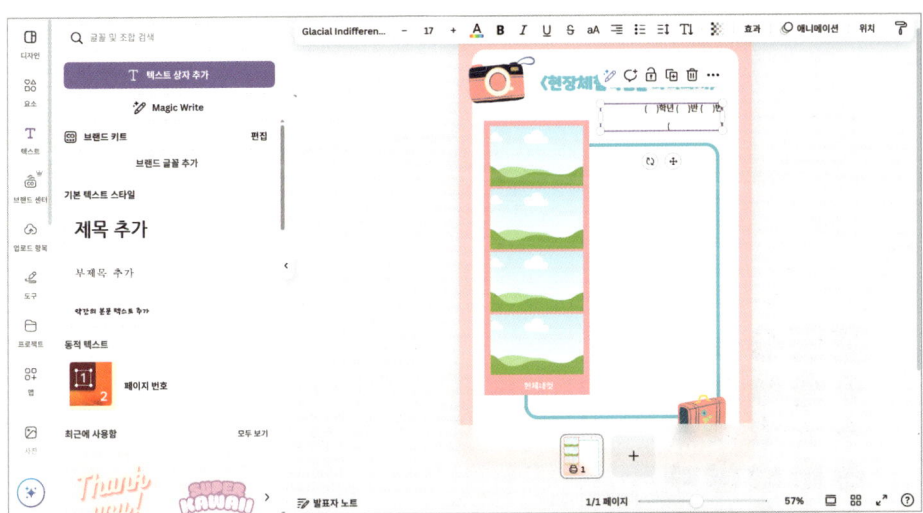

그림 5-31. 텍스트 상자 추가하기

　[텍스트] 패널을 선택하고 [텍스트 상자 추가]를 선택하여 '학년, 반, 번호, 이름'을 쓸 수 있는 텍스트를 입력합니다.

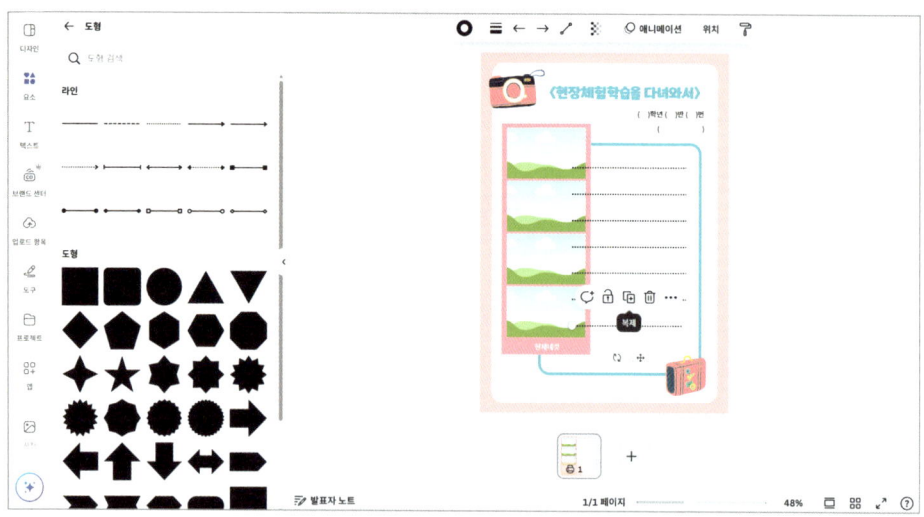

그림 5-32. 점선 추가하고 복제하기

[요소]의 [도형]에서 라인 중에서 **점선**(…)을 선택하고 정렬을 맞추어 [복제] 버튼을 눌러 학생들이 쓸 수 있는 칸을 만듭니다.

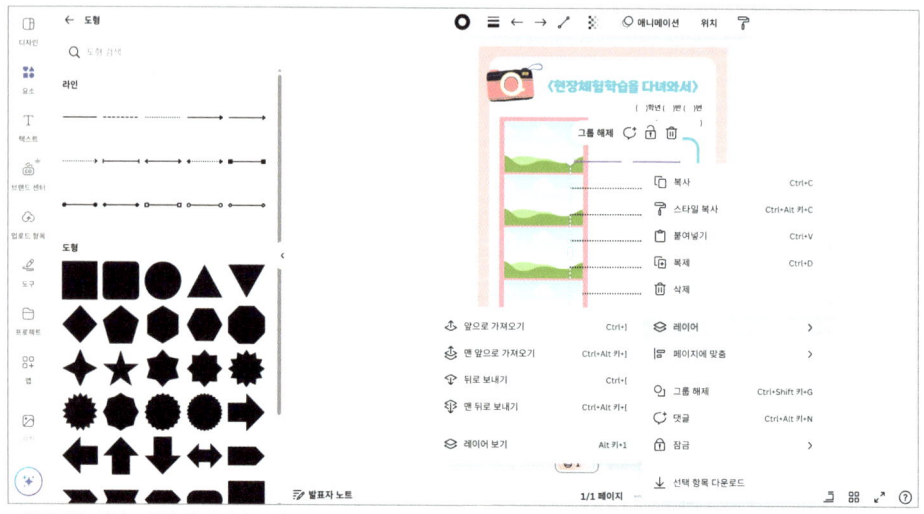

그림 5-33. 점선 그룹화 후 레이어 보기

점선을 모두 선택하여 [**그룹화**]를 선택합니다. 그룹화한 점선을 사진 뒤쪽으로 보내기 위해 레이어 순서를 정리합니다. 레이어 창을 여는 방법은 두 가지입니다. 한 가지는 개체를 선택하고 마우스 우클릭, [레이어]를 선택하여 [레이어 보기]를 확인하는 것입니다.

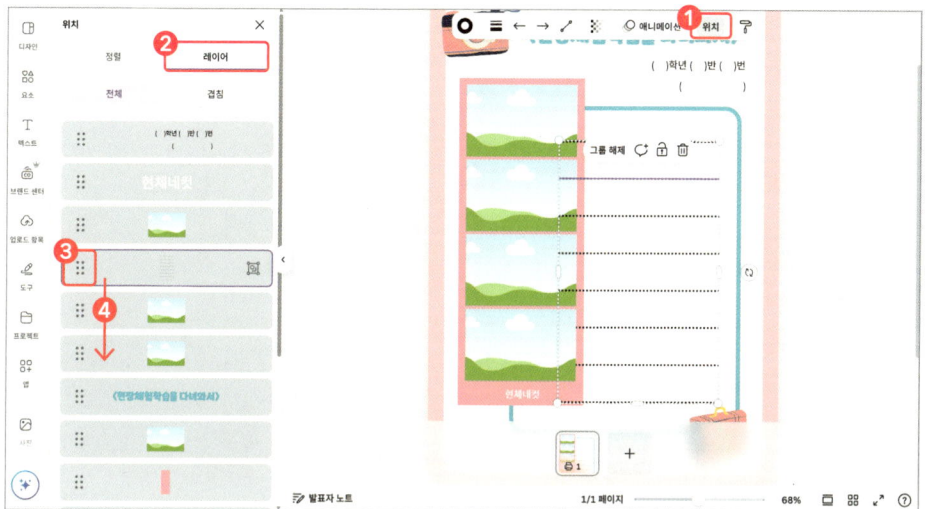

그림 5-34. 도구 바 위치로 위치 창 열고 레이어 순서 조정하기

다른 방법은 개체를 선택하고 보이는 상단의 도구바에 ① **[위치]**를 클릭하고 ② **[레이어]**를 클릭합니다. 그리고 ③ 선택한 개체의 왼쪽 **점 6개 버튼( )**을 누르고 ④ 분홍색 사각형 아래쪽으로 **드래그**하여 이동시킵니다.

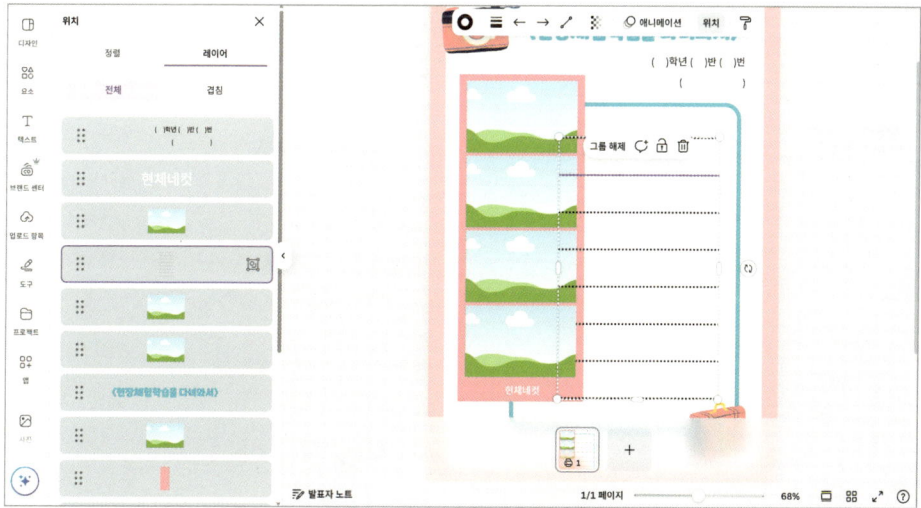

그림 5-35. 도형 크기 조정하기

파란색 사각형의 크기를 조정해 깔끔한 보고서 틀을 완성합니다.

[요소]의 [그래픽]에서 검색창에 '**버스**'를 검색합니다. 여러 요소 중 전체적인 색상에 어울리는 그래픽 요소를 **선택**하여 삽입합니다.

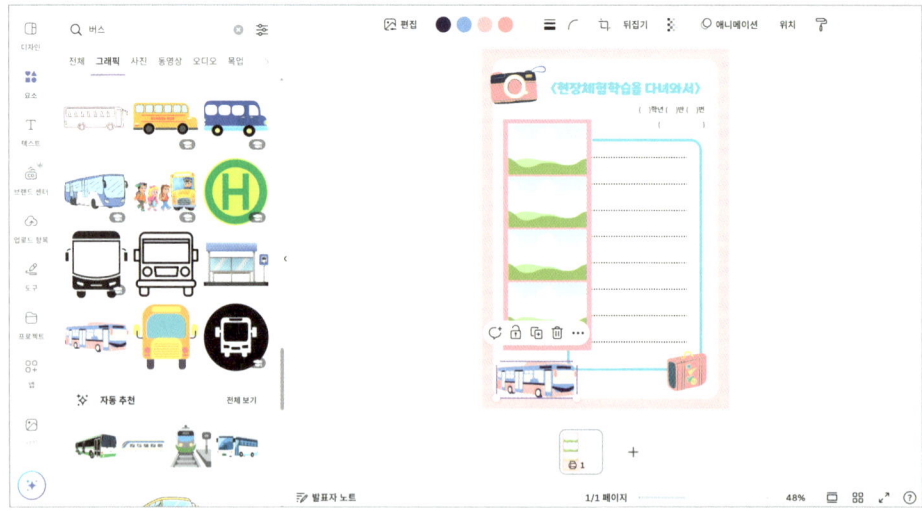

그림 5-36. 요소 삽입하기

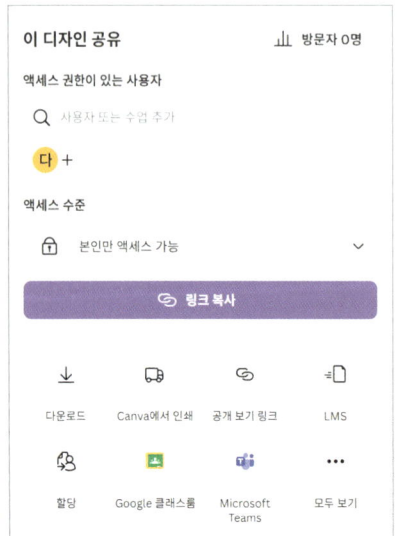

그림 5-37. 공유 버튼 선택하기

[공유]의 [모두 보기]를 클릭하여 완성된 템플릿을 공유합니다.

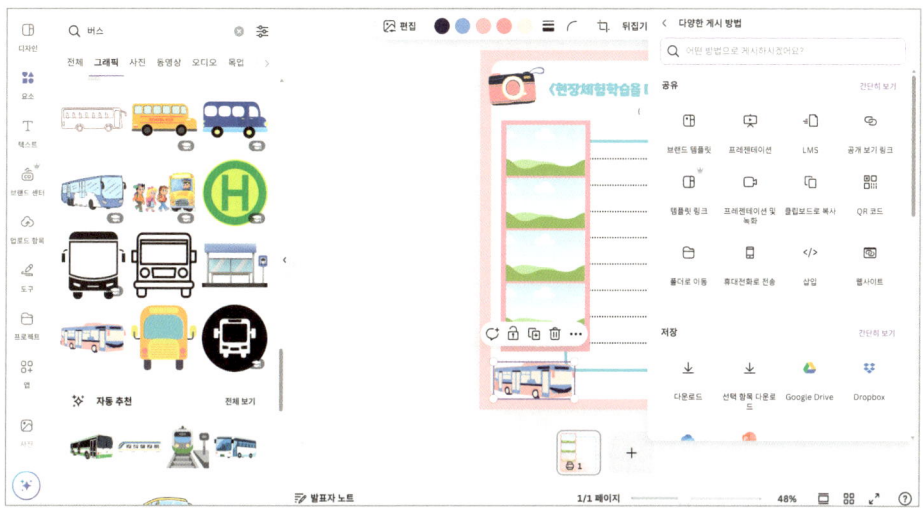

그림 5-38. 템플릿 링크 선택하기

[템플릿 링크]를 선택해 템플릿 링크로 학생들에게 제공합니다. 학생들은 해당 링크로 들어가 템플릿을 수정하여 현장체험학습 보고서를 작성할 수 있습니다. 만약 현장체험학습 사진이 없는 학생은 프레임에 그림을 그리거나, [요소] 패널의 그래픽을 활용해 내용을 작성할 수 있도록 안내합니다.

다. 계기교육 캐릭터 제작 및 카드뉴스 만들기

학교에서는 특정 기념일이나 시사적인 주제를 다루기 위해 계기교육을 진행합니다. 주제를 중심으로 수업이 이루어지며, 저학년이나 중학년에서는 주로 기념일의 의미를 알아보는 활동에 초점이 맞춰져 있습니다. 하지만 고학년에서는 학생들이 스스로 조사하고 결과물을 제작하는 심화 활동을 통해 해당 주제에 대해 깊이 이해할 수 있도록 유도할 수 있습니다.

계기교육 캐릭터를 제작하고 이를 바탕으로 카드뉴스를 제작하는 활동을 통해 학생들이 주제의 의미를 더욱 잘 이해하고, 내용을 창의적으로 표현할 수 있습니다.

1) 계기교육 캐릭터 제작

[디자인 만들기]의 검색창에 '**카드뉴스**'를 검색하여 '**카드뉴스(정사각형)**' 프로젝트를 엽니다.

계기교육 캐릭터 만들기

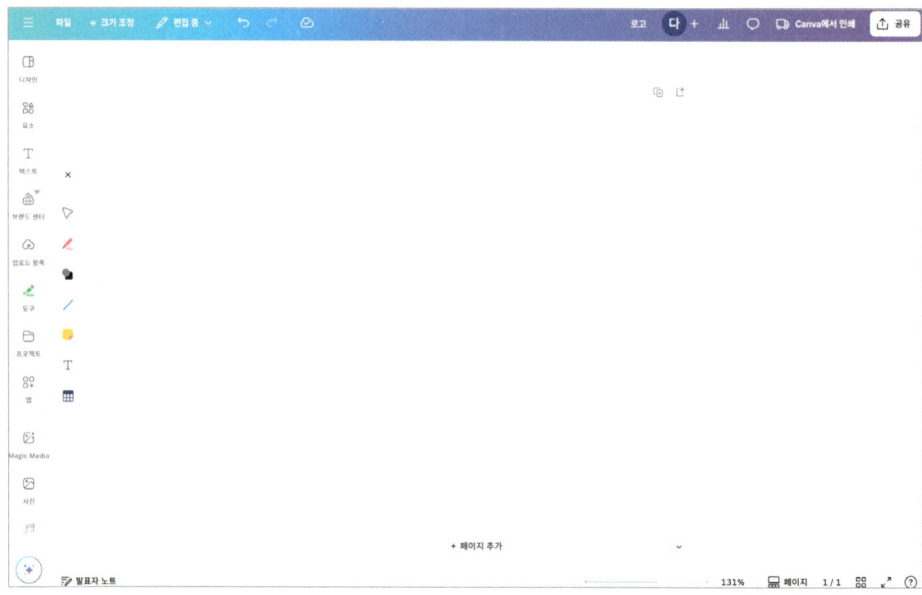

그림 5-39. 도구 기능 활용하기

도구 기능을 활용하여 캐릭터를 직접 그리는 방법이 있습니다. 도구 기능을 사용할 때에는 태블릿에 내장된 펜을 사용하면 작업이 더욱 수월합니다.

요소 활용

요소 활용은 그림을 어려워하는 학생들이 쉽게 접근할 수 있는 방식으로, 요소를 활용한 캐릭터 제작 과정을 소개합니다. 예시로 독도의 날 캐릭터를 제작해 보겠습니다.

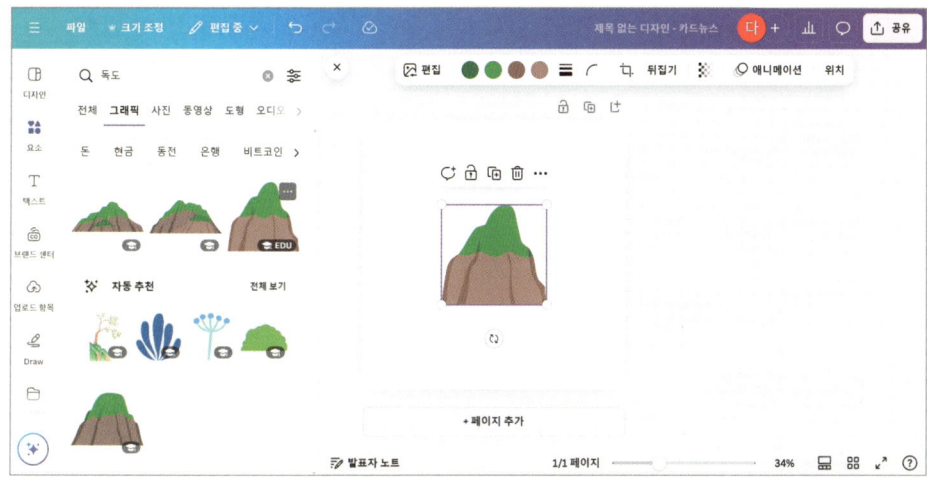

그림 5-40. 요소 패널 활용하기

[요소] 패널에서 검색창에 '독도'를 검색해 그래픽 요소를 선택하여 배치합니다.

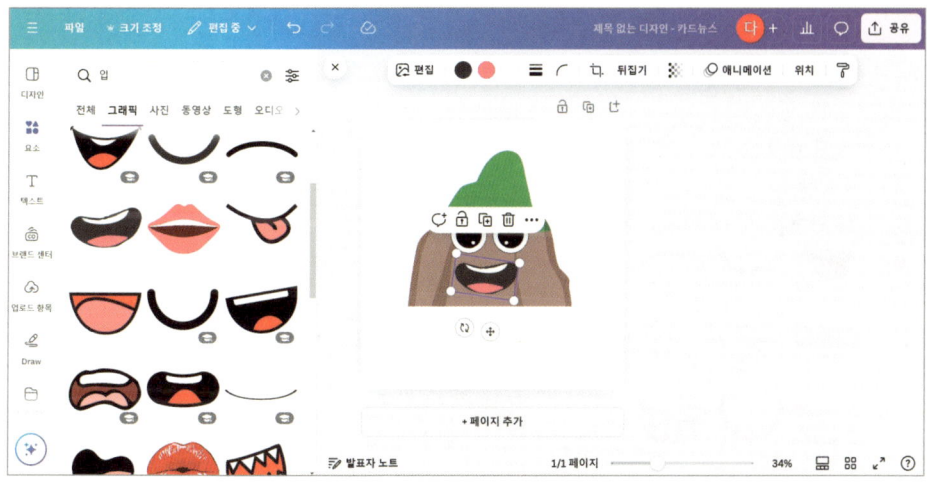

그림 5-41. 눈, 입, 손, 발 등 요소 삽입하기

[요소]에서 눈, 입, 손, 발을 각각 검색하여 독도 이미지 위에 배치합니다.

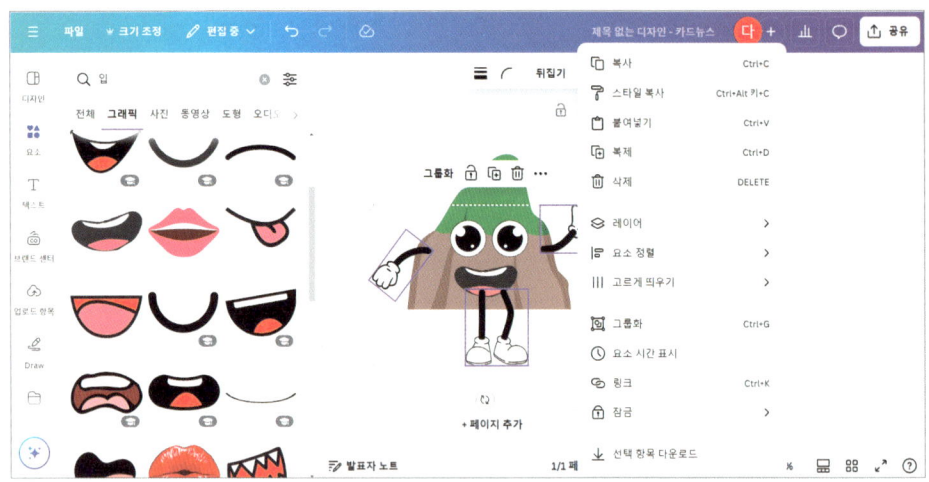

그림 5-42. 레이어 위치 조정하기

손과 발은 독도의 **몸통 뒤**로 배치해야 자연스러우므로, 요소의 위치를 조정합니다. 손과 발을 선택한 후 **마우스의 오른쪽 버튼**을 클릭합니다. **[레이어]**에서 **[맨 뒤로 보내기]**를 선택해 조정합니다.

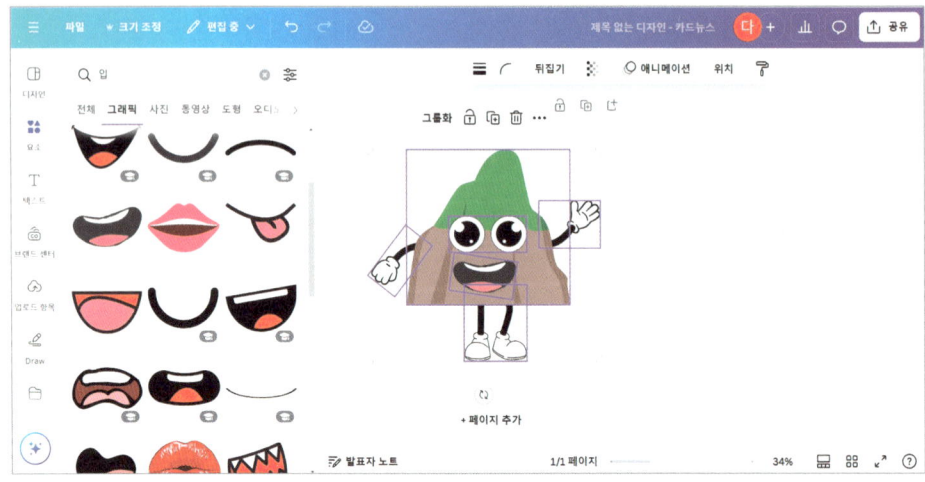

그림 5-43. 그룹화하기

모든 요소를 **드래그**로 선택한 후 상단 도구바의 **[그룹화]**를 클릭해 캐릭터를 하나의 개체로 묶습니다.

2) 카드뉴스 제작

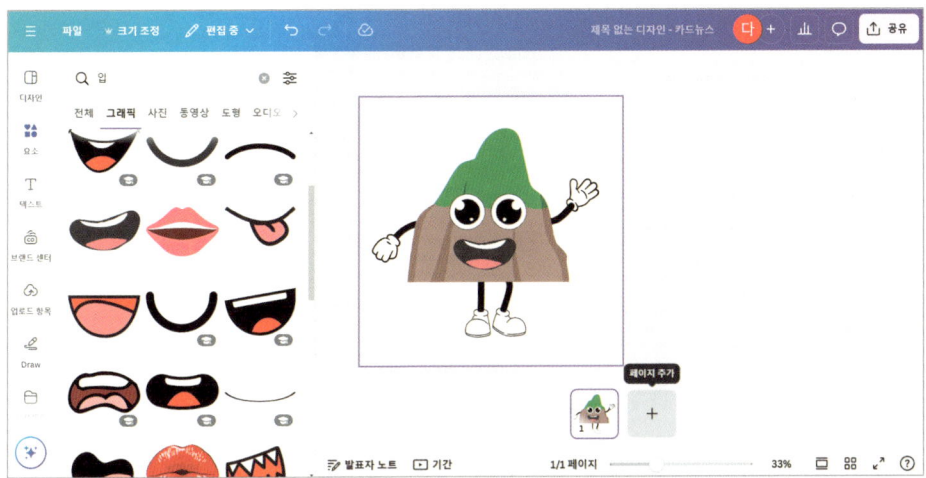
그림 5-44. 페이지 추가하기

[페이지 추가] 버튼을 클릭해 새로운 페이지를 추가합니다. [디자인] 패널에서 독도의 날과 어울리는 템플릿을 찾아봅니다.

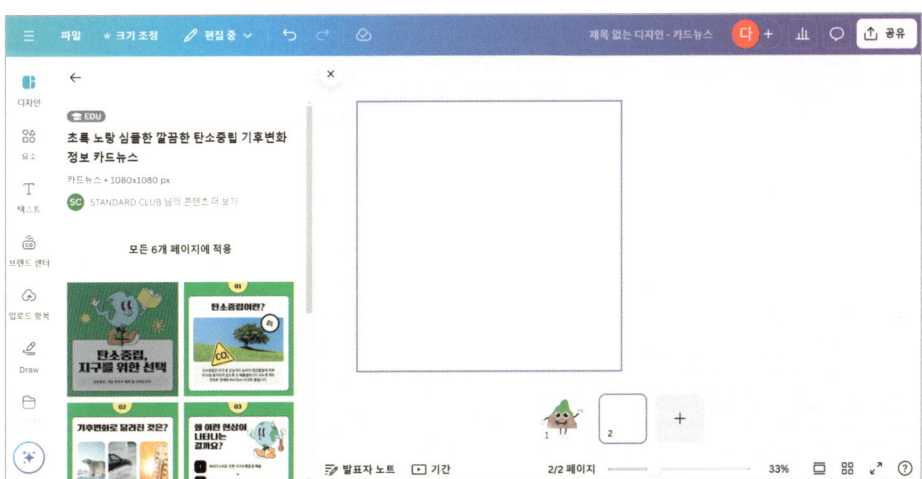
그림 5-45. 어울리는 템플릿 선택하기

제작한 캐릭터에 어울리는 색상을 가진 템플릿을 선택하는 것도 좋습니다.

그림 5-46. 템플릿 요소에서 필요 없는 것 삭제하기

선택한 템플릿에 포함된 **기존 이미지**를 삭제합니다. 그리고 제작한 독도 캐릭터를 삽입합니다. 이때, 독도 캐릭터를 삽입하는 방법은 두 가지입니다. 두 방법의 장단점을 살펴보고 좋은 방법으로 작업하시면 됩니다.

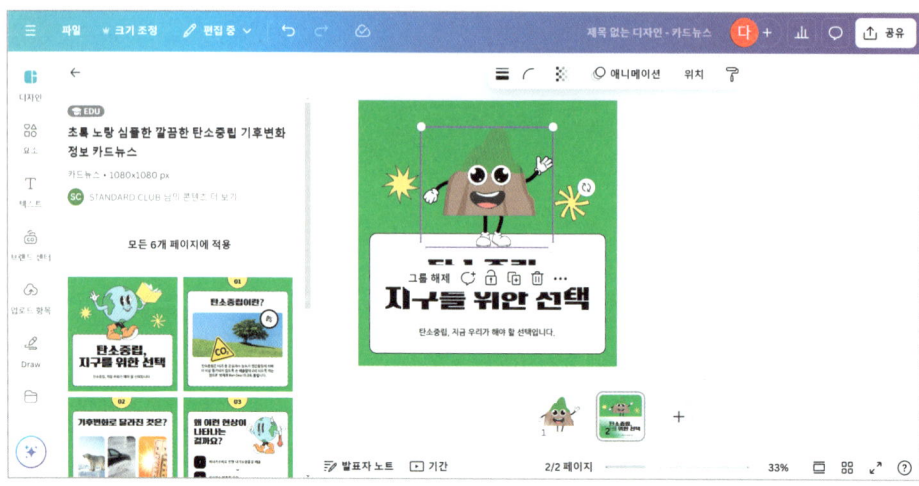
그림 5-47. 복사해서 붙여넣기

기존 1페이지에서 제작한 캐릭터를 **복사**해 붙여 넣습니다. 이 방법의 장점은 캐릭터 내에서 표정, 손, 발 등을 세부적으로 수정하기 편하다는 것입니다. 다만, 그룹화하여 작업하다가 그룹화가 풀리는 등의 오류가 발생할 수 있습니다.

두 번째 방법은 이미지를 다운받아 삽입하는 방법입니다.

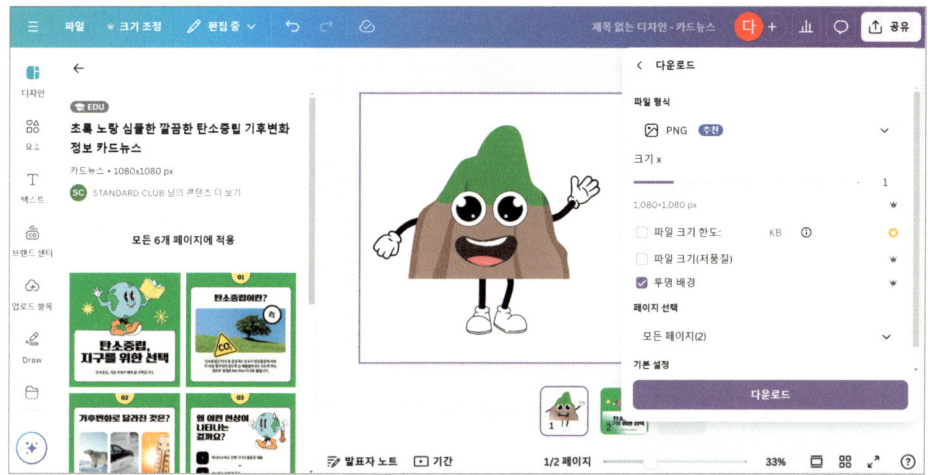

그림 5-48. 이미지 PNG로 다운로드하기

[공유] 버튼을 선택하고 [다운로드]를 선택, 파일 형식 [PNG]를 선택하여 저장할 때 '투명 배경'을 선택하여 다운받습니다.

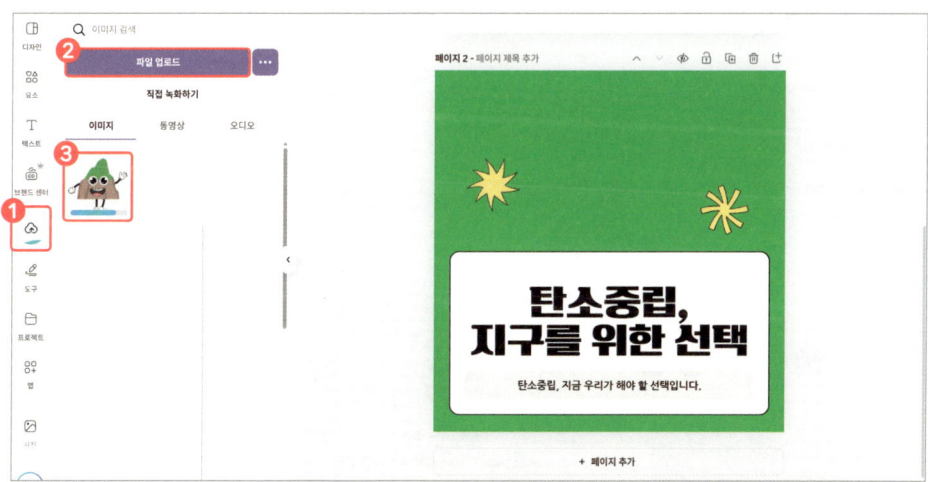

그림 5-49. 업로드 항목 활용하여 이미지 삽입하기

① [업로드 항목]에서 ② [파일 업로드]를 선택하고 다운받은 이미지를 업로드합니다. ③ 독도의 날 캐릭터를 선택하여 삽입합니다. 해당 방법의 장점은 캐릭터 작업 시 하나의 이미지로 묶여 있기 때문에 이동, 크기 조정을 할 때 오류가 나지 않고 편합

니다. 단, 캐릭터를 활용하여 만들 때 상황에 따라 표정, 손, 발 등을 세부적으로 수정할 수 없습니다.

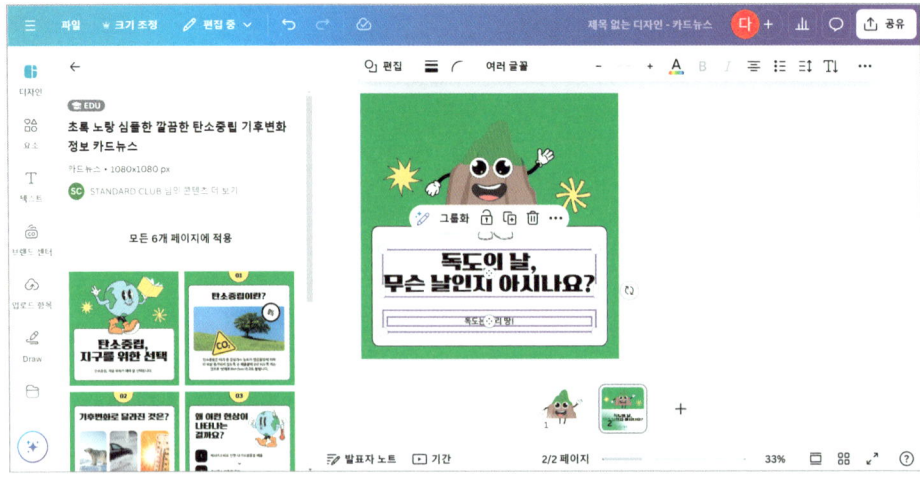

그림 5-50. 텍스트 상자 수정하기

카드뉴스 템플릿 디자인이 정해졌다면, 템플릿의 **[텍스트 상자]**를 클릭하여 조사한 내용으로 수정합니다.

배경 색상 변경

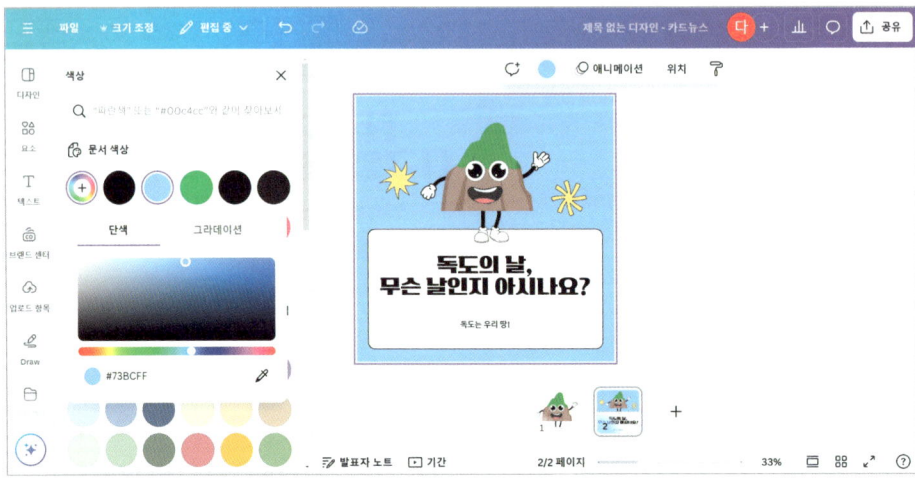

그림 5-51. 배경 색상 수정하기

캔버스를 클릭하고 상단의 **[배경 색상]**을 클릭하여 변경합니다. 이후 슬라이드를 추가하여 자신이 조사한 내용으로 카드뉴스를 제작합니다.

이렇게 자신이 제작한 캐릭터와 카드뉴스를 통해 학생들은 뿌듯함을 느끼며, 계기 교육의 주제를 보다 깊이 이해하게 됩니다. 캐릭터 제작과 카드뉴스 제작은 단순히 내용을 배우는 데 그치지 않고, 이를 창의적으로 표현하는 기회를 제공합니다.

학생들이 제작한 카드뉴스를 학교 게시판에 게시하거나, 학급 SNS(하이클래스, 구글 클래스룸 등)를 통해 공유할 수 있습니다.

창의적 체험 활동과 학교 자율 시간은 학생들에게 다양한 자율성과 창의적인 기회를 제공하는 중요한 시간입니다. 이 책에서 제안한 방법을 활용하시거나, 여기에 선생님들만의 독창적인 아이디어를 더해 수업을 풍부하게 구성해 보시길 바랍니다.

라. 학기 초 활동: 창의적인 타이포그래피 이름표 만들기

창의적 체험활동은 자율 활동, 동아리 활동, 진로 활동, 봉사 활동 등 교과 외 다양한 경험을 포함합니다. 이 과정에서 캔바는 학생들이 시각적으로 아이디어를 표현할 수 있도록 돕는 강력한 도구로 활용됩니다. 직관적인 인터페이스와 간편한 조작법 덕분에 학생들은 창의성을 발휘하며 협업 능력을 키울 수 있습니다.

특히, 캔바는 **시각적 표현에 최적화된 디자인 플랫폼**으로, 학생들이 자신의 아이디어를 효과적으로 구체화할 수 있도록 지원합니다. 이제, 캔바를 활용한 창의적 체험활동 수업의 다양한 사례를 살펴보겠습니다.

새 학년이 시작되면 교사와 학생들이 서로의 이름을 익히는 과정이 매우 중요합니다. 단순히 이름을 부르고 외우는 것보다, 창의적인 활동을 통해 자연스럽게 관계를 형성하면 더욱 의미 있고 즐거운 시간이 될 수 있습니다. 이번 챕터에서는 캔바를 활용해 타이포그래피 이름표를 제작하는 방법을 소개합니다.

타이포그래피는 글자의 서체, 크기, 색상, 배열 등을 조합해 시각적 효과를 극대화하는 디자인 기법입니다. 학생들은 개성 있는 타이포그래피 이름표를 만들면서 자신의 정체성을 표현하고, 친구들의 이름도 자연스럽게 기억할 수 있습니다. 이제, 캔바로 창의적인 이름표를 만드는 방법을 살펴보겠습니다.

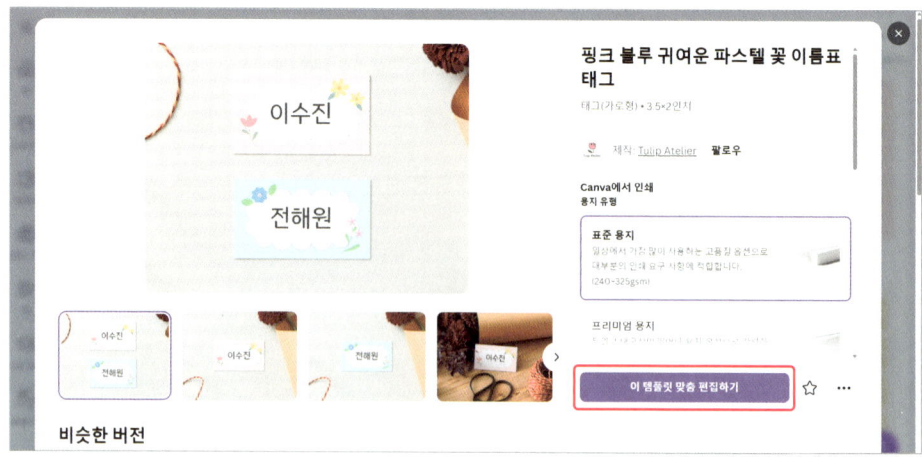
그림 5-52. 템플릿 맞춤 편집하기

캔바를 실행한 화면에서 '이름표' 템플릿을 검색합니다. 다양한 템플릿 중 마음에 드는 디자인을 골라 선택 후 [이 템플릿 맞춤 편집하기]를 클릭합니다.

그림 5-53. 크기 조정

좌측 상단의 [크기 조정]에 들어가 템플릿을 용도와 목적에 따라 원하는 크기로 설정하면 출력 후 활용하기에 적합합니다. 이때 템플릿 디자인이 크기에 따라 약간 달라질 수 있으니, 템플릿을 적절하게 조정해서 사용해야 합니다.

그림 5-54. 레이아웃 고정하기

배경을 선택한 후 **마우스 오른쪽 버튼**을 클릭하고 **[배경 잠금] - [잠금]**을 선택하면 기본 레이아웃이 고정됩니다. 이렇게 설정하면 이후에 템플릿에 다른 요소를 추가하거나 수정할 때 **배경이 움직이지 않아 더욱 편리하게 편집할 수 있습니다.**

템플릿 내 글자를 누른 후 휴지통 버튼을 눌러 기존의 텍스트를 지웁니다.

그림 5-55. 요소 추가하기

이름을 시각적으로 표현할 수 있는 이미지를 찾기 위해 왼쪽 메뉴에서 **[요소]**를 클릭합니다. 검색창에 이름과 관련된 키워드를 입력하면 다양한 이미지가 나타납니다. 예를 들어, '김' 씨라면 '김밥'을 검색하여 적절한 이미지를 선택할 수 있습니다.

그림 5-56. 텍스트 상자 추가

다음과 같이 '김'은 '김밥' 그래픽 요소, '연'은 '연날리기' 그래픽 요소, '아'는 '아이스크림'의 그래픽 요소를 활용할 수 있습니다. 왼쪽 메뉴에서 **[텍스트]** 버튼을 클릭한 후 **[텍스트 상자 추가]**를 선택합니다. 추가된 텍스트 상자에 원하는 글자를 입력하고 크기와 색상을 조절하여 디자인을 완성합니다.

그림 5-57. 텍스트 입력하기

텍스트 상자의 내용을 수정하여 간단한 새학기 다짐을 작성합니다. 완성된 이름표는 [공유] 버튼을 클릭한 후 [다운로드]를 선택하여 저장합니다.

그림 5-58. 이름표 다운로드

파일 형식은 **PNG** 또는 **PDF**를 선택하면 선명한 품질로 저장할 수 있으며 필요에 따라 **배경을 투명하게 설정**할 수도 있습니다. 다운로드하여 인쇄한 이름표는 책상, 사물함, 또는 학급 게시판에 부착하면 자연스럽게 학생들 간 대화의 소재로 활용 가능합니다.

> **Tip 1.** **이름표 발표 및 그림 이름 퀴즈**
> 이름표를 완성한 후에는 간단한 발표 시간을 가져 보세요. 학생들이 자신의 이름표에 담긴 의미를 설명하면서 서로의 개성을 이해하고 공감하는 소중한 시간이 될 것입니다. 자연스럽게 대화를 나누며 학급 분위기도 한층 더 친밀해질 수 있습니다.
>
> **Tip 2.** **그림 이름 퀴즈**
> 캔바를 활용하면 학기 초 친구들의 이름을 쉽고 재미있게 익힐 수 있습니다. 그림 이름 퀴즈는 학생들이 자신의 이름을 구성하는 글자의 소리나 의미를 그림으로 표현하고, 다른 친구들이 이를 보고 이름을 맞히는 게임입니다.
> 이 활동을 통해 학생들은 창의적으로 이름을 표현하는 동시에 친구들의 이름을 자연스럽게 익힐 수 있습니다. 또한, 미술에 대한 부담 없이 캔바의 다양한 이미지와 간편한 편집 기능을 활용할 수 있어, 그림 그리기에 자신이 없는 학생들도 적극적으로 참여할 수 있습니다. 활동이 진행될수록 학생들은 서로의 개성을 존중하며 즐겁게 이름을 외우게 되고, 교실에는 웃음과 활기가 넘칠 것입니다.

마. 진로 활동: 명함 디자인하고 QR 코드 생성해 넣기

1) 캔바와 진로교육

최근 진로교육의 중요성이 더욱 강조되고 있습니다. 단순히 미래의 직업을 정하는 것이 아니라, 자신을 탐색하고 표현하는 과정 자체가 필수적인 교육 요소가 되었기 때문입니다.

이러한 과정에서 캔바는 진로교육을 더욱더 창의적이고 흥미로운 경험으로 만들어 주는 강력한 도구입니다. 캔바를 활용하면 학생들은 쉽고 직관적으로 자료를 제작할 수 있으며, 자신만의 이야기를 시각적으로 전달하는 능력도 자연스럽게 기를 수 있습니다.

예를 들어, 명함 만들기와 QR코드 삽입 활동을 통해 학생들은 자신의 강점, 관심사, 장래 희망을 시각적으로 표현하는 방법을 배우게 됩니다. 이는 단순한 진로 탐색을 넘어, 자기 표현력과 디자인 감각을 키우고, 진로에 대한 동기 부여와 자신감을 높이는 계기가 될 것입니다.

캔바를 활용한 진로 탐색 활동의 구체적인 진행 방법을 살펴보겠습니다.

01 사전 준비: 자신의 진로 탐색

활동을 시작하기 전, 학생들은 진로 검사 사이트를 활용해 자신의 흥미와 적성을 탐색할 수 있습니다. 예를 들어 주니어 커리어넷(https://www.career.go.kr/cloud/j/main/home)에서 진로개발역량검사를 통해 자신의 강점과 관심 분야를 구체적으로 파악한 후, 결과를 정리하여 명함 디자인에 반영하도록 합니다.

이러한 사전 탐색 과정은 학생들이 단순한 직업 선택을 넘어, 자신의 가능성을 발견하고 미래를 설계하는 경험을 쌓을 수 있도록 도와줄 것입니다. 이제, 캔바를 활용한 명함 디자인과 QR코드 삽입 방법을 알아보겠습니다.

02 템플릿 선택하기

그림 5-59. 다양한 디자인 중에서 마음에 드는 명함 템플릿을 선택

학생들은 자신만의 스타일에 맞는 템플릿을 자유롭게 고릅니다.

03 템플릿 편집하기

이제 선택한 템플릿을 자신만의 디자인으로 바꿔봅니다.

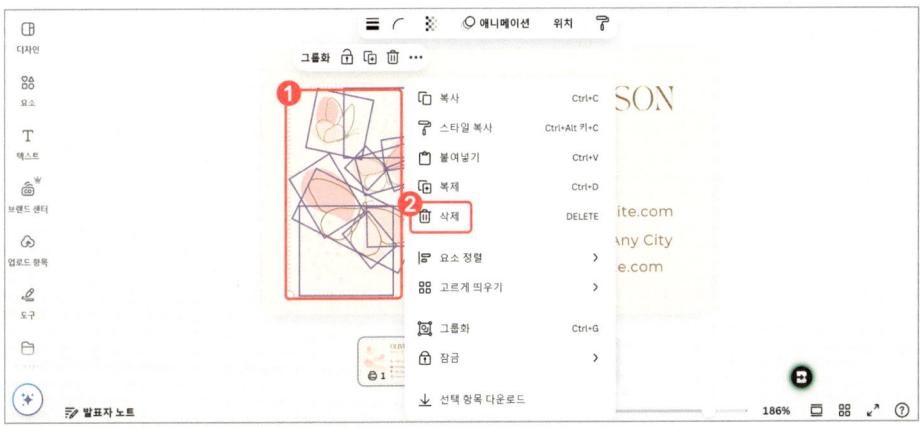

그림 5-60. 필요 없는 요소 삭제하기

한번에 여러 가지 요소를 드래그하여 그룹화하면 쉽게 필요 없는 요소를 지울 수 있습니다.

04 서체 편집 및 요소 추가하기

편집된 템플릿을 활용하여 자신만의 개성이 담긴 명함을 디자인해 봅니다. 기존 디자인 요소를 수정하고, 나만의 색상, 폰트, 아이콘 등을 추가하여 진로 목표와 강점을 효과적으로 표현할 수 있도록 구성해 보세요.

이 과정에서 학생들은 단순히 명함을 만드는 것을 넘어, 자신을 표현하는 방법을 탐색하고 시각적 커뮤니케이션 역량을 기르는 경험을 하게 됩니다.

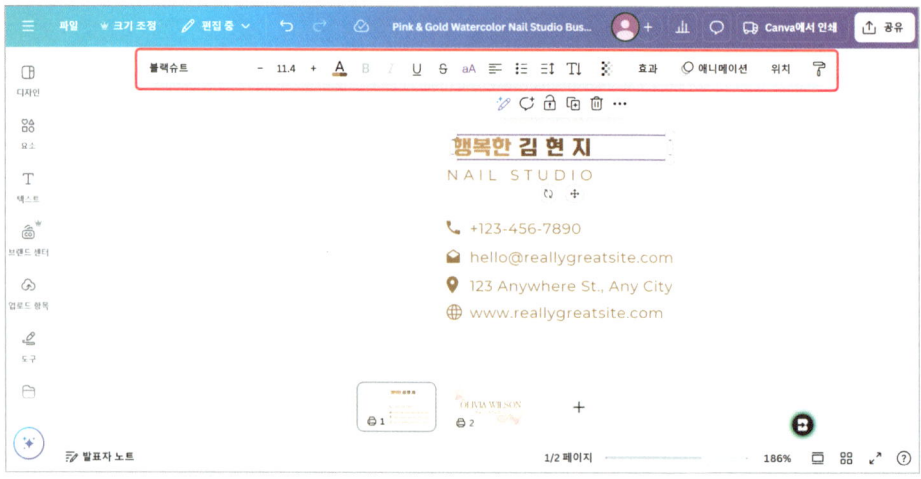

그림 5-61. 명함 텍스트 수정하기

디자인 내 텍스트를 클릭했을 때 나타나는 툴바에서는 **폰트**, **글자 크기**, **색상**, **굵기**, **기울임꼴**, **밑줄**, **정렬** 등을 조정할 수 있습니다. 또한 글자 간격 및 투명도와 개체 순서, 애니메이션 효과 등을 지정할 수 있습니다. 또한 텍스트 바로 위에도 작은 툴바가 나타나는데, **[AI Write]**, **[댓글]**, **[잠금]**은 물론이며 **[더 보기]**를 통해 다양한 내용들을 확인할 수 있습니다.

텍스트를 클릭하여 자신을 표현할 수 있는 내용을 입력합니다.

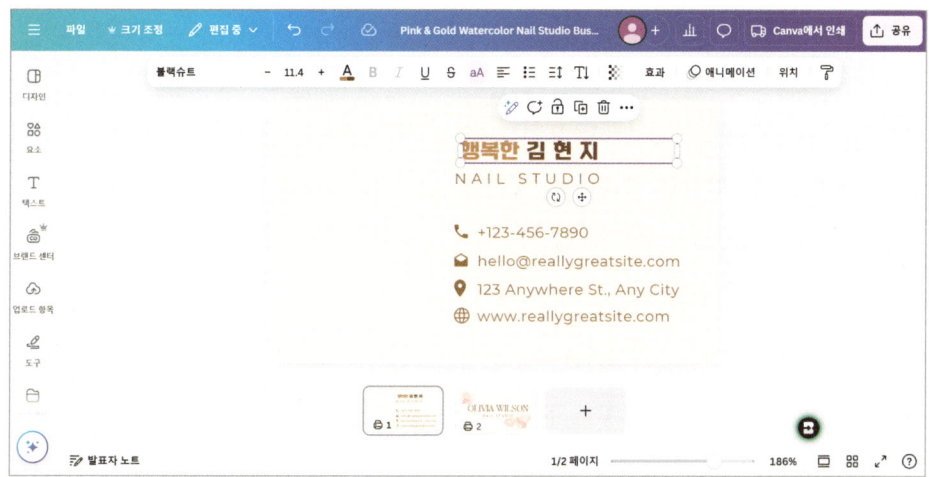
그림 5-62. 자신을 표현하는 내용 입력하기

흥미 검사 결과에서 나온 자신의 장점, 장래 희망, 좌우명 등을 텍스트로 입력합니다.

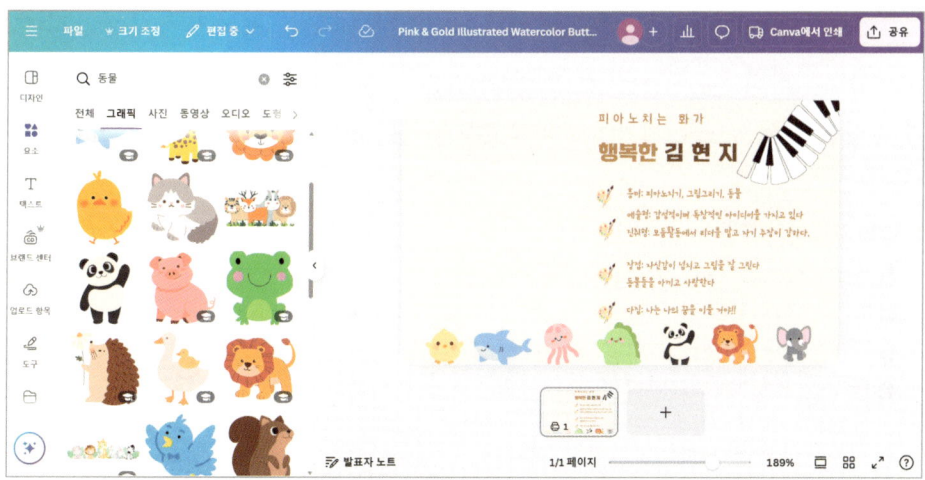
그림 5-63. 요소 기능을 활용해 그래픽을 추가하여 명함을 디자인

템플릿에 포함된 이미지나 색상이 마음에 들지 않을 경우, 캔바의 [요소] 기능을 활용해 새로운 디자인 요소를 추가할 수 있습니다.

05 사진 프레임 추가하기

사진은 자신을 소개하는 데 있어 강력한 도구가 될 수 있습니다. 명함에 사진을 삽입하면 보다 직관적으로 개성을 표현할 수 있으며 신뢰감을 높이는 데도 도움이 됩니다. 캔바에서는 다양한 형태의 사진 프레임을 제공하므로, 이를 활용하여 더욱 정돈된 디자인을 완성할 수 있습니다.

프로필 사진을 선택할 때는 자신을 잘 나타낼 수 있는 이미지를 고르는 것이 중요합니다. 단순한 증명사진뿐만 아니라, 관심 분야나 희망 직업과 관련된 활동 모습이 담긴 사진을 활용하는 것도 좋은 방법입니다. 이를 통해 명함이 단순한 정보 제공을 넘어 자신을 효과적으로 표현하는 도구로 활용될 수 있습니다.

캔바의 [요소] 메뉴에서 '프레임'을 검색합니다. 다양한 프레임 중에서 원하는 모양 프레임을 선택합니다.

캔바에서 '프레임(Frame)'은 이미지를 특정한 형태로 자르거나 배치할 수 있도록 도와주는 디자인 요소입니다. 프레임을 활용하면 사진이나 그래픽을 더욱 정돈된 형태로 삽입할 수 있으며, 디자인의 완성도를 높이는 데 유용합니다.

캔바 프레임의 특징
❶ 다양한 형태 제공: 원형, 사각형, 삼각형, 하트, 말풍선 등 다양한 모양의 프레임 선택 가능
❷ 간편한 이미지 삽입: 프레임을 추가한 후 원하는 이미지를 드래그하여 자동으로 조정
❸ 크기 및 위치 조정 가능: 프레임의 크기를 조절하거나 이미지의 위치를 조정하여 원하는 구도 만들기
❹ 창의적인 활용 가능: 사진뿐만 아니라, 패턴이나 텍스처를 넣어 배경 요소로 활용

캔바 프레임 사용 방법
❶ 캔바 왼쪽 메뉴에서 '요소' 선택
❷ 검색창에 '프레임' 입력 후 원하는 프레임 선택
❸ 캔버스에 프레임을 배치한 후, 이미지를 드래그하여 삽입
❹ 필요에 따라 크기 및 위치를 조정하여 디자인 완성

프레임을 활용하면 단순한 이미지를 보다 개성 있게 표현할 수 있으며, 명함, 포

스터, 발표자료 등 다양한 디자인 작업에서 유용하게 사용할 수 있습니다.

그림 5-64. 프레임 삽입 후 이미지 업로드하기

[업로드 항목]을 클릭해 자신의 사진을 업로드한 뒤, 프레임 안에 끌어 넣습니다. 필요하다면 프레임 안의 사진을 더블클릭하여 사진의 위치를 조정할 수도 있습니다.

추가: QR코드 생성하기

명함은 한정된 공간 안에 핵심 정보를 담아야 하기 때문에 모든 내용을 담기에는 어려움이 있습니다. 이때 QR코드를 활용하면 추가적인 정보를 효과적으로 전달할 수 있습니다. QR코드를 명함에 삽입하면, 상대방이 스마트폰으로 쉽게 스캔하여 본인의 포트폴리오, 개인 웹사이트, 블로그, SNS 계정, 연락처 등 다양한 정보를 확인할 수 있습니다.

캔바에서는 별도의 프로그램 없이 QR코드 생성 기능을 제공하여 간편하게 활용할 수 있습니다. QR코드를 삽입하는 과정은 다음과 같습니다.

01 QR코드 앱 불러오기

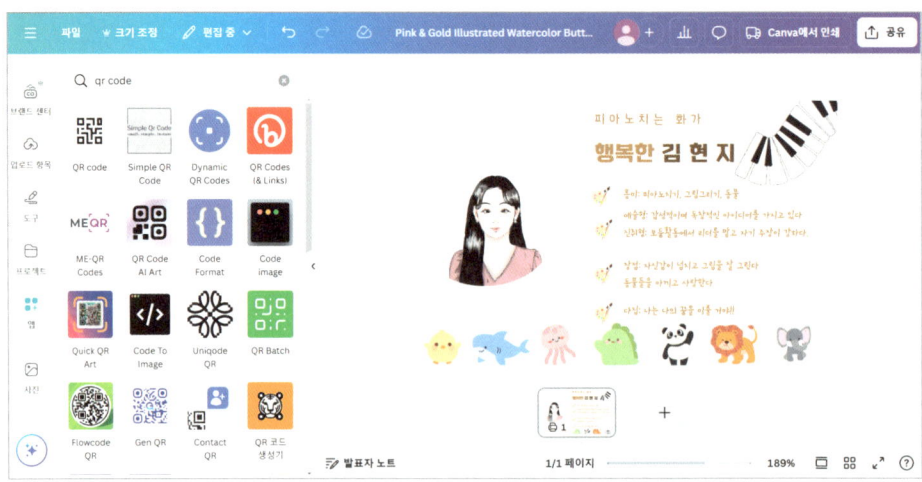

그림 5-65. QR코드 검색하기

캔바 왼쪽 메뉴에서 **[앱]**을 선택합니다. QR코드를 검색한 후, 앱 'QR code'를 선택합니다. 연결할 웹사이트 주소 또는 정보를 입력합니다.

02 QR코드에 연결할 웹사이트 입력하기

QR코드는 단순한 연락처 공유를 넘어, 자신의 강점과 개성을 효과적으로 표현하는 중요한 도구가 될 수 있습니다. 명함에 삽입할 QR코드에는 학생의 다양한 활동과 성취를 담은 온라인 자료를 연결하는 것이 좋습니다.

예를 들어, 개인 패들렛 포트폴리오, 구글 독스에 작성한 글, 개인 드라이브에 저장된 프로젝트 파일, 이미지 자료 등을 활용할 수 있습니다. 이러한 자료들은 학생이 걸어온 학습 과정과 관심 분야를 구체적으로 보여 줄 수 있어, 더욱 풍부한 자기소개가 가능합니다.

QR코드를 통해 상대방이 손쉽게 학생의 포트폴리오를 확인하고, 깊이 있는 정보를 접할 수 있도록 적절한 웹사이트를 선택하는 것이 중요합니다.

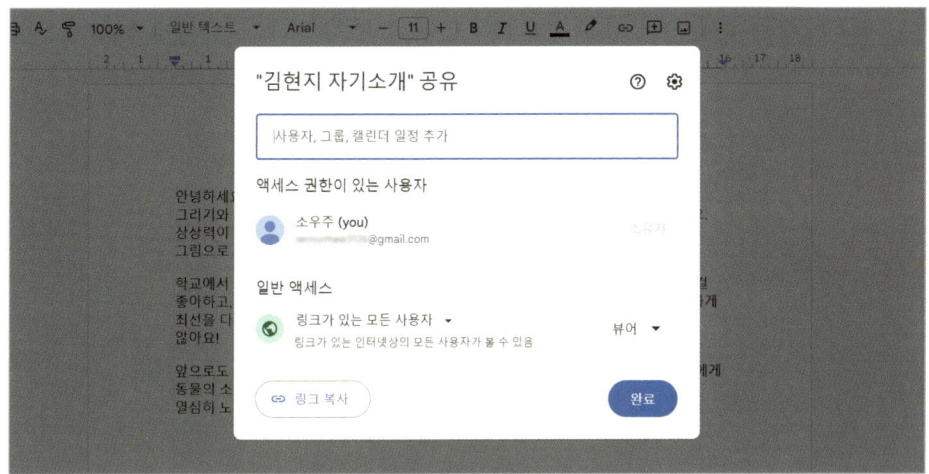

그림 5-66. 자기소개 글쓰기 공유하기

학생들의 자기소개 글, 포트폴리오, 또는 영상 링크를 복사해 QR코드 생성기의 연결할 웹사이트 주소 또는 정보를 입력합니다.

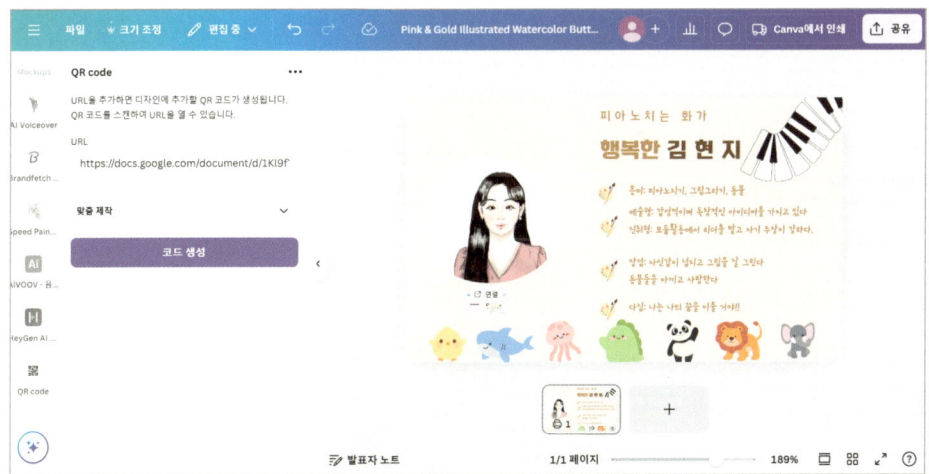

그림 5-67. 연결할 URL 입력하기

생성된 QR코드를 명함 디자인의 하단에 삽입한 후 **[코드 생성]** 버튼을 클릭합니다.

5. 창의적 체험 활동 + 학교자율시간 수업 하기

03 QR코드 생성하기

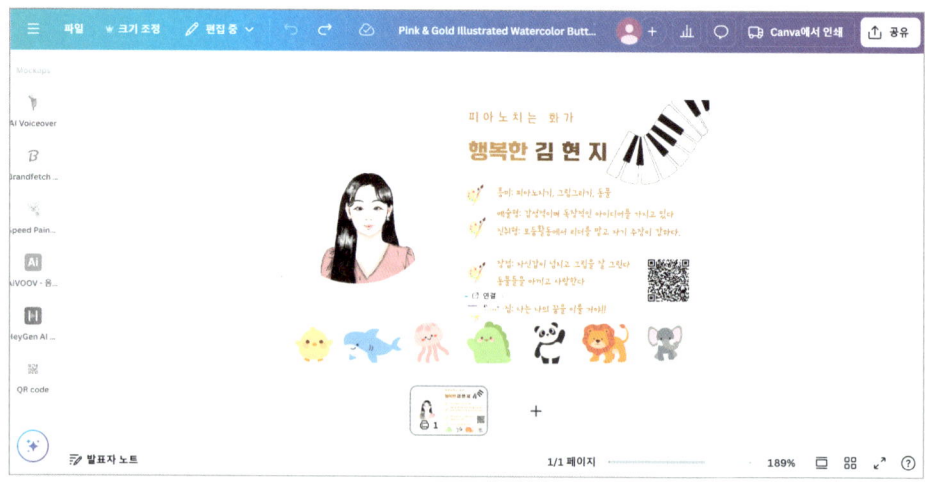

그림 5-68. QR코드가 생성된 모습

생성된 QR코드를 적절한 위치에 배치하고 크기를 조정합니다. 이렇게 제작된 QR코드는 명함의 정보를 더욱 풍부하게 만들며 특히 디지털 포트폴리오를 활용하는 학생들에게 유용한 도구가 될 수 있습니다.

명함 완성 및 활용하기

완성된 명함은 캔바의 다운로드 기능을 통해 저장하거나 인쇄할 수 있습니다. 인쇄된 명함은 수업 중 친구들과 교환하거나 자신을 소개하는 데 활용할 수 있습니다. 캔바를 활용한 명함 만들기와 QR코드 삽입 활동은 학생들에게 다음과 같은 의미 있는 경험을 제공합니다.

- 자신의 흥미와 강점을 발견하고 표현하는 과정에서 자기 탐색의 즐거움을 느낍니다.
- 창의적인 디자인 작업을 통해 문제 해결 능력과 자기 표현력을 기릅니다.
- 친구들과 명함을 교환하며 상호 이해와 소통 능력을 배양합니다.

진로교육이 단순한 강의나 자료 배포를 넘어 창의적인 실습 활동으로 확장될 때 학생들은 더 깊이 있는 학습 경험을 하게 됩니다.

Tip.

완성된 명함은 교사가 저장하고 인쇄해 줄 수 있습니다. 학생들은 자신의 개성과 창의성이 담긴 명함을 다른 친구들에게 자신을 소개하는 시간을 가질 수 있습니다. 캔바를 활용한 이러한 진로 활동은 자신을 표현하는 방법을 배우는 의미 있는 자기 탐색의 기회를 제공합니다. 또한 친구들과 명함을 주고받으며 이야기를 나누는 시간을 통해 서로에 대해 더 깊이 이해할 수 있게 됩니다.

바. 캔바 화이트보드로 의견 나누기

1) 캔바 화이트보드의 잠재력

캔바 화이트보드는 교실에서 협력적이고 창의적인 학습 환경을 조성하는 데 매우 유용한 도구입니다. 일반 템플릿과는 달리 무한 확장성을 제공하여 학생들이 자유롭게 의견을 나누고 사고를 확장할 수 있습니다. 이 기능은 학생들이 개별적으로 또는 그룹으로 함께 작업하면서 아이디어를 발전시킬 수 있게 하며, 온오프라인 학습 환경에서도 다양하고 유용하게 활용될 수 있습니다.

캔바 화이트보드의 핵심적인 장점은 **무제한 공간**을 제공함으로써 학생들이 생각을 자유롭게 확장하며 심도 있는 토론을 할 수 있다는 점입니다. 또한 텍스트, 이미지, 스티커 메모, 도형 등을 추가하면서 학생들은 시각적으로 자신의 생각을 정리하고 다른 학생들과 실시간으로 의견을 주고받으며 상호작용할 수 있습니다.

또한, **실시간 협업**을 통해 학생들은 서로 다른 의견을 듣고 그 과정에서 다른 사람의 관점을 이해하는 능력도 키울 수 있습니다. 이로 인해 협력적 학습을 촉진하고 창의적인 문제 해결 능력을 배양하는 데 큰 도움이 됩니다. 게다가 **AI 분석 기능**을 활용하여 학생들이 작성한 의견을 주제별로 분류하고 유사한 아이디어들을 묶어 볼 수 있기 때문에, 학습의 흐름을 빠르게 파악하고 토론의 깊이를 더할 수 있습니다.

여기서는 이 기능을 활용한 수업 아이디어와 실습 방법을 소개하면서 캔바 화이트보드를 통해 어떻게 학생들의 협력적 사고와 창의력을 촉진할 수 있는지 구체적인 사례와 함께 설명해 보겠습니다.

먼저 캔바 첫 화면에서 **화이트보드**로 들어와, 템플릿을 선택합니다.

01 화이트보드 템플릿 선택 및 편집

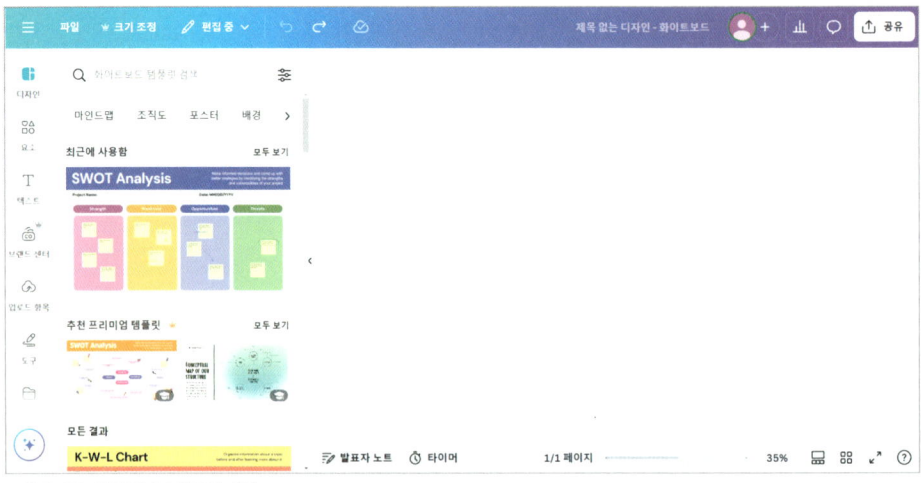

그림 5-69. 화이트보드 템플릿 선택

캔바 화이트보드에는 마인드맵, 아이디어 정리 표, 협업용 캔버스, 문제 해결 차트 등 다양한 템플릿이 제공됩니다. 목적에 맞는 템플릿을 선택하여 활용하면 직관적으로 사고를 정리하고 쉽게 협업할 수 있습니다. 예를 들어 브레인스토밍 템플릿을 활용하면 학생들이 아이디어를 효과적으로 정리하고 체계적으로 사고를 확장할 수 있습니다.

템플릿을 선택한 후에는 수업 목표와 학생들의 필요에 맞게 수정할 수 있습니다. 예를 들어 주제별 아이디어를 정리하는 마인드맵, 문제 해결 과정을 시각화하는 문제 해결 차트, 토론을 위한 찬반 의견 정리표 등으로 변형하여 활용할 수 있습니다. 또한 텍스트 상자, 색상, 이미지, 도형, 연결선 등을 자유롭게 조정하며 더욱 직관적인 시각 자료를 제작할 수 있습니다.

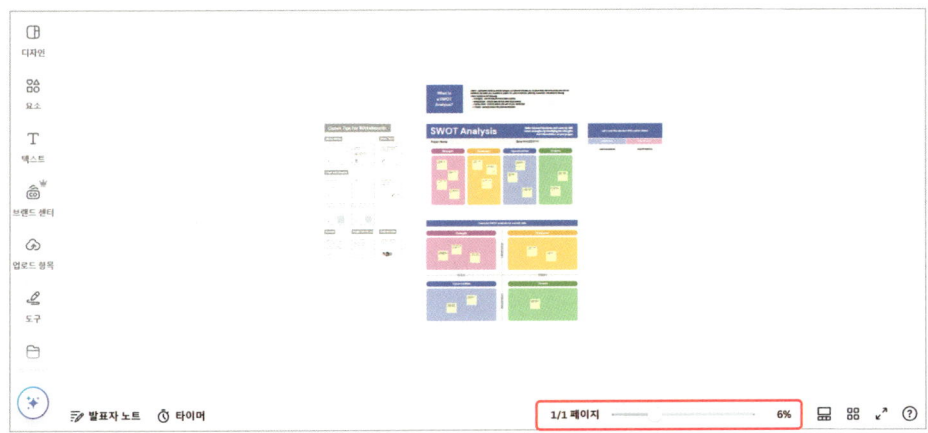

그림 5-70. 화이트보드 확대/축소 기능

캔바 화이트보드에서는 **확대·축소 및 이동 기능**을 활용하여 더욱 자유롭게 작업 공간을 조정할 수 있습니다.

- **확대·축소**: Ctrl 키를 누른 상태에서 **마우스 휠**을 위아래로 스크롤하면 보드를 확대하거나 축소할 수 있습니다. 이를 통해 세부적인 요소를 정밀하게 편집하거나 전체적인 구조를 한눈에 확인할 수 있습니다.
- **보드 이동**: **스페이스바**를 누른 상태에서 **마우스를 드래그**하면 보드를 원하는 방향으로 이동할 수 있습니다. 넓은 작업 공간을 활용할 때 특정 영역을 빠르게 조정하고 이동할 수 있어 편리합니다.

02 불필요한 요소 삭제 및 필요한 요소 추가

그림 5-71. 템플릿 편집하기

기존 템플릿에서 필요 없는 부분은 그룹화 기능을 활용해 과감하게 삭제하고, 텍스트 기능을 활용해 필요와 목적에 맞게 템플릿을 수정합니다. 예를 들어, 우리 반의 9월 한 달을 되돌아보는 학급 회의를 위한 화이트보드 템플릿을 위해 '잘한 점', '아쉬운 점', '9월의 미덕', '10월 목표' 등과 같은 칸을 추가합니다.

03 템플릿 고정

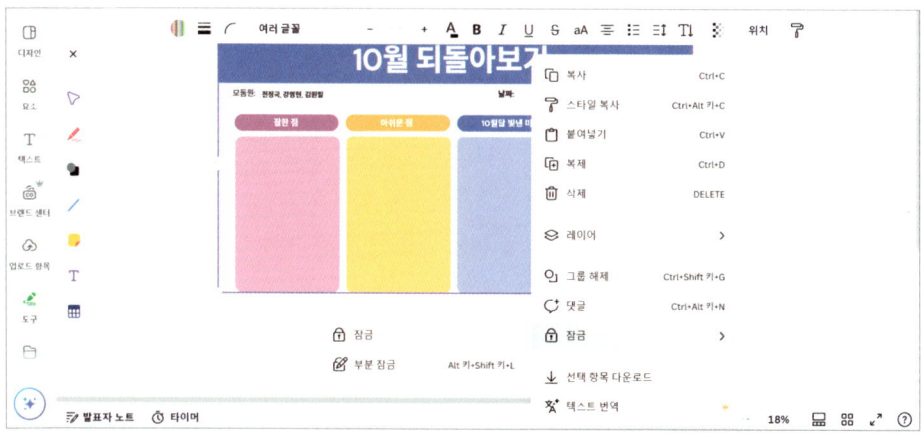

그림 5-72. 템플릿 고정하기

협업활동 시 템플릿이 움직이지 않도록 모든 요소를 선택한 후 **그룹화**하고 점 세 개 메뉴에서 **[잠금]**을 활성화하여 템플릿을 고정합니다.

04 협업 링크 제공

그림 5-73. 협업 링크 생성하기(엑세스 수준 설정)

완성된 템플릿은 **편집 가능 링크 형태**로 학생들에게 공유할 수 있습니다. 공유된 링크를 통해 학생들은 실시간으로 동일한 보드에서 협업하며 아이디어를 추가하거나 수정할 수 있습니다.

캔바 화이트보드는 클라우드 기반 협업 도구로 학생들이 같은 공간에 있지 않더라도 동시에 작업할 수 있는 장점이 있습니다. 교사는 학생들에게 적절한 편집 권한을 설정하여 공동 작업을 원활하게 진행할 수 있으며 개별적으로 추가된 내용도 실시간으로 확인 가능합니다.

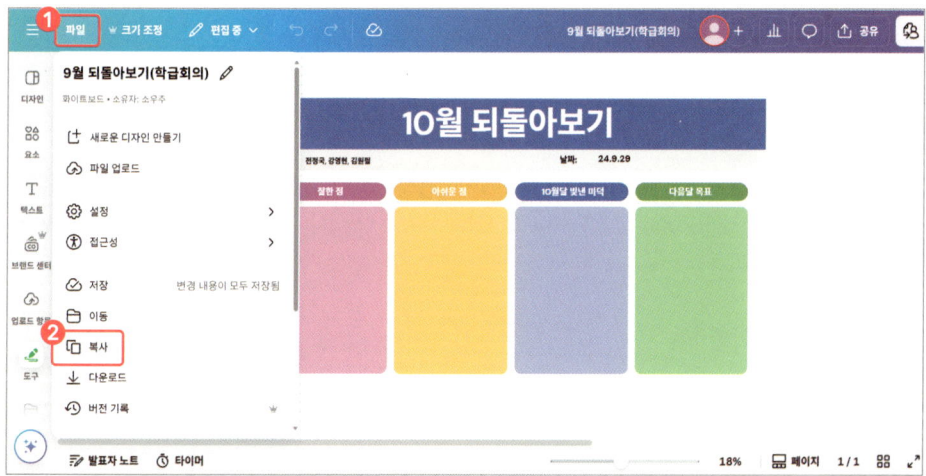

그림 5-74. 화이트보드 템플릿 사본 제작 후 모둠별로 제공하기

협업 링크 전송 후 한 반 전체가 하나의 보드에서 작업하거나, **[복사]** 기능을 활용하여 모둠별로 사본 만들기를 통해 모둠별 협업 활동을 진행할 수도 있습니다. 모둠별로 화이트보드를 제공하면 단순한 개별 작업을 넘어 팀 프로젝트, 브레인스토밍, 토론 활동 등 다양한 교육적 활용이 가능하도록 돕습니다.

05 학생 의견 추가 및 분류

스티커 메모 활용

캔바 화이트보드에서 스티커 메모는 아이디어를 정리하고, 의견을 시각적으로 강조하는 데 유용한 기능입니다. 학생들은 개별적으로 생각을 정리하거나, 그룹 활동에서 의견을 나누는 용도로 활용할 수 있습니다.

- **왼쪽 도구 모음에서 [요소] – [스티커 메모] 선택**
  캔바 화이트보드 화면의 왼쪽 도구 모음에서 '스티커 메모(Sticky Notes)' 아이콘을 클릭합니다.
- **원하는 색상의 메모 선택**
  스티커 메모는 다양한 색상 옵션을 제공합니다. 색상을 활용해 주제별로 분류하거나 강조하고 싶은 의견을 눈에 띄게 표시할 수 있습니다.
- **화이트보드에 배치하고 내용 입력**
  스티커 메모를 클릭하면 보드 위 원하는 위치로 끌어와 배치할 수 있습니다. 메모를 선택한 후 텍스트를 입력하면 자동으로 크기가 조정되며 필요에 따라 크기를 조절할 수도 있습니다.
- **메모 정리 및 이동**
  스티커 메모는 자유롭게 이동 가능하며, 그룹화하여 정리할 수도 있습니다. 브레인스토밍 활동에서는 비슷한 아이디어끼리 묶거나, 색상으로 의견을 구분하면 효과적입니다. 스티커 메모 기능을 활용하면 학생들이 적극적으로 의견을 나누고 시각적으로 정리된 형태로 생각을 표현할 수 있는 환경을 조성할 수 있습니다.

그림 5-75. 학생 의견 추가한 모습

06 AI로 의견 분류하기

캔바 화이트보드에서는 AI 기능을 활용하여 스티커 메모를 자동으로 정리하고 분류할 수 있습니다. 이 기능을 사용하면 학생들이 브레인스토밍을 진행한 후 비슷한 의견을 묶거나, 특정 주제별로 자동 정렬하는 작업이 더욱 효율적으로 이루어집니다.

그림 5-76. AI로 스티커 메모 의견 분류하기

❶ AI 적용할 영역 설정하기

캔바 화이트보드에서 분류하고자 하는 스티커 메모가 포함된 영역을 드래그하여 그룹화합니다.

❷ 그룹화된 메모 확인 및 편집

그룹화할 메모들을 지정한 후, 상단 툴바에서 [분류(Auto Categorization)] 기능을 클릭하여 AI가 자동으로 그룹을 생성하도록 설정합니다.

❸ 정렬 방식 선택

캔바 화이트보드에서 AI 기능을 활용하여 스티커 메모를 정렬할 때, 네 가지 정렬 방식을 선택할 수 있습니다. 각 방식은 아이디어를 더욱 효율적으로 정리하고, 학생들의 브레인스토밍 결과를 체계적으로 분석하는 데 유용합니다.

캔바 AI로 스티커 메모를 정렬하는 방식 네 가지

- **주제별 정렬**
  주제별 정렬은 스티커 메모를 내용의 주제나 키워드에 따라 그룹화하는 방법입니다. AI가 메모의 텍스트를 분석하여 유사한 주제끼리 묶어 자동으로 정렬해 줍니다. 예를 들어, '학교 개선 아이디어'라는 주제에 대해 여러 의견을 제시했다면, AI는 관련 있는 메모들을 하나의 카테고리로 묶어 주제별로 그룹화합니다.

- **색상별 정렬**
  색상별 정렬은 메모의 색상을 기준으로 그룹을 나누는 방법입니다. 학생들이 각기 다른 색깔로 메모를 작성했다면, AI가 자동으로 같은 색의 메모들을 묶어 색상별로 정렬합니다. 이 방법은 시각적으로 색상에 따라 분류된 정보를 한눈에 확인할 수 있어, 특정 색깔로 구분된 아이디어를 쉽게 찾을 수 있습니다.

- **이름별 정렬**
  이름별 정렬은 메모가 작성한 학생의 이름을 기준으로 그룹화하는 방법입니다. 학생들이 각자 이름을 적은 메모를 작성했다면, AI는 이름별로 메모를 정렬하여 학생별로 아이디어를 확인할 수 있습니다. 이 방법은 개별 학생들이 어떤 아이디어를 제시했는지 확인하고, 개인별 의견을 정리하는 데 유용합니다.

- **반응별 정렬**
  반응별 정렬은 각 메모에 대한 반응(좋아요, 댓글 등) 을 기준으로 그룹화하는 방법입니다. 이 정렬 방식은 학생들이 서로의 아이디어에 대해 어떤 반응을 보였는지 확인하고, 인기 있는 아이디어나 주목할 만한 의견을 선별하는 데 도움이 됩니다.

이렇게 네 가지 정렬 방식을 활용하면 AI는 유사한 키워드나 주제를 중심으로 스티커 메모를 묶어 정리해 줍니다. 자동으로 생성된 그룹의 이름을 확인하고, 필요에 따라 직접 수정할 수 있습니다. 이를 통해 아이디어를 보다 체계적이고 효과적으로 정리할 수 있어 학생들이 더 명확하게 의견을 나누고 발전시킬 수 있습니다.

그림 5-77. AI 활용 스티커메모 분류가 완료된 모습

추가: 화이트보드 내 마인드맵 작성

캔바 화이트보드를 활용하면 스티커 메모와 도형을 사용하여 동적이고 시각적인 마인드맵을 쉽게 만들 수 있습니다. 다양한 라인, 도형, 스티커 메모 등을 결합하여, 아이디어를 효과적으로 시각화하고 체계적으로 정리할 수 있습니다. 아래는 화이트보드에서 마인드맵을 생성하는 방법입니다.

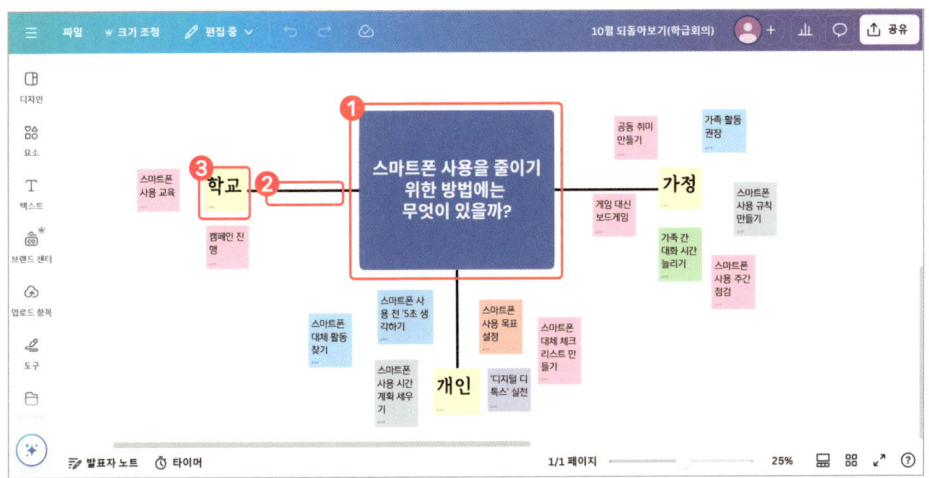

그림 5-78. 화이트보드 내 마인드맵을 만든 모습

❶ **도형 삽입**: 마인드맵의 중앙 주제나 서브 주제를 강조하기 위해 원, 사각형, 삼각형 등의 도형을 추가합니다. 도형의 크기, 색상, 테두리 등을 바꿔서 각 주제별로 차별화된 시각적 효과를 줄 수 있습니다. 이때, 색상이나 모양을 통해 중요한 주제나 연관된 아이디어를 강조할 수 있습니다.

❷ **라인 도형 선택**: 도형을 연결할 라인을 추가하여 아이디어와 주제를 동적으로 연결할 수 있습니다. 라인 도형은 직선, 곡선, 다양한 화살표 형태로 제공되어, 연결하고자 하는 아이디어를 정확하게 이어줄 수 있습니다. 각 메모와 도형 사이를 자연스럽게 이어주는 라인을 드래그하여 위치를 조정합니다. 이때, 각 아이디어가 어떻게 연관되는지 시각적으로 보여주는 중요한 요소가 됩니다.

❸ **스티커 메모 추가**: 각 스티커 메모에 아이디어나 주제를 입력하여 마인드맵의 핵심 주제와 관련된 내용을 추가합니다.

2) 활용 사례

01 학급 회의

그림 5-79. 화이트보드 활용 수업 사례(1)

학생들이 학급 기념일 활동을 계획할 때 스티커 메모로 아이디어를 공유했습니다. 내성적인 학생들도 참여하며 다른 학생의 의견을 참고하여 새로운 아이디어를 생성할 수 있었습니다.

02 토론 활동

그림 5-80. 화이트보드 활용 수업 사례(2)

'인권 친화적인 공간'을 주제로 한 토론 활동에서 학생들은 조사 자료와 사진을 보드에 추가하며 시각적으로 풍부한 논의를 진행했습니다.

03   브레인스토밍 활동

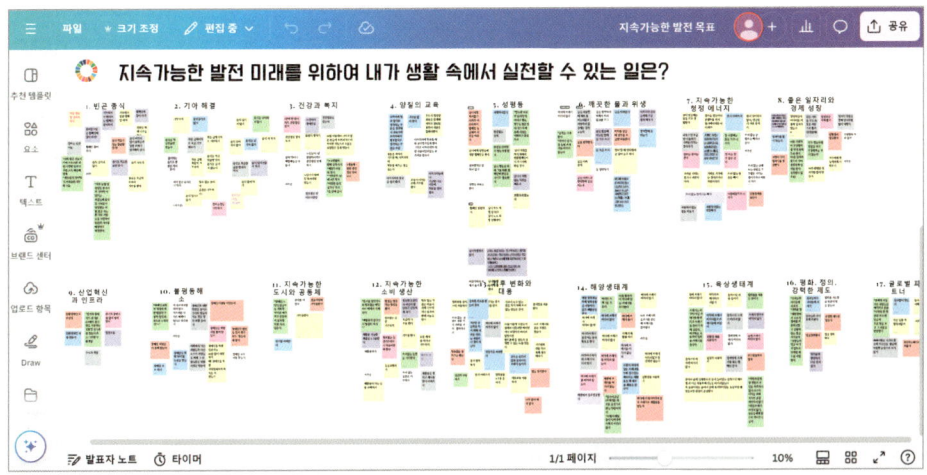

그림 5-81. 화이트보드 활용 수업 사례(3)

반 전체가 한 화이트보드에서 SDGs 목표를 논의하며 다양한 의견을 실시간으로 정리했습니다. 모든 학생의 의견을 한눈에 확인할 수 있어 효과적이었습니다.

Tip.
캔바 화이트보드는 자유롭게 확장할 수 있어 매우 유용하지만, 학생들이 보드를 지나치게 확장하거나 지나치게 많은 요소를 추가하는 경우 혼잡하고 복잡한 작업 환경이 될 수 있습니다. 이를 방지하고 효율적인 작업을 돕기 위해, 사전에 보드 확장성 사용에 대한 규칙을 안내하는 것이 중요합니다.

• 보드 크기 제한
학생들에게는 보드의 크기가 무한히 확장될 수 있음을 알려주되, 목표를 설정하고 이를 중심으로 작업을 진행하도록 안내합니다. 예를 들어 주요 주제나 아이디어 중심으로 보드를 확장하고, 필요 이상으로 공간을 넓히지 않도록 규정합니다. 일정 크기 내에서 작업을 진행함으로써 보드가 불필요하게 복잡해지지 않도록 관리할 수 있습니다.

• 중요한 아이디어 우선 정리
보드에 중요한 아이디어나 주제를 먼저 정리하도록 지도합니다. 각 주제에 대해 핵심적인 메모와 연결된 요소들만을 배치하고 지나치게 세부적인 아이디어나 추가적인 요소들은 추후 정리하도록 안내합니다. 이 방법을 통해 보드의 구조적 일관성을 유지하고 학습의 흐름을 방해하지 않도록 합니다.

- **화면 관리 및 조정**
학생들에게 보드에서 필요하지 않은 요소나 메모를 삭제하도록 유도하고 작업 도중 화면을 정리할 수 있는 시간을 제공하는 것이 중요합니다. 예를 들어 작업이 끝난 후 전체 보드를 검토하고, 불필요한 메모나 도형을 제거하여 보드를 깔끔하게 정리하도록 지도합니다.

- **협업 시 규칙 설정**
협업이 이루어지는 보드에서는 공동 작업자들이 동시에 작업할 수 있으므로 보드의 확장성을 적절히 관리할 수 있는 규칙을 설정합니다. 예를 들어 각 그룹이나 학생이 맡은 영역을 정하고 각자 작업할 범위를 명확히 구분하여 보드가 복잡해지지 않도록 합니다. 또한 협업 도중에 주기적으로 보드를 정리하며 다른 학생들의 작업에 방해되지 않도록 배려하는 태도를 강조합니다. 이러한 규칙을 사전에 안내하면 학생들이 보드의 확장성을 적절하게 활용하면서도 효율적이고 체계적인 작업을 할 수 있습니다. 이를 통해 학습 효과를 극대화하고 보드 사용에 대한 자기 관리 능력을 키울 수 있습니다.

화이트보드는 **학생 참여도**를 높이는 데도 중요한 역할을 합니다. 학생들은 **익명으로 의견을 제출하거나, 자신이 쓴 내용을 바로 수정**할 수 있어, 편안한 분위기에서 참여할 수 있습니다. 또한, **학생들의 의견을 모두 볼 수 있는 한 화면**에서 토론이 이루어지기 때문에, 각자의 의견을 더욱 쉽게 비교하고 대화할 수 있습니다.

이번 장에서는 캔바 화이트보드를 활용한 다양한 수업 사례와 실습 방법을 살펴보았습니다. 이 도구는 학생들의 창의성과 협력 능력을 기르는 데 큰 도움을 줄 것입니다. 앞으로도 캔바를 활용하여 더욱 풍성한 수업을 만들어 보세요.

5. 창의적 체험 활동 + 학교자율시간 수업 하기

6 국어 수업 활용하기

　이번 장에서는 캔바를 활용한 국어 수업 방법 및 사례에 대해 알아보겠습니다. 첫 번째는 '화이트보드로 여는 인터랙티브 토론 수업', 두 번째는 '협동 시(詩) 만들기', 세 번째는 '우리 모두 함께 만드는 학급 신문'입니다. 활용할 주요 기능은 캔바의 화이트보드, AI 이미지 생성기, 이미지 업로드하기, 템플릿 편집 및 공유 기능입니다. 하나씩 차근차근 살펴보겠습니다.

가. 화이트보드로 여는 인터랙티브 신호등 토론 수업

　온라인 환경은 오프라인 활동보다 학생들의 참여도가 높고 자신의 의견을 표현하기 쉽다는 장점이 있습니다. 캔바의 화이트보드 기능을 활용한 온라인 토론 수업을 통해 학생들은 각자의 디지털 기기 화면을 통해 다른 친구의 의견도 자세히 살펴볼 수 있어 팀 협업 기능이 극대화되며, 이를 통해 공유를 통한 배움을 촉진할 수 있습니다. 더불어 교사가 학생들의 토론 과정을 한눈에 살펴보고 실시간 피드백을 제공할 수도 있습니다.

　앞서 6장에서도 살펴보았듯, **캔바 화이트보드**는 캔바에서 제공하는 **실시간 온라인 협업 게시판**입니다. 넓은 확장성으로 무한한 공간을 제공하며 많은 학생이 동시에 접속할 수 있어 실시간으로 활발하게 상호작용할 수 있습니다. 브레인스토밍, 회의, 팀 계획 수립 등 다양한 단계에서도 사용 가하며 아이디어를 시각적으로 표현하기에도 용이합니다.

1) 화이트보드 생성하기

화이트보드를 생성하는 방법에는 크게 세 가지가 있습니다. 첫 번째 방법은 캔바 홈 화면 중앙에 있는 **[화이트보드]** 아이콘을 클릭함으로써 **빈 화이트보드 디자인**을 만드는 방법이고, 두 번째 방법은 화이트보드 템플릿을 활용하는 방법입니다(6장 참고).

세 번째 방법은 기존에 만들어 둔 프레젠테이션 내의 일부 슬라이드를 **화이트보드로 확장**해 사용하는 것입니다. 화이트보드를 사용하고 싶은 프레젠테이션을 열고 확장하려는 슬라이드를 선택합니다. 슬라이드를 클릭한 다음, 마우스 우클릭 후 뜨는 메뉴에서 **[화이트보드로 확장]**을 선택합니다. 확장된 슬라이드는 뒷배경이 화이트보드로 바뀌고 무한한 공간으로 사용할 수 있게 됩니다.

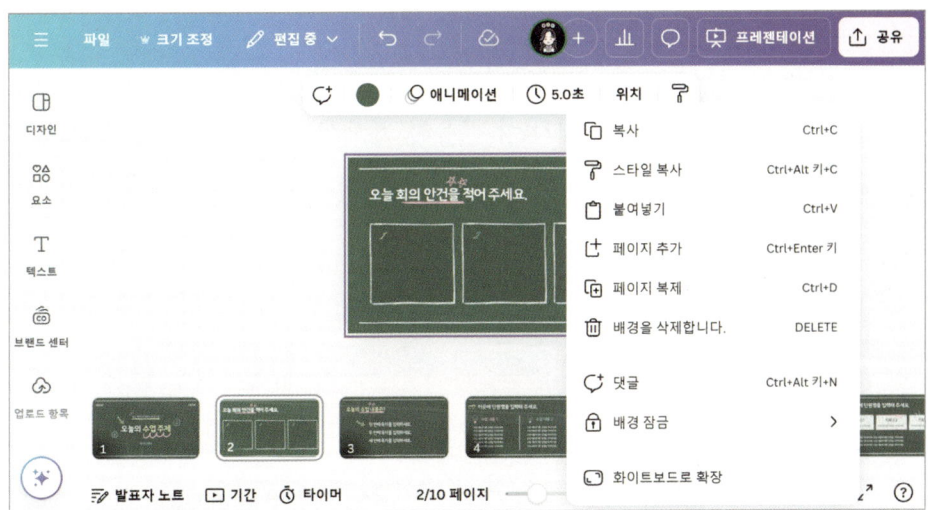

그림 6-1. 화이트보드로 확장하기

2) 화이트보드를 활용한 신호등 토론 준비하기

신호등 토론이란 찬성은 초록색, 반대는 빨간색, 중립은 노란색으로 자신의 의견을 표시하는 토론 방법으로 빨강, 노랑, 초록의 신호등 색깔과 같다고 하여 붙은 이름입니다.

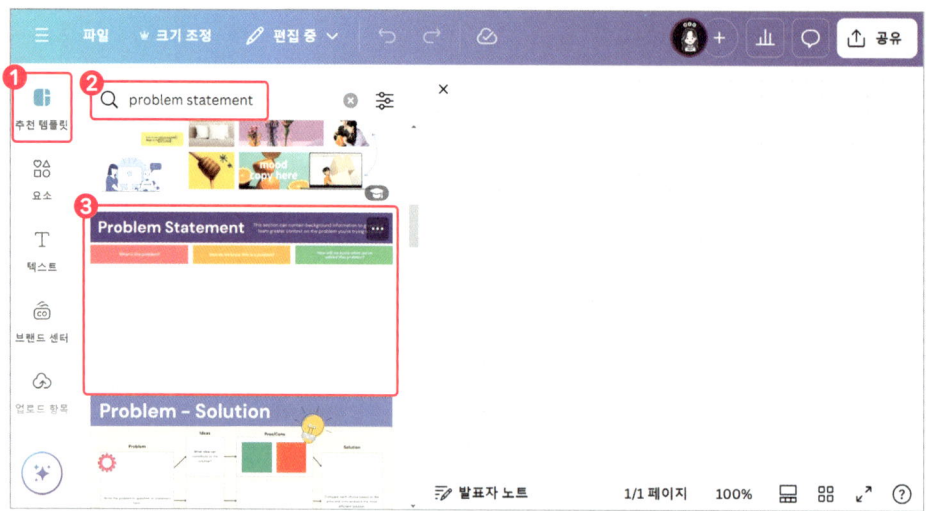

그림 6-2. 신호등 토론 템플릿 검색하기

❶ 좌측 사이드 패널에서 **[디자인]** 메뉴를 선택합니다. 그리고 ❷ **검색창**에 'problem statement'를 입력합니다. ❸ 여러 가지 템플릿 중 신호등 토론에 어울리는 템플릿을 선택합니다.

이제 이 템플릿에서 불필요한 요소는 지우고 신호등 토론에 맞게 편집해 보겠습니다.

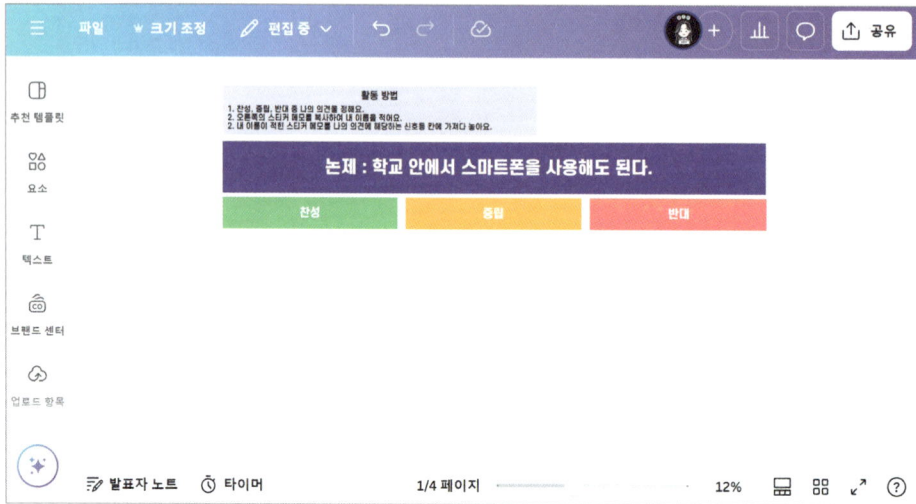

그림 6-3. 신호등 토론 템플릿 열어 편집하기

예를 들어, '**학교 안에서 스마트폰을 사용해도 된다**'라는 논제로 신호등 토론을 진행한다고 가정해 보겠습니다. 먼저 보라색 Problem Statement라고 적힌 텍스트 박스 안에 논제를 입력합니다. 그리고 하단의 **빨간색** 칸에는 '**반대**', **노란색** 칸에는 '**중립**', **초록색** 칸에는 '**찬성**'이라고 입력합니다. 텍스트 박스의 색상 순서를 초록-노랑-빨강 순서로 변경할 수도 있습니다. 그다음 화이트보드 여백에는 학생들이 원활하게 신호등 토론에 참여할 수 있도록 토론 방법에 대한 안내를 적어두면 좋습니다.

3) 잠금 설정하기

이렇게 신호등 토론에 사용할 화이트보드를 만들었다면 학생들이 **화이트보드를 임의로 수정**하거나 **삭제하지 않도록** 모든 요소를 '**잠금**' 설정하는 것이 중요합니다.

4) 스티커 메모 사용하기

화이트보드를 사용할 때는 팀원들이 아이디어나 댓글을 적을 수 있는 스티커 메모를 사용할 수 있습니다.

그림 6-4. 스티커 메모 추가하기

먼저 좌측 사이드 패널에서 [요소]를 선택하고 스크롤을 내려 **스티커 메모**를 찾습니다. **스티커 메모**에서 원하는 색상의 메모를 클릭하여 디자인에 추가할 수 있습니다.

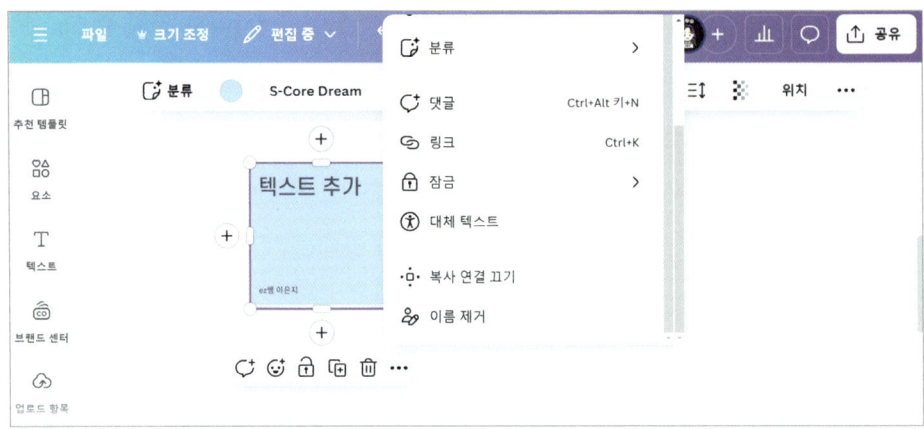

그림 6-5. 스티커 메모 작성자 이름 제거하기

스티커 메모에 **텍스트를 추가**하려면 스티커 메모를 **두 번 클릭**하고 텍스트를 입력하면 됩니다. 스티커 메모에는 접속한 사람의 이름이 좌측 하단 구석에 자동으로 표시되므로 누가 작성한 스티커 메모인지 확인할 수 있습니다. 스티커 메모를 선택하면 뜨는 플로팅 배지에서 **[더 보기]**를 누르고 **[이름 삭제]**를 선택하면 작성자의 이름이 표시되지 않도록 할 수 있습니다.

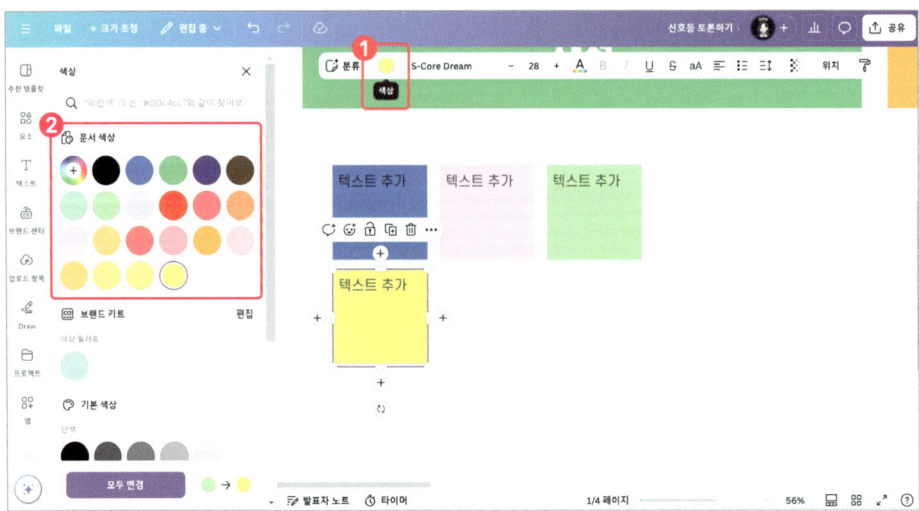

그림 6-6. 스티커 메모 색상 변경하기

스티커 메모의 **색상**을 변경하고 싶을 때에는 ❶ 스티커 메모를 선택하고 상단의 색상 아이콘을 클릭한 다음, ❷ 좌측의 색상 메뉴에서 원하는 색상을 선택하여 변경할 수 있습니다.

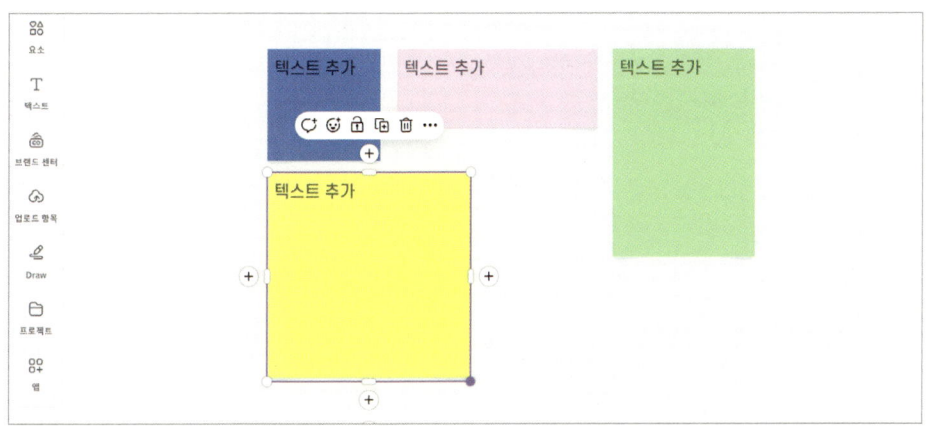

그림 6-7. 스티커 메모 크기와 비율 변경하기

또한, **스티커 메모의 크기와 비율**도 자유롭게 변경할 수 있습니다.

① **크기 조절**: 스티커 메모의 크기를 조절하고 싶을 때는 스티커 메모의 **꼭짓점**에 있는 **크기 조절 핸들**을 클릭한 다음 안팎으로 끌어 조정할 수 있습니다.

② **비율 조절**: 가로와 세로 **모서리**에 있는 **흰색 알약 핸들** 중 하나를 클릭하고 왼쪽 또는 오른쪽, 위 또는 아래로 끌어서 스티커 메모의 가로와 세로 길이의 비율을 조절할 수 있습니다.

5) 스티커 메모 복제하기

신호등 토론 수업을 위해 화이트보드에 스티커 메모를 추가하고 학생들이 스티커 메모를 **복제**해서 사용하도록 안내하면 편리합니다.

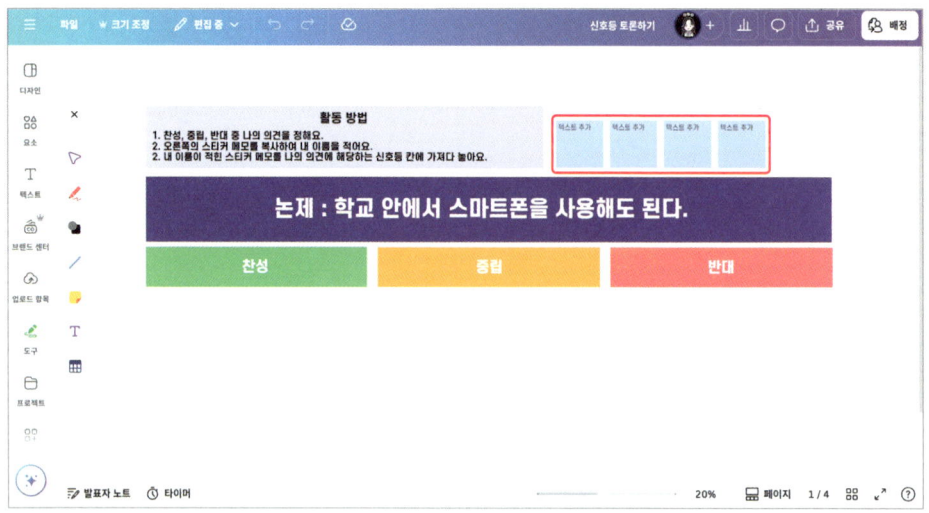
그림 6-8. 스티커 메모 배치하기

　스티커 메모를 **복제**하는 방법에는 네 가지가 있습니다. 학생들이 저마다 편리한 방법으로 복제하여 사용하도록 안내하시면 됩니다.

01　스티커 메모를 클릭했을 때 뜨는 **플로팅 메뉴**에서 **복제 아이콘**을 누르는 방법입니다.

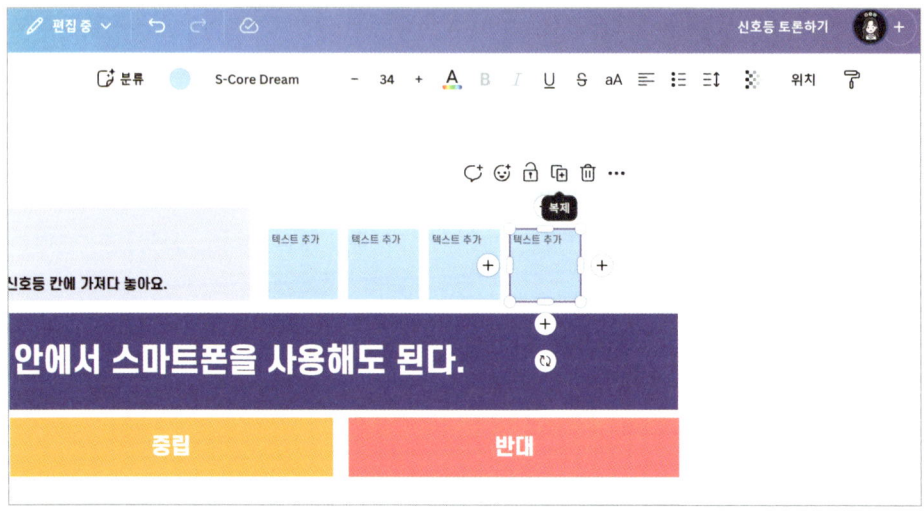
그림 6-9. 플로팅 메뉴에서 복제 아이콘 누르기

02 스티커 메모를 선택하고 **마우스 우클릭**한 다음 **복제**를 눌러 생성할 수 있습니다.

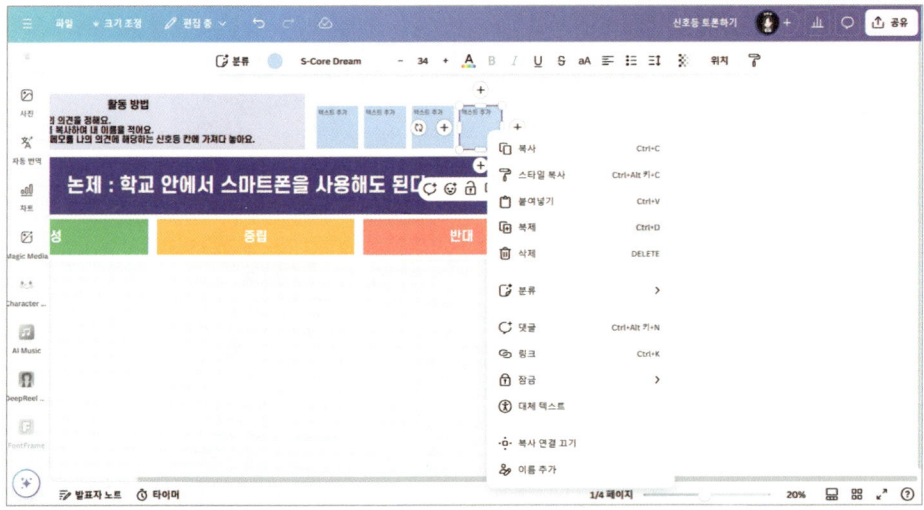

그림 6-10. 마우스 우클릭하여 복제하기

그 외의 방법으로는 다음의 두 가지가 있습니다.

03 키보드의 **Alt 키**를 누른 상태에서 스티커 메모를 **드래그 앤드 드롭**하여 만들 수도 있습니다.

04 **복제 단축키 Ctrl + D**를 눌러 복제할 수 있습니다.

이렇게 신호등 토론 수업을 위한 준비가 완료되었다면 편집기 상단의 **[공유]** 버튼을 클릭하고 **엑세스 수준**에서 '**링크가 있는 모든 사용자**', '**편집 가능**'으로 설정하신 후 **[링크 복사]**를 눌러 주세요. 링크가 복사되었다면 '**복사됨**'으로 표시됩니다. 복사된 링크를 학생들에게 공유하여 수업에 활용하시면 되겠습니다.

이렇게 캔바 **화이트보드**를 활용해 **신호등 토론**을 하면 우리 반 학생들의 **의견을 한 눈에 파악**하고 **시각적으로 정리**되는 효과를 얻을 수 있습니다. 또한 스티커 메모의 위치 변경이 간편하므로 자신의 이름표 위치를 이동시키기만 하면 쉽게 자신의 의견을 표현할 수 있으며, 공간에 구애받지 않고 각자의 화면을 통해 다른 친구의 주장과 의견을 자세히 살펴볼 수 있어 공유를 통한 배움이 쉽게 일어난다는 장점이 있습니다.

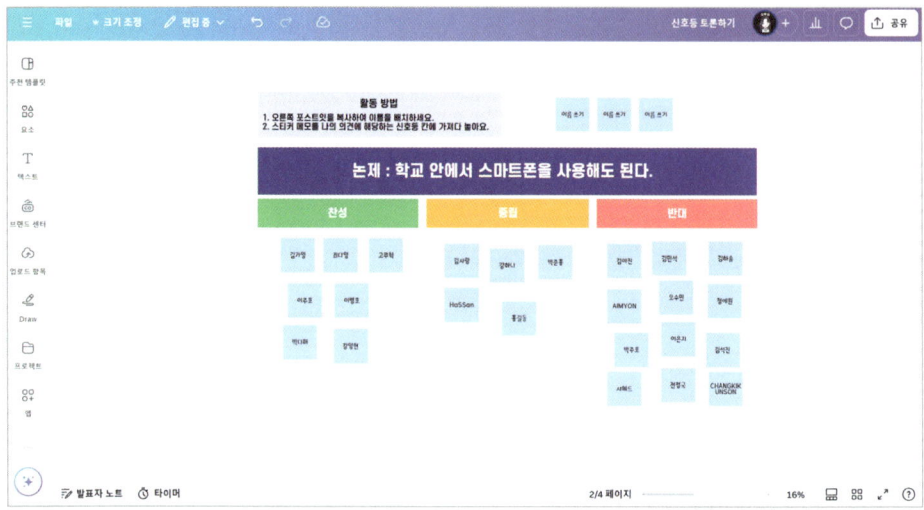
그림 6-11. 화이트보드 활용 신호등 토론 수업 장면

나. 화이트보드 활용 가치수직선 토론 수업

캔바의 화이트보드를 활용하면 **가치수직선 토론**도 쉽게 할 수 있습니다. 가치수직선 토론이란 어떤 가치에 대한 **자기 생각의 정도를 수직선 위에 나타내는 토론**입니다. 단순하게 찬반 정도만 표시하는 것이 아니라 생각의 정도를 다양하게 표현해야 합니다. 이럴 때 무한한 확장성을 가진 화이트보드는 매우 유용합니다. 가치수직선 토론 수업 방법을 살펴보겠습니다.

좌측 **사이드 패널** – [요소] – [도형]에서 [모두 보기]를 누르고 [양방향 수직선]을 선택합니다.

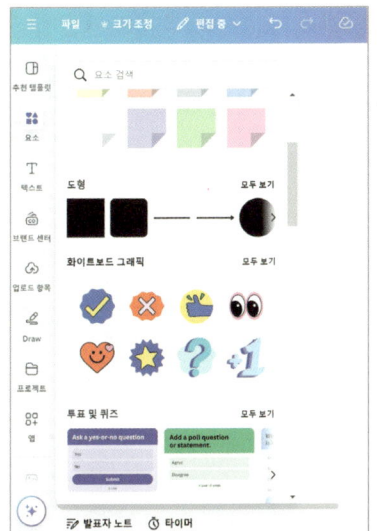
그림 6-12. 요소에서 도형 선택하기
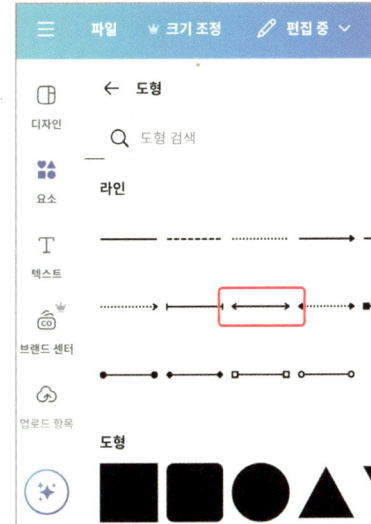
그림 6-13. 양방향 수직선 선택하기

양방향 수직선의 **두께와 길이**를 원하는 대로 조정합니다. 양방향 수직선을 선택했을 때 뜨는 플로팅 메뉴에서 [선 스타일]을 클릭하고 선 두께에 50을 입력합니다.

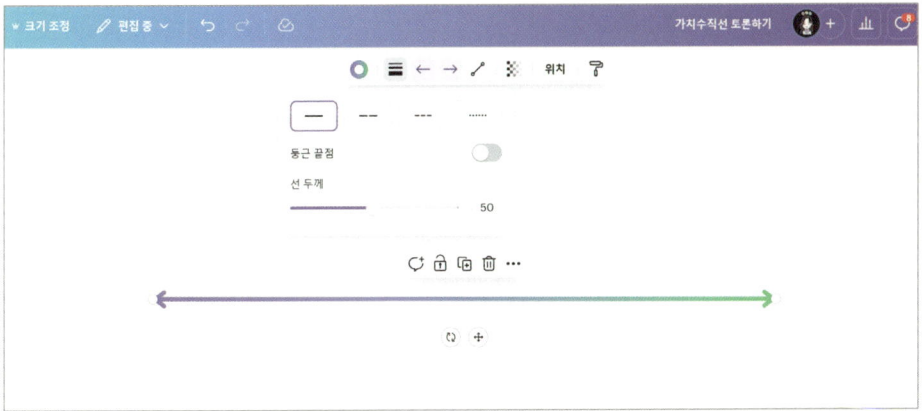
그림 6-14. 선 스타일에서 선 두께 조절하기

먼저 [요소] - [도형]에서 **모두 보기**를 눌러 **원**을 추가하고 Alt 키를 누른 채 다섯 개를 복제하여 배치합니다. 그다음 Shift 키를 누른 채 **다섯 개의 원**을 모두 선택하고, **상단의 툴바**에서 [위치]를 클릭합니다. 좌측 메뉴의 **정렬 탭**을 선택하고 **고르게 띄우기**에서 [깔끔하게 정리]를 클릭하여 원 사이 간격을 일정하게 만듭니다.

6. 국어 수업 활용하기

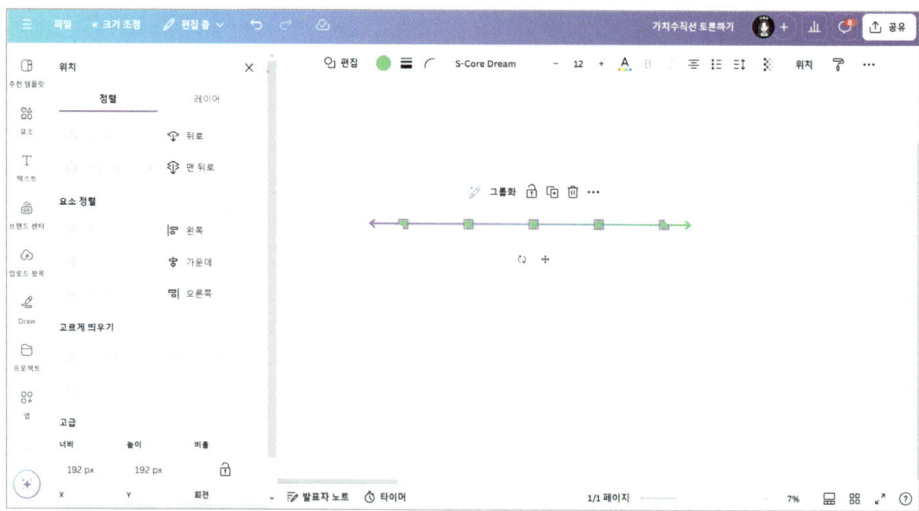

그림 6-15. 일정한 간격으로 정렬된 모습

다음으로 가치수직선 하단에 내용을 입력하겠습니다. 좌측 **사이드 패널**에서 **[텍스트]**를 선택합니다. **[텍스트 상자 추가]**를 눌러 텍스트가 추가되면 Alt 키를 누른 채 다섯 번 복제합니다. 텍스트에 '매우 아니다, 아니다, 보통이다, 그렇다, 매우 그렇다'를 각각 입력합니다.

그림 6-16. 텍스트 상자 추가하기

마지막으로 가치수직선 위에 논제를 쓰고 활동 방법을 입력합니다(ex. 논제: 길고양이에게 먹이를 줘도 된다). 학생들에게 스티커 메모를 사용하여 자신의 의견을 적어 가치 수직선에 나타내도록 안내하면 됩니다.

그림 6-17. 가치수직선 토론 수업 장면

1) 토론의 즐거움과 소통을 더해주는 스티커 메모 기능 살펴보기

캔바의 **스티커 메모**에는 이런 토론의 즐거움과 소통을 높여주는 기능이 있습니다. 스티커 메모를 선택했을 때 뜨는 **플로팅 배지**에서 **[반응 추가]**를 클릭하면 하트나 엄지척, 박수 등의 **이모지**를 통해 반응을 표시할 수 있습니다. 이를 활용하여 학생들에게 친구들이 작성한 의견에 서로 칭찬과 공감의 반응을 하도록 하면 더욱 재미있고 활발한 토론 수업이 될 수 있습니다.

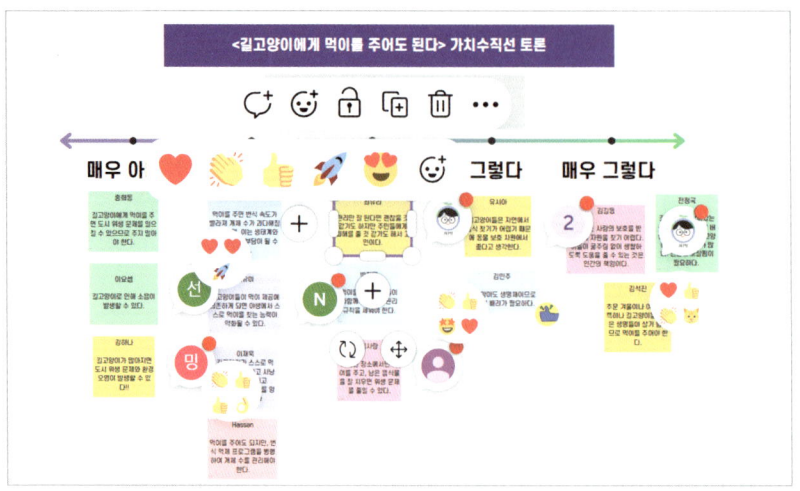

그림 6-18. 스티커 메모 반응이 추가된 수업 모습

또한 스티커 메모를 선택했을 때 뜨는 **플로팅 배지**에서 **[댓글]**을 선택하고 친구들에게 직접 응원과 공감의 댓글을 달며 소통할 수도 있습니다.

그림 6-19. 댓글 입력하기

2) 화이트보드 활용 토론 수업에서의 주의할 점

화이트보드를 활용하여 토론 수업을 할 때는 주의할 점이 있습니다. 첫째, 학생들이 건드리면 안 되는 요소들은 미리 **잠금을 설정**해야 합니다. 학생들이 사용할 스티커 메모 이외에 나머지 요소들은 모두 잠금 설정하는 것이 좋습니다. 둘째, **다른 친구의 스티커 메모를 수정하거나 삭제하지 않도록 지도**해야 합니다. 학생들이 실시간으로 같은 화이트보드에 동시 접속하여 활동하기 때문에 실수로 다른 친구의 의견을 삭제하거나 수정하는 경우가 생길 수 있어 주의가 필요합니다.

다. 협동 시(詩) 만들기

국어 수업이나 독후 활동, 비유적 표현, 표현하기 등 교실에서는 시 쓰기를 수업에 활용하는 경우가 많습니다. 이때 캔바의 뛰어난 **협업 기능**을 활용하면 협동 시를 쉽고 편리하게 쓸 수 있습니다. 학생들은 각자의 디지털 기기를 사용해 활동이 가능하므로 모둠 수업 시 발생하는 물리적 거리 또는 방향의 불편함을 극복할 수 있습니다. 또한 모둠 내에서 활동 순서를 정하면서 오는 학생들 간의 갈등을 예방할 수 있으며, 소극적인 학생들도 온라인상에서는 적극적으로 참여하기 쉬워 모둠 간의 상호 작용도 증가시킬 수 있습니다. 지금부터는 캔바를 통해 협동 시를 만들고 시화로 꾸미는 방법을 살펴보겠습니다.

1) 마인드맵을 통해 모둠별 협동 시로 쓸 대상 정하고 시 쓰기

먼저 모둠별 마인드맵을 만들어 봅시다. 마인드맵에서는 먼저 모둠별로 시로 쓸 대상을 정하고 그 대상에 대한 느낌을 나누도록 합니다.

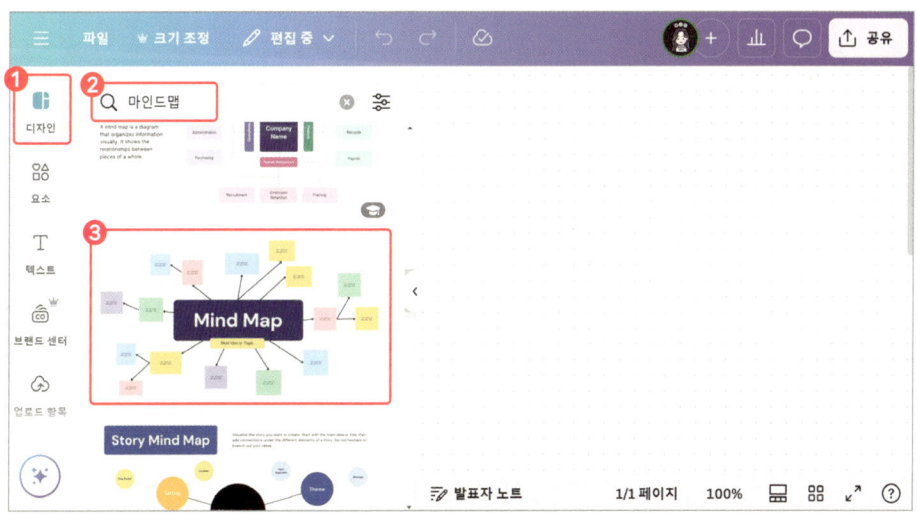

그림 6-20. 마인드맵 템플릿 검색하기

캔바 **홈 화면**에서 **화이트보드** 새로 만들기 아이콘을 클릭합니다. ❶ 좌측 **사이드 패**

널의 **디자인** 메뉴를 선택하고 ❷ 검색창에 '**마인드맵**'을 입력합니다. ❸ 여러 디자인 중 원하는 템플릿을 선택하여 불러옵니다.

다음으로, 선택한 마인드맵 템플릿을 수업에 맞게 수정합니다. 가운데에 '시로 쓸 대상'을 적은 다음, 학생들에게 본 느낌, 만져본 느낌, 들은 느낌, 냄새 등을 떠올려 자유롭게 쓸 수 있도록 안내합니다. 학생들은 교사가 공유한 링크를 통해 이 마인드맵에 동시에 접속하여 각자의 생각과 느낌을 적고 나눌 수 있습니다.

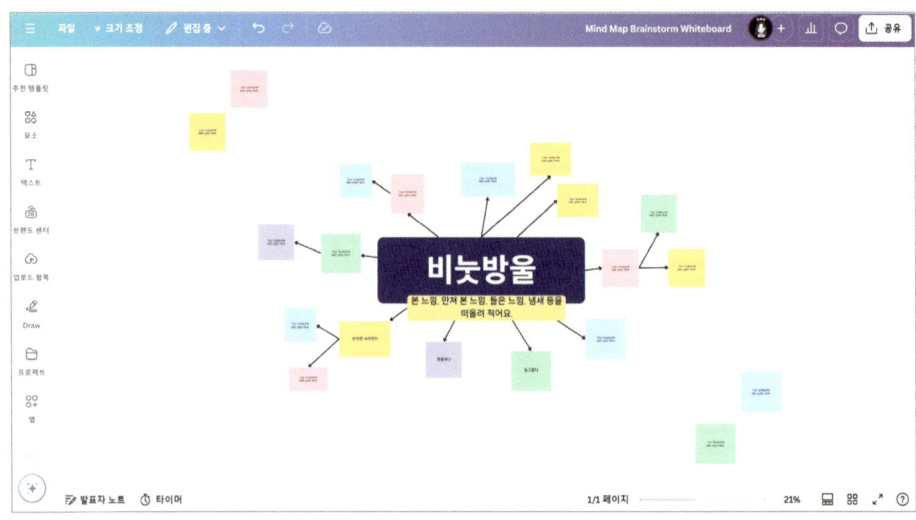

그림 6-21. 비눗방울 마인드맵 예시

예를 들어 시로 쓸 대상이 비눗방울이라면 가운데에 '비눗방울'을 쓰고 느낌에 동그랗다, 영롱하다, 만지면 사라진다 등을 적으면서 생각을 공유합니다. 그런 다음 대상에 대한 느낌을 바탕으로 모둠 친구들이 협동하여 모둠별 협동 시를 쓰도록 합니다.

2) 모둠별 협동 시로 시화 만들기

이제 모둠별로 만든 협동 시를 시화로 만들어 보겠습니다. **홈 화면**에서 좌측 메뉴 상단의 **[+디자인 만들기]**를 클릭합니다. 새 창이 뜨면 좌측 메뉴에서 **[교육용]**을 클릭하고 **[워크시트(세로형)]**을 선택합니다.

워크시트(세로형) 빈 디자인에서 좌측 **사이드 패널**에서 ① **[텍스트]** - ② **[텍스트 상자 추가]**를 클릭하고 모둠별로 만든 협동 시 내용을 입력합니다.

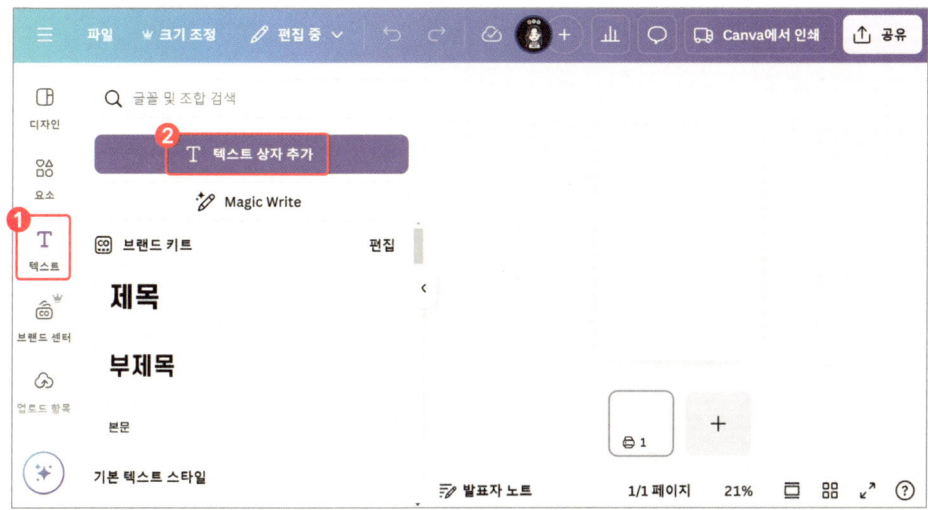

그림 6-22. 텍스트 상자 추가하기

시의 내용에 어울리게 **제목과 내용의 폰트를 편집**합니다. 또한, 디자인의 배경을 클릭하고 상단의 **[배경 색상]** 아이콘을 선택하면 좌측 메뉴에서 배경 색상을 자유롭게 바꿀 수 있습니다.

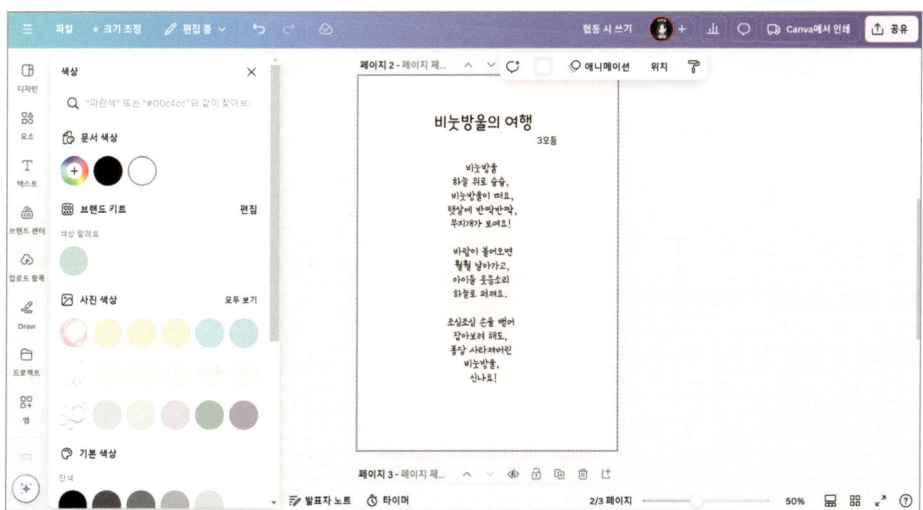

그림 6-23. 폰트와 배경 색상 변경하기

또한, 캔바를 활용하면 직접 그리지 않고도 시에 어울리는 삽화를 넣어 시화로 만들 수 있습니다.

먼저, **사이드 패널**의 [요소]에서 '**비눗방울**'을 검색합니다. **[그래픽]** 탭을 클릭하고 스크롤을 내리며 원하는 요소를 찾아 시화에 배치하여 꾸며 줍니다.

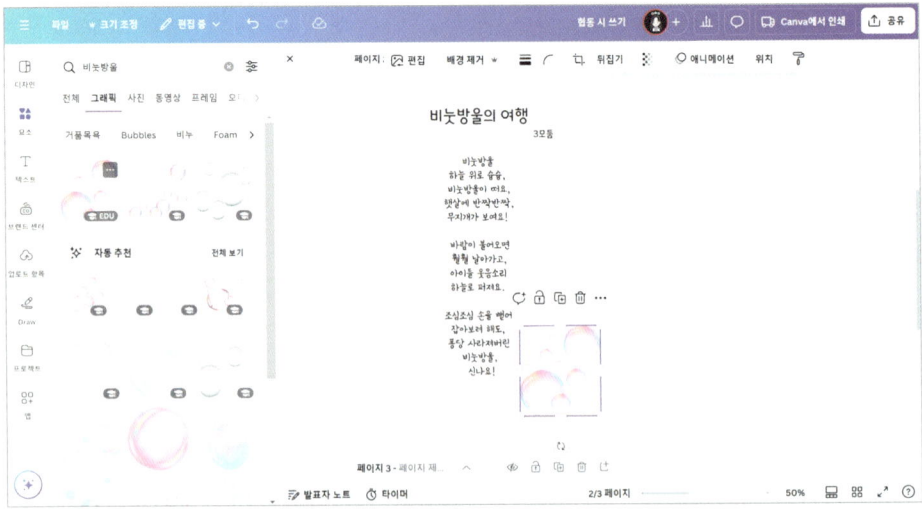

그림 6-24. 요소에서 삽화 넣기

만약 원하는 요소가 없을 경우, **AI 이미지 생성기**를 통해 **직접 삽화**를 생성할 수도 있습니다.

01   **사이드 패널 - [요소] - [AI 이미지 생성기] - [나만의 이미지 생성]**을 클릭합니다.

02   만들고 싶은 이미지에 대한 설명을 입력합니다. 예를 들어, '**어린이가 무지개 빛깔의 비눗방울 위에서 밝게 웃고 있음, 흰색 배경**'이라고 입력할 수 있습니다.

그림 6-25. 만들고 싶은 이미지 설명 입력하기

03 시에 어울리게 **'수채화' 스타일**을 선택해 보겠습니다. **[이미지 생성]**을 클릭하고 잠시 기다립니다.

그림 6-26. 이미지 스타일 선택 및 이미지 생성하기

04 **생성된 이미지** 중 원하는 삽화를 클릭하여 시화에 삽입할 수 있습니다. 이때, 생성된 이미지를 선택하고 상단의 **[배경 제거]**를 클릭하여 **배경이 투명한 이미지**로 만들 수도 있습니다.

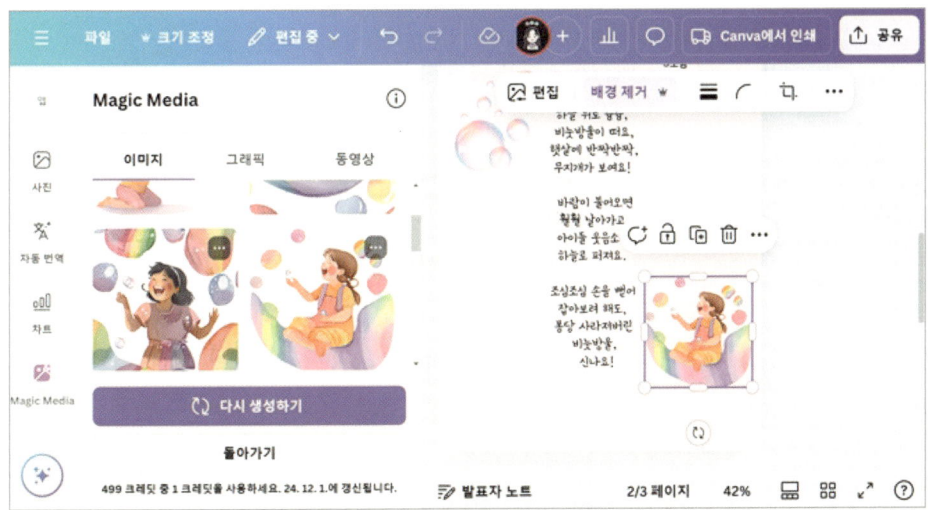

그림 6-27. 생성된 이미지 중 원하는 삽화 삽입하기

이처럼 캔바의 협업 기능과 요소를 활용하면 모둠별로 멋진 협동 시를 만들고 시화로 꾸밀 수 있습니다. 이러한 수업 방법은 경험을 떠올리며 시 쓰기, 비유하는 표현을 살려 시 쓰기 등 국어의 다양한 수업에서 활용할 수 있습니다.

라. 모두 함께 만드는 우리 반 학급 신문

일 년을 보내고 학년말이 되면 우리 반의 **한해살이**를 돌아보며 **학급 신문**을 만드는 활동을 하는 경우가 많습니다. 이번에는 학생들과 함께 **'우리 반의 5대 사건'**을 정하고 모둠별로 한 개의 사건을 맡아 **협동 기사**를 작성한 뒤 그것을 하나로 합쳐 학급 신문으로 만드는 방법을 살펴보도록 하겠습니다.

1) 학생용 프레젠테이션 만들기

이번에는 슬라이드를 화이트보드로 확장하는 방법을 활용합니다. 먼저 학급 신문을 만들기 위한 학생용 프레젠테이션을 만들어 보겠습니다. 캔바 **홈 화면 상단 검색창**에 **'spring class agenda'**를 입력하고 템플릿을 찾아 선택합니다.

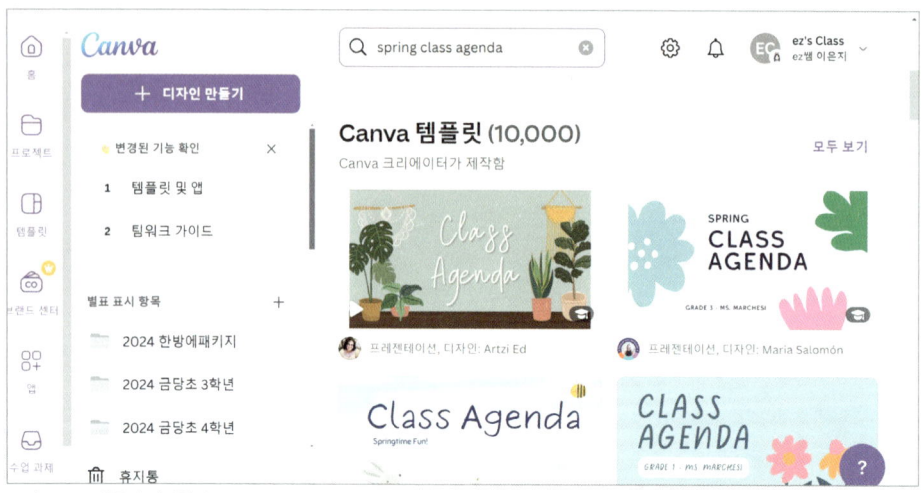

그림 6-28. 템플릿 검색하기

해당 템플릿을 학급 신문 만들기 활동에 알맞게 편집해 보겠습니다.

01   첫 번째 슬라이드에 수업 활동의 제목인 '학급 신문 만들기'와 학년, 반을 입력합니다.

그림 6-29. 제목과 학년, 반 입력하기

02   두 번째 슬라이드는 **지금까지 우리 반에서 있었던 일을 월별**로 떠올려 공유할 수 있는 **화이트보드**로 만듭니다. 슬라이드에서 마우스 우클릭하여 [화이트보드로 확장]하고 학생들에게 스티커 메모에 의견을 입력하도록 합니다.

03   학생들이 임의로 수정하거나 활동에 방해가 되지 않도록 모든 요소에 **잠금을 설정**합니다.

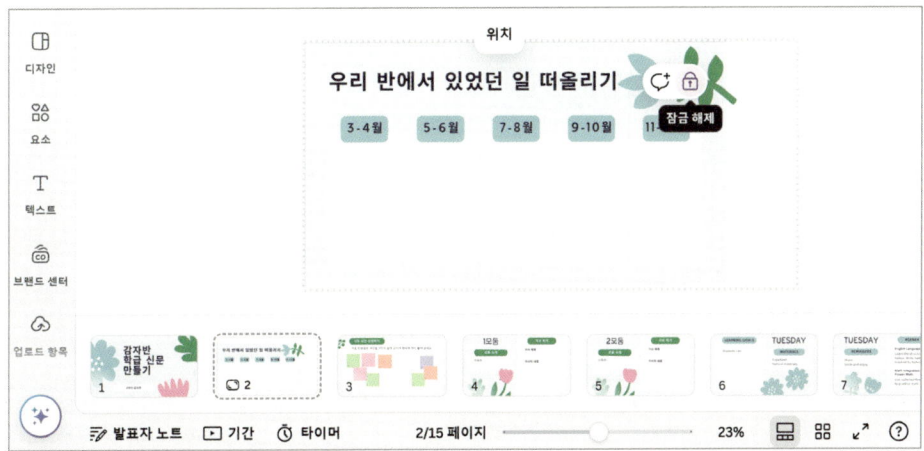

그림 6-30. 잠금 설정하기

04 학생들은 **스티커 메모**를 사용해 월별로 떠오른 사건을 입력하고 해당하는 달의 칸에 배치합니다.

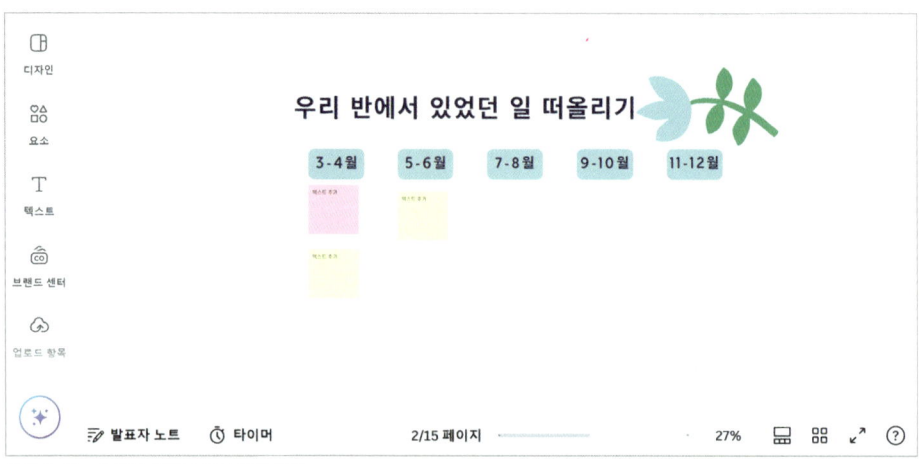

그림 6-31. 스티커 메모로 의견 입력하기

다음으로 **우리 반 5대 사건을 선정**하기 위한 슬라이드를 만들어 보겠습니다. 템플릿의 세 번째 슬라이드에서 필요 없는 요소는 모두 삭제합니다. '**5대 사건 선정하기**'라는 **제목**과 **활동 방법**을 입력합니다. 그리고 학생들에게 앞에서 자유롭게 떠올린 사건 중에서 가장 인상 깊은 사건 두 가지를 골라 스티커 메모에 적어 붙이도록 합니다.

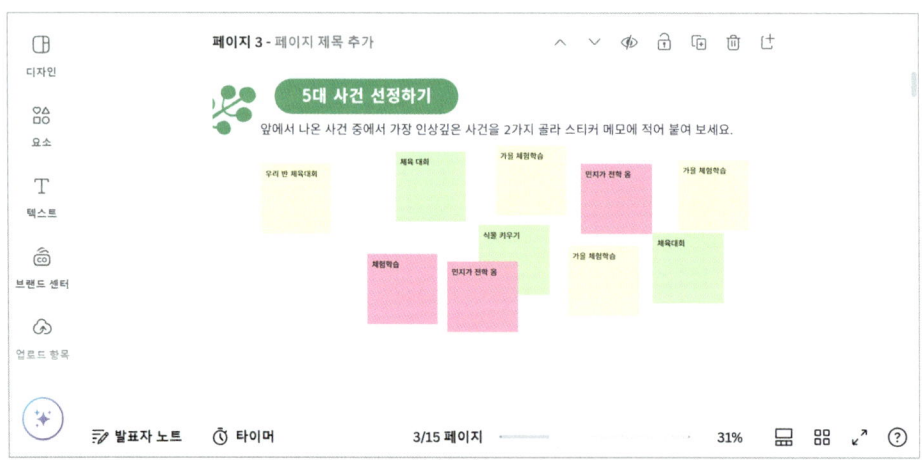

그림 6-32. 우리 반 사건 중 두 가지 골라 적기

그런 다음 같은 사건이 적힌 스티커 메모끼리 모으고 가장 많이 나온 사건을 다섯 가지 찾아 우리 반 5대 사건으로 선정합니다. 5대 사건이 선정되었으면 모둠별로 한 개의 사건을 맡아 기사를 작성하도록 합니다.

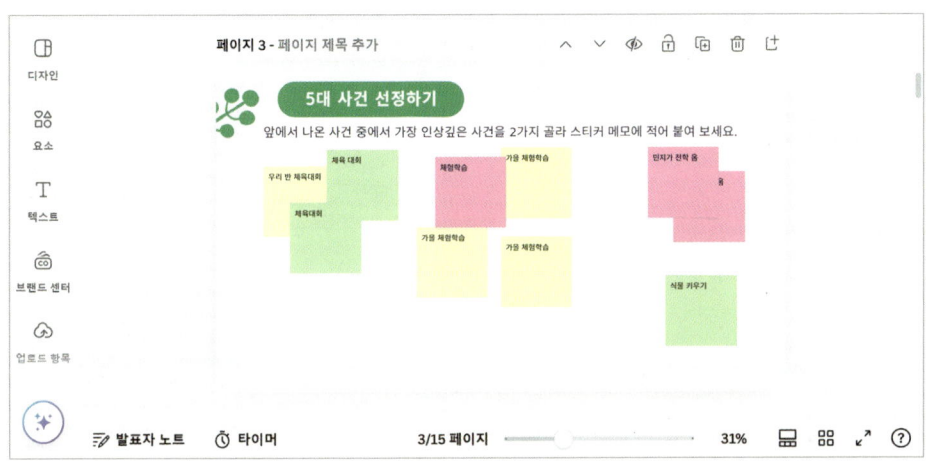

그림 6-33. 우리 반 5대 사건 선정하기

네 번째 슬라이드부터는 각 모둠별로 **기사**를 적을 수 있는 '모둠 슬라이드'로 만들어 보겠습니다. 아래 이미지를 참고하여 모둠 명과 모둠원, 기사의 제목과 내용을 입력할 수 있는 칸을 만듭니다.

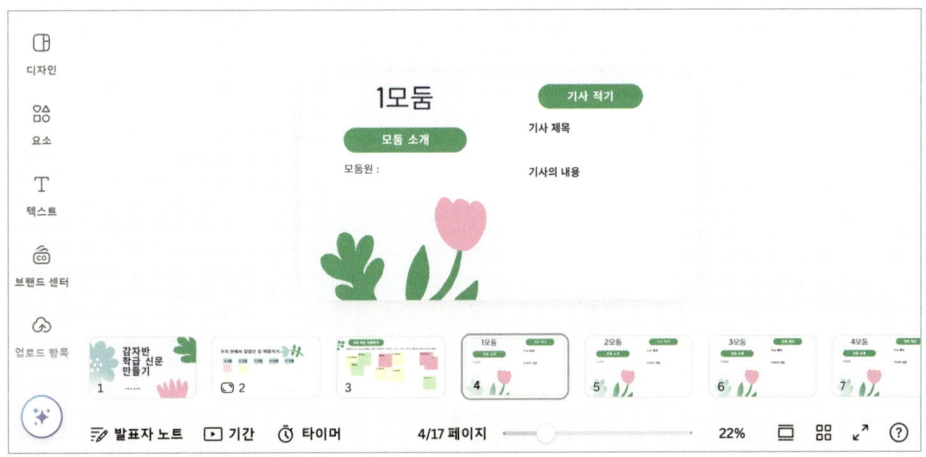

그림 6-34. 모둠 슬라이드 만들기

6. 국어 수업 활용하기

이렇게 모둠별로 우리 반 5대 사건을 한 개씩 나누어 맡고, 학생들은 자신이 속한 모둠 슬라이드에 들어가 협력하여 활동합니다. 학생들은 모둠별로 협의를 통해 기사의 제목을 정하고 기사의 내용을 작성합니다.

그림 6-35. 모둠별로 기사 작성하기

기사를 다 작성한 뒤에는 **[교사에게 보내기]**를 눌러 제출하도록 하면 이에 대해 선생님께서 직접 피드백을 주실 수도 있습니다.

다음으로 모둠별로 작성한 신문 기사를 모아 **학급 신문**으로 만들기 위해 '**신문 템플릿**'을 만들어 보겠습니다. 캔바 **홈 화면** 검색창에서 '**신문**'을 검색합니다. 여러 템플릿 중에서 '**우리 반 소식**' 템플릿을 선택합니다. '우리 반 소식' 템플릿 대신에 원하는 학급 신문 디자인을 자유롭게 선택해 활용할 수 있습니다.

그림 6-36. 신문 템플릿 검색하기

이제 우리 반 학급 신문에 알맞게 템플릿의 내용을 편집합니다. 신문의 제목과 학교명, 날짜 등을 수정하여 입력합니다. 우리 반에서 선정한 5대 사건을 참고하여 템플릿을 수정하면 좋습니다.

그림 6-37. 우리 반 학급 신문에 알맞게 템플릿 편집하기

학급 신문 템플릿을 편집할 때 학급 로고나 캐릭터 이미지 파일이 있다면 불러와 삽입할 수 있습니다.

그림 6-38. 학급 로고나 캐릭터 삽입하기

❶ 사이드 패널에서 **[업로드 항목]**을 선택합니다.

❷ **[파일 업로드]**를 클릭하고 원하는 이미지를 불러옵니다.

❸ 불러온 **이미지**를 선택합니다.

❹ 이미지를 학급 신문 디자인에 **삽입**합니다.

마지막으로 학생들이 직접 기사를 입력하고 꾸밀 수 있도록 학급 신문 템플릿을 학생들에게 공유합니다. **[공유]**에서 '편집 가능'을 선택하고 **[링크 복사]** 버튼을 눌러 학생들에게 공유하고 모둠별로 접속하여 기사를 입력하도록 안내하면 됩니다. 이와 같이 캔바를 통해 협동 학급 신문을 만들면 학생들은 돕고 소통하며 즐겁게 활동할 수 있고 부족한 부분은 교사의 피드백으로 다듬어 나가면서 쉽고 재미있게 우리 반 학급 신문을 만들 수 있습니다.

7 영어 수업 활용하기

이번 장에서는 캔바의 다양한 기능을 활용하여 영어 과목 수업을 한층 풍부하게 만들어 줄 세 가지 아이디어와 따라해 볼 수 있는 실습 방법을 소개합니다.

첫째, **영어 사전 제작하기**
: 학생들이 직접 단어와 의미를 정리하고 꾸미며 영어 학습에 참여할 수 있습니다.
둘째, **번역 기능을 활용한 발표 자료 만들기**
: 쉽게 접근할 수 있는 번역 툴을 통해 영어 발표 자료를 제작하는 방법을 배웁니다.
셋째, **이미지 생성 기능을 활용한 영어 퀴즈 만들기**
: AI 기반 이미지 생성 기능으로 창의적인 퀴즈 자료를 만들어 봅니다.

이번 장의 목표는 단순히 도구를 사용하는 법을 배우는 것을 넘어, 영어를 처음 배우는 학생부터 이미 잘하는 학생까지 모두가 참여하고 즐길 수 있는 자료를 제작하고, 학생들이 능동적으로 학습에 참여할 수 있도록 하는 창의적인 아이디어를 제시하는 데 있습니다. 독자 여러분께서 이 시간을 통해 캔바와 함께하는 영어 수업의 새로운 가능성을 발견하시기를 바랍니다.

가. 멀티미디어 영어 사전 제작하기

1) 목표

이 실습에서는 캔바의 플래시 카드 기능과 다양한 디자인 도구를 활용해 '멀티미디어 영어 사전'을 제작합니다. 단어, 발음 기호, 뜻, 예문, 이미지, 음성을 포함한 멀티미디어 영어 사전을 만들어 봅시다.

2) 단계별 실습

01   1단계: 새로운 디자인 만들기

캔바 홈 화면에서 **[디자인 만들기]** 버튼을 클릭하고, 메뉴에서 **[플래시 카드]**를 선택합니다.

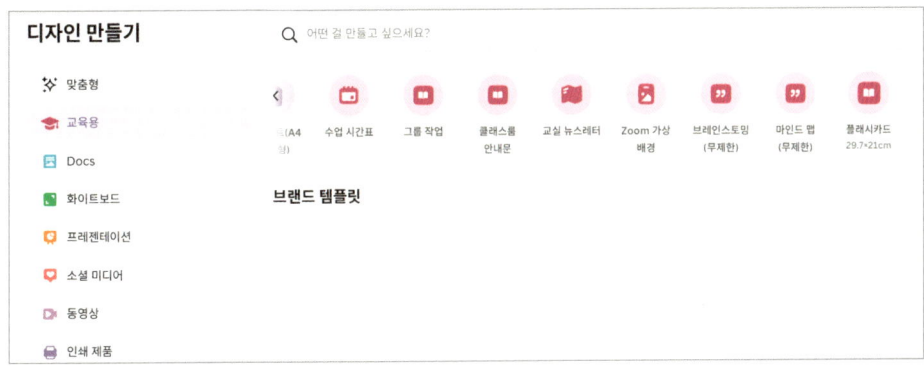

그림 7-1. 플래시 카드 선택하기

※**참고**: 플래시 카드의 기본 설정은 A4 가로 모양입니다.

02   2단계: 배경 설정하기

빈 화면을 클릭하여 에디터 창을 활성화하고, 상단의 에디터 툴바에서 **[배경색 변경]** 버튼(무지개 모양)을 클릭합니다. 원하는 **배경색**을 선택합니다.

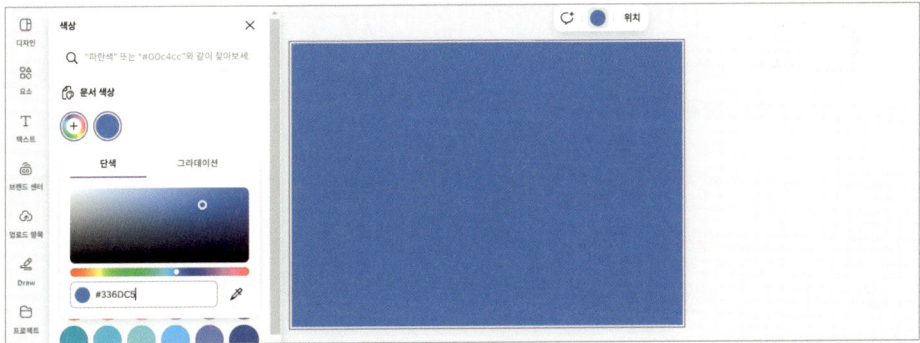

그림 7-2. 배경색 선택하기(예: 어두운 파란색)

7. 영어 수업 활용하기

03   3단계: 사전 요소 추가하기

왼쪽 사이드 패널에서 [요소] 버튼을 클릭하고, 검색창에 '책' 또는 '노트'를 입력해 적절한 요소를 선택합니다.

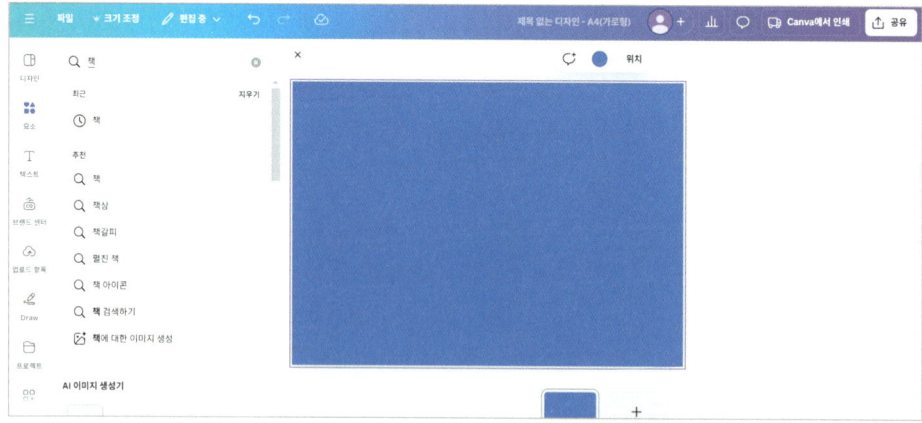

그림 7-3. 요소 검색하기

선택한 요소를 캔바 작업 창에 삽입합니다.

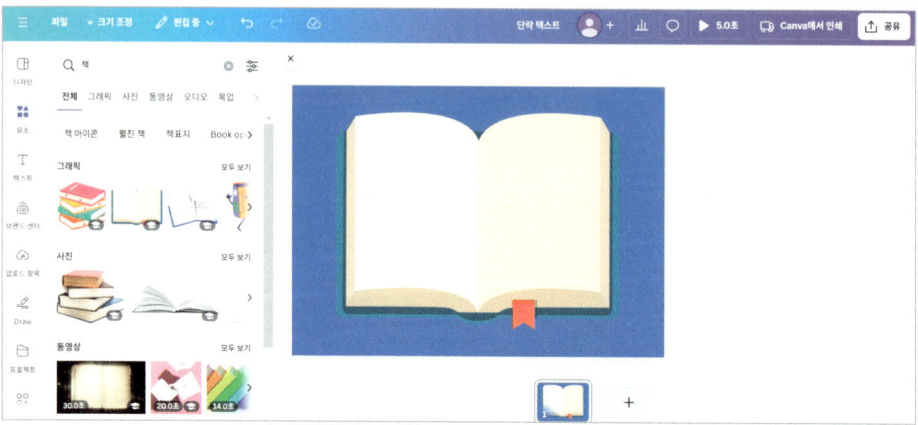

그림 7-4. 요소 삽입하기

[요소]를 클릭하여 **정렬 도구**(위치 → 페이지에 맞춤 → 수평 가운데, 수직 가운데)를 이용해 위치와 크기를 조정한 후, 요소를 잠금 처리합니다([요소] 클릭 → 부분 잠금).

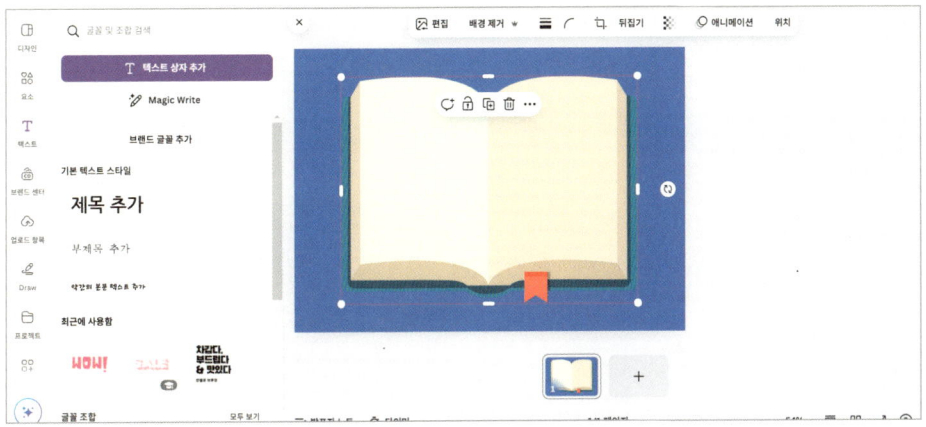

그림 7-5. 요소 잠금하기

04 4단계: 영어 단어와 발음 기호 삽입

왼쪽 사이드 패널에서 [텍스트] → [텍스트 추가] 버튼을 클릭하여, 텍스트 내용을 Apple로 변경합니다.

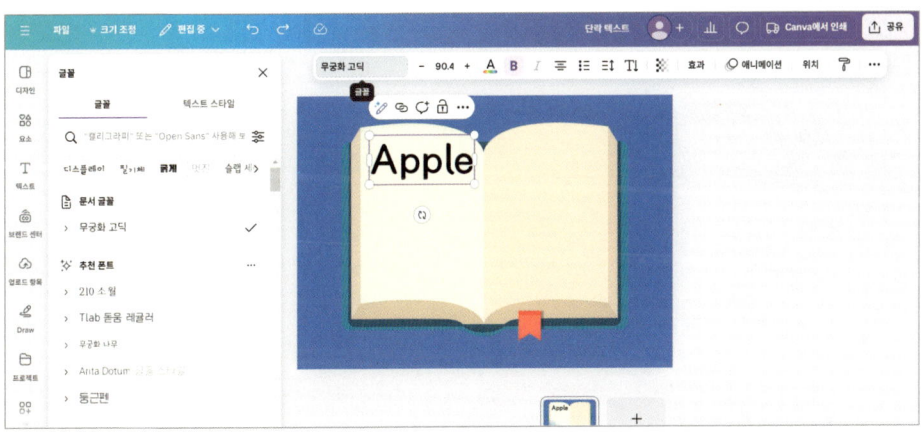

그림 7-6. 텍스트 내용 변경하기

텍스트를 선택해 설정 창을 활성화하고, [글꼴] 박스를 눌러 원하는 글꼴과 글씨의 크기, 색상을 조정한 후 적절한 위치에 배치합니다.

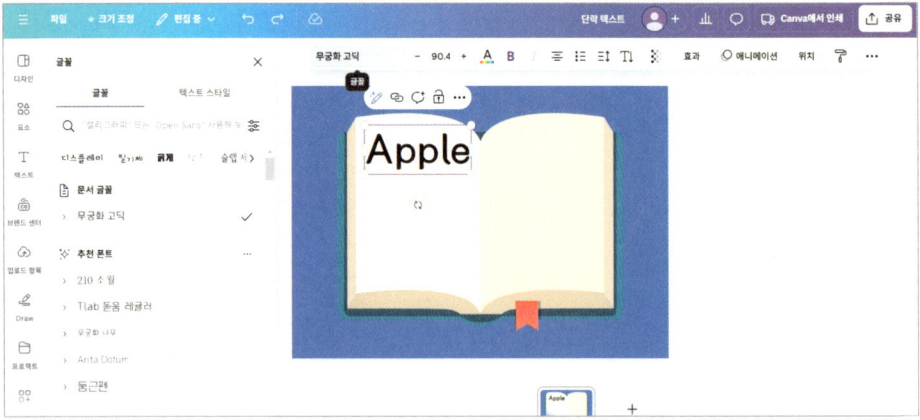

그림 7-7. 텍스트 글꼴 바꾸기

인터넷 사전에서 단어의 발음 기호를 검색해 **복사(Ctrl+C)**합니다(예: /ˈæpel/)

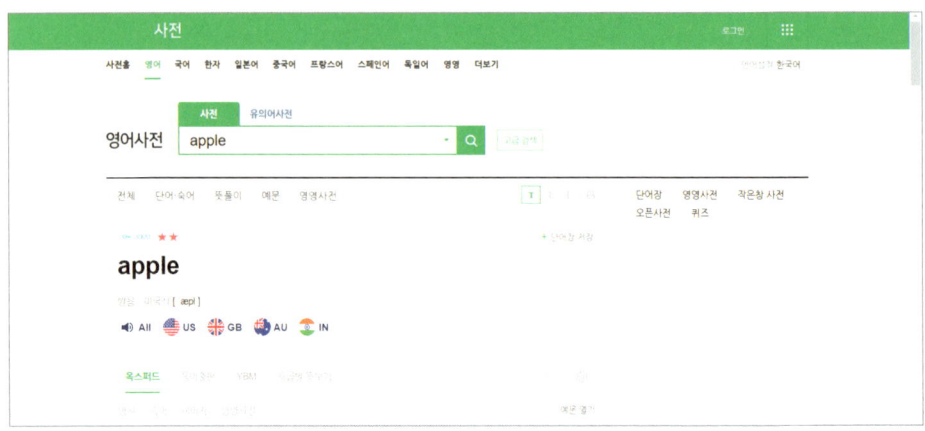

그림 7-8. 발음 기호 검색하기

이제 캔바 작업 창으로 돌아와 **[텍스트 상자]**를 클릭하여, 텍스트 상자에 발음 기호를 붙여 넣습니다. 텍스트의 **글꼴, 크기, 색상**을 조정한 후 적절한 위치에 배치합니다.

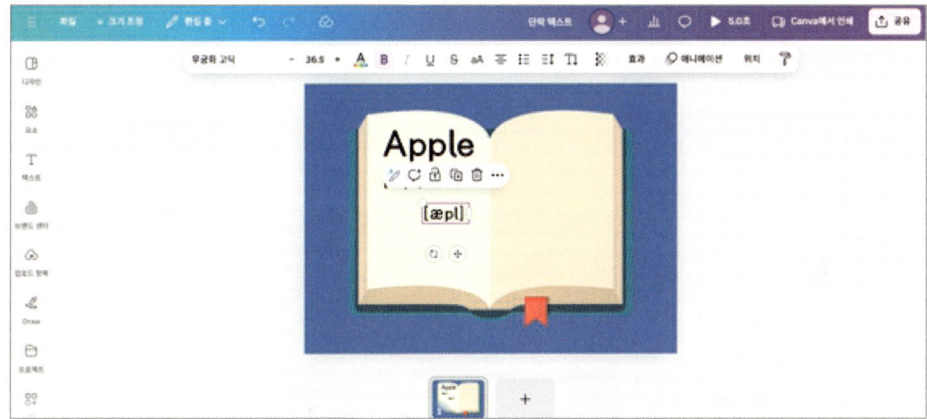

그림 7-9. 발음 기호 수정하기

05 5단계: 단어의 뜻과 예문 추가

왼쪽 사이드 패널에서 [텍스트] - [텍스트 추가] 버튼을 클릭합니다.

※ **방법**: Alt 키를 누른 채 요소를 드래그하거나 Ctrl+C, Ctrl+V를 사용합니다.

텍스트를 추가해 단어의 뜻을 입력합니다(예: 1) 사과).

텍스트를 추가해 예문을 입력합니다(예: An apple is on the table).

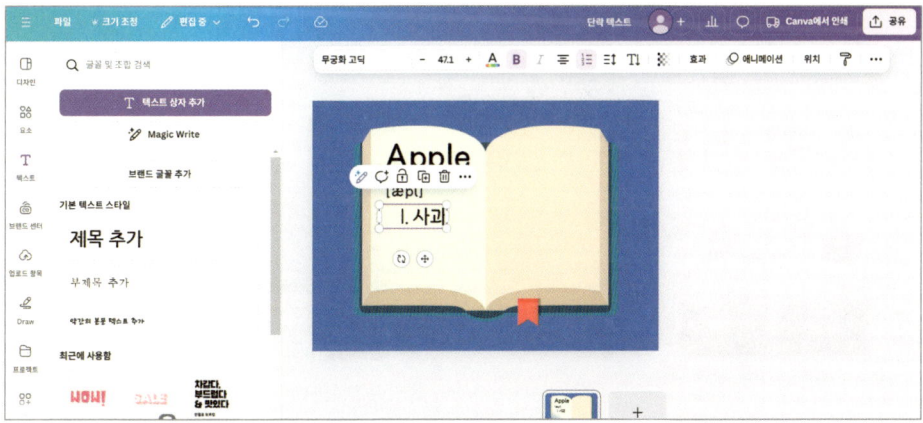

그림 7-10. 뜻 입력하기

7. 영어 수업 활용하기

텍스트 색상을 변경해 디자인에 변화를 줍니다(텍스트 상자를 클릭 → 상단의 [텍스트 색상] 버튼 클릭 → 색상 선택).

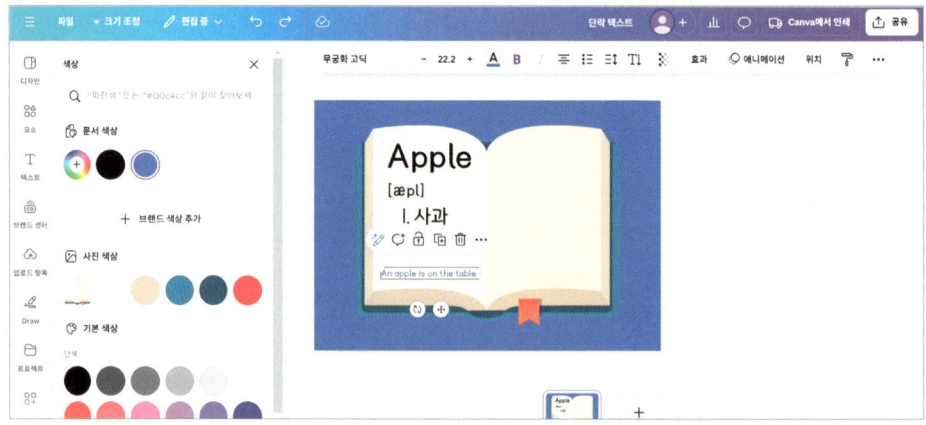

그림 7-11. 예문 입력하기

06 6단계: 이미지 삽입하기

왼쪽 사이드 패널에서 [요소] 버튼을 클릭하고 '사과'를 검색합니다. 원하는 사과 이미지를 선택해 작업 창에 삽입하고, 적절한 크기로 조정한 후, 위치를 배치합니다.

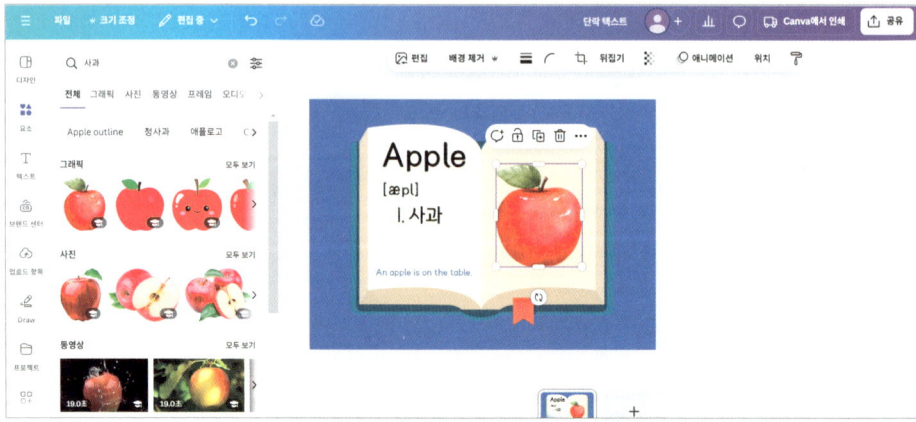

그림 7-12. 사과 요소 입력하기

07 7단계: 음성 삽입하기

왼쪽 사이드 패널에서 [앱] 버튼을 클릭하고, 검색창에 'Voice Studio'를 입력해 앱을 추가합니다.

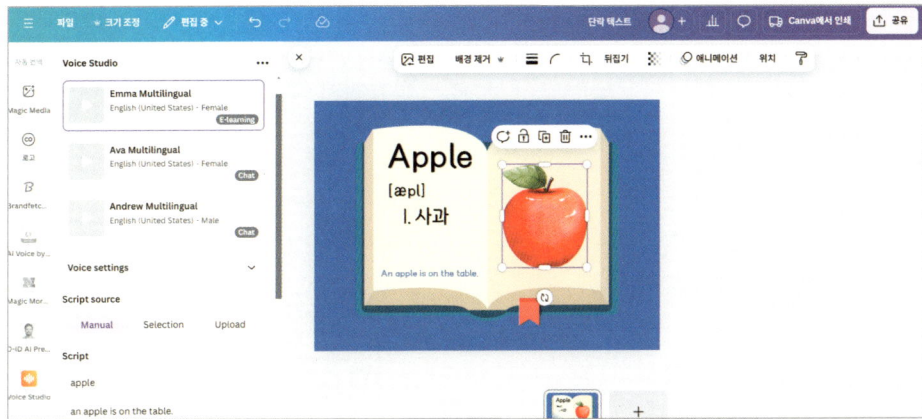

그림 7-13. 음성 선택하기

Voice Studio 창에서 텍스트를 입력합니다(예: Apple, An apple is on the table).

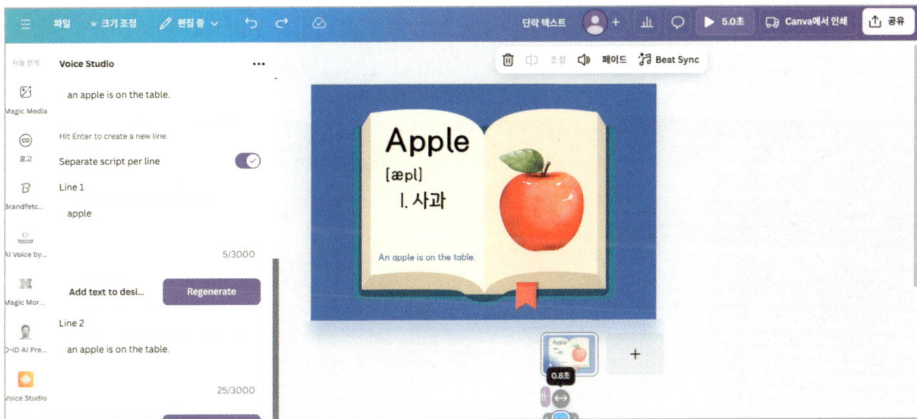

그림 7-14. 음성 삽입하기

[Separate script per line] 버튼을 눌러 두 개의 음성을 만들고, [Generate Voice] 버튼을 클릭해 음성을 생성합니다.

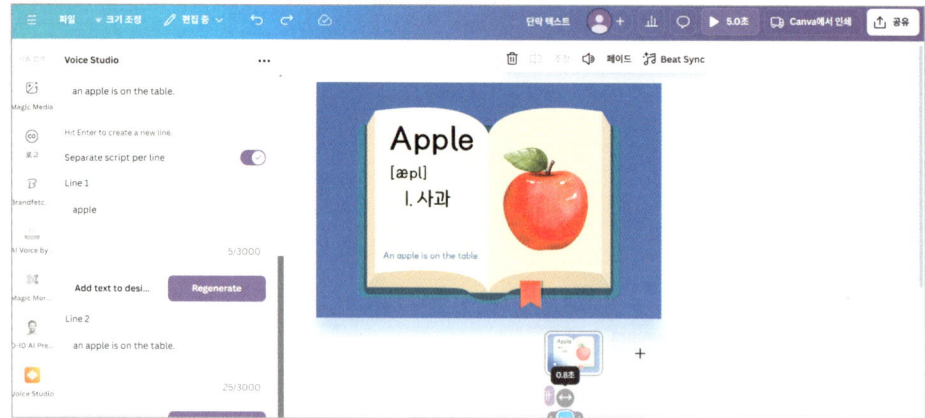

그림 7-15. 삽입 음성 확인하기

생성된 음성을 아래 네비게이션 바에서 드래그해 위치를 조정합니다.

08 8단계: 완성된 사전 확인하기

우측 상단의 [재생] 버튼을 클릭해 완성된 영어 사전을 미리 확인합니다.

그림 7-16. 사전 재생하기

만족스럽게 완성되었다면, 우측 상단 **[공유] - [다운로드]** 버튼을 클릭해 파일을 저장합니다.

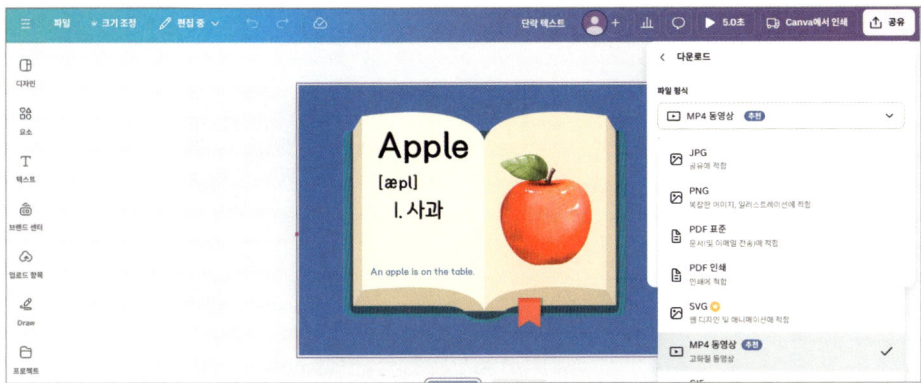

그림 7-17. 완성 작품 내보내기

※ **추천 형식**: PDF(음성 미포함 문서 파일) 또는 MP4(음성 포함 영상 파일).

Tip.
- 다양한 템플릿을 시도해 보고, 본인만의 스타일로 디자인을 꾸며보세요.
- 다른 단어를 추가해 단어장을 확장할 수도 있습니다.
- 완성된 파일은 인쇄하거나, 수업에서 디지털 자료로 활용할 수 있습니다.

나. 번역 기능을 활용한 발표 자료 만들기

1) 목표

캔바의 번역 기능을 활용하여 한국어로 작성된 발표 자료를 영어로 변환합니다. 이 실습에서는 발표 자료의 전체 페이지를 번역하는 과정을 통해 번역 기능의 활용법을 익힙니다.

※ **참고** : 기존의 발표 자료를 활용해 실습을 진행해 보세요.

2) 단계별 실습

01 1단계: 발표 자료 불러오기

캔바 홈 화면에서 발표 자료를 열어주세요.

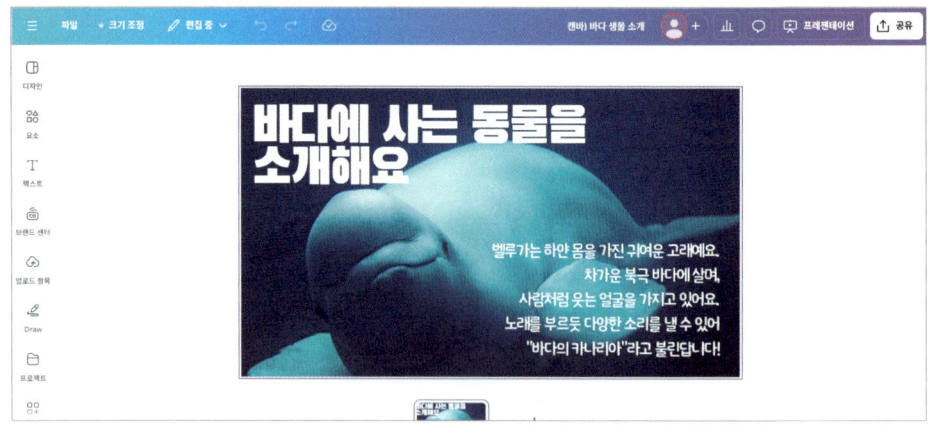

그림 7-18. 발표 자료 열어보기

※ **참고**
- 간단한 이미지와 텍스트가 포함된 슬라이드 자료를 준비하는 것을 추천합니다.
- 별도로 자료를 준비하지 않았다면, 캔바의 프레젠테이션 템플릿을 활용해 간단히 제작할 수 있습니다.

02 2단계: 번역 기능 활성화하기

작업 화면의 왼쪽 사이드 패널 하단에서 **[앱]** 버튼을 클릭합니다. 검색창에 '번역'을 입력한 후 [자동 번역] 앱을 선택합니다.

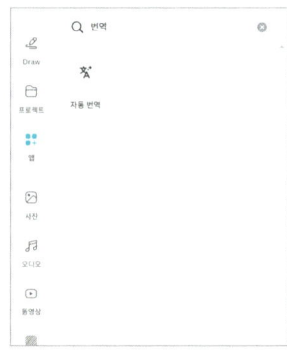

그림 7-19. 자동 번역 앱 확인하기

03 3단계: 번역 설정하기

번역 패널에서 출발어와 도착어를 설정합니다.
- 출발어: 현재 텍스트의 언어(예: 한국어).
- 도착어: 번역하고자 하는 언어(예: 영어).

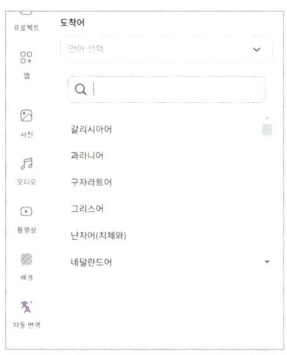

그림 7-20. 자동 번역 언어 설정하기

발표 자료의 성격에 맞는 어조를 선택합니다(예: 친근한, 전문적인, 창의적인 등). 이번 실습에서는 과학 주제의 발표 자료를 사용하므로, '친근한' 어조를 선택합니다.

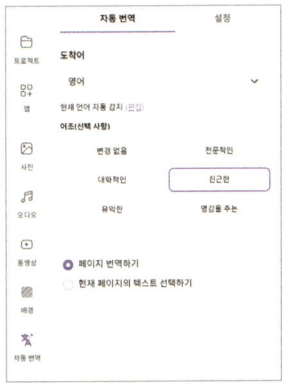

그림 7-21. 번역 어조 선택하기

04 4단계: 번역 실행

번역 방식을 선택합니다. 이번 예제에서는 '친근한' 어조를 선택하겠습니다. 이번 실습에서는 '페이지 번역하기'를 선택합니다.

- 페이지 번역하기: 자료에 포함된 모든 텍스트를 한 번에 번역.
- 현재 페이지의 텍스트 선택하기: 특정 텍스트를 선택하여 번역.

그림 7-22. 번역 실행하기

7. 영어 수업 활용하기   185

05 5단계: 텍스트 정리

번역이 완료된 후, 번역된 텍스트의 줄 정렬을 확인합니다. 글자가 겹치거나 어색한 부분이 있으면 위치와 크기를 조정하세요. 필요하면 텍스트 상자를 개별적으로 수정합니다.

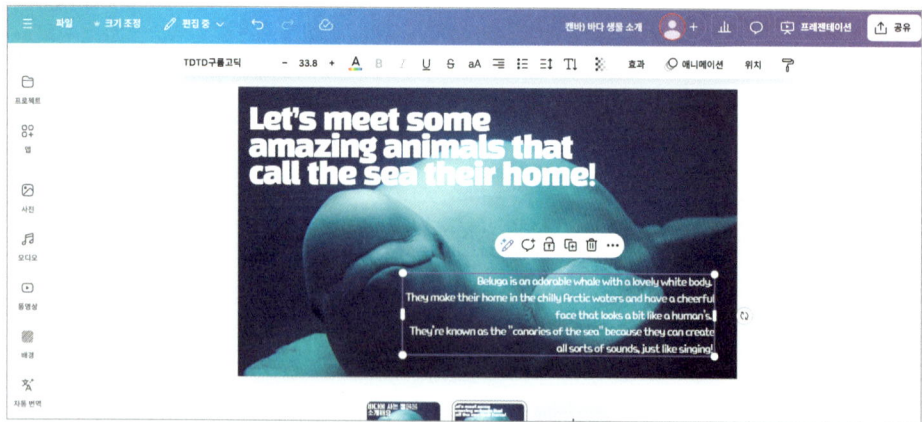

그림 7-23. 텍스트 정리하기

06 6단계: 번역 자료 활용

번역된 자료를 다시 한번 검토합니다. 발표 자료를 PDF 또는 슬라이드 형식으로 저장하여 활용합니다.

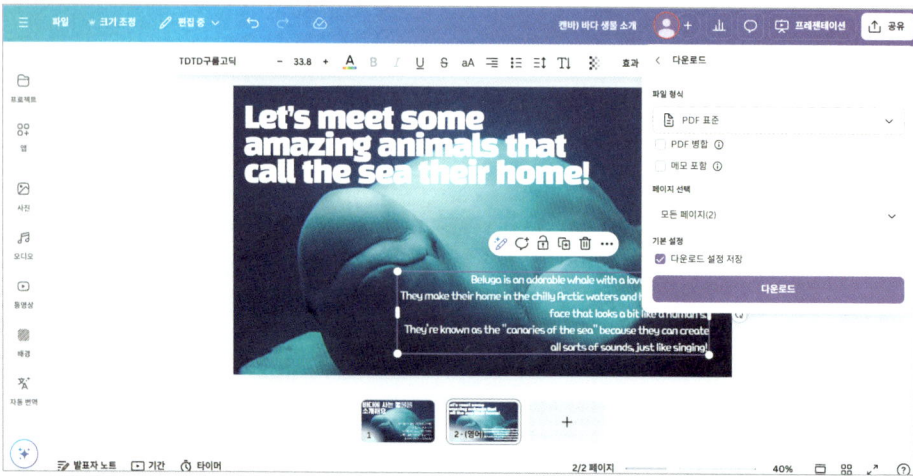

그림 7-24. PDF로 저장하기

Tip.
- 번역 기능은 영어뿐만 아니라 다양한 언어를 지원합니다. 다른 외국어 수업에서도 이 기능을 활용해 여러 언어로 된 학습 자료를 제작할 수 있습니다.
- 필요에 따라 부분 번역과 전체 번역을 병행해 효율적으로 작업하세요.

다. 이미지 생성 기능으로 퀴즈 만들기

1) 목표

캔바의 이미지 생성 기능과 텍스트 도구를 활용해 영어 퀴즈 자료를 제작합니다. 이번 실습에서는 AI 이미지 생성 기능(매직 미디어)을 사용해 그림 문제와 정답 페이지를 완성합니다.

2) 단계별 실습

01 1단계: 프레젠테이션 디자인 만들기

캔바 홈 화면에서 [디자인 만들기] - [프레젠테이션]을 선택합니다.

그림 7-25. 프레젠테이션 만들기

빈 화면을 클릭하여 에디터 창을 활성화합니다.
상단의 에디터 툴바에서 배경색을 설정합니다.

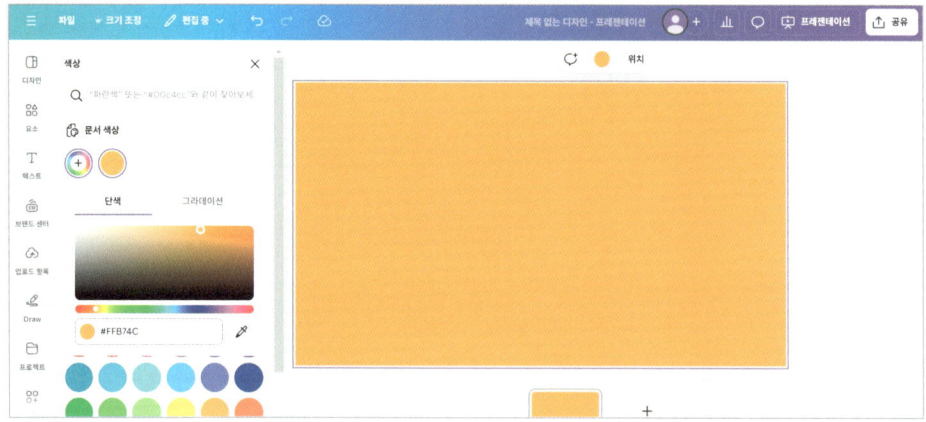

그림 7-26. 배경색 설정하기(예: 밝은 주황색)

02 2단계: 문제 텍스트 작성하기

좌측 사이드 패널에서 [텍스트] - [텍스트 상자 추가]를 클릭하여, 문제 문장을 입력합니다(예: What is this boy doing?). 입력 후 텍스트의 폰트와 크기를 조정합니다. 두꺼운 폰트를 사용하여 질문을 강조합니다.

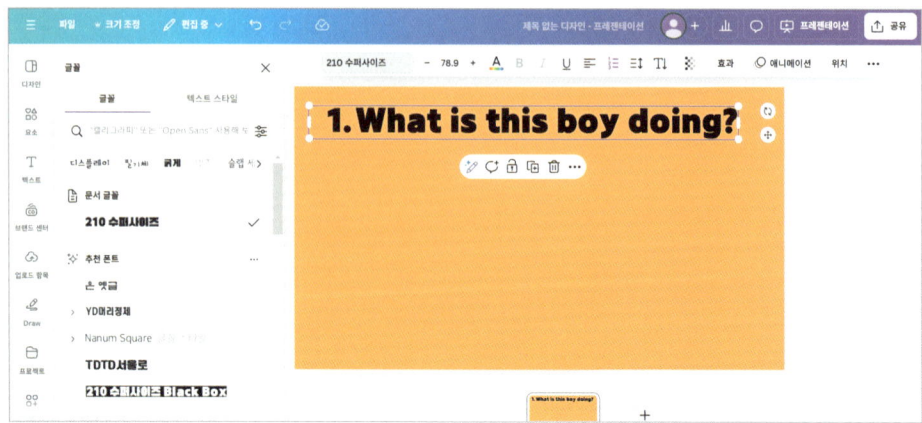

그림 7-27. 문제 입력하기

아래쪽에 3지 선다형 답안을 작성합니다.

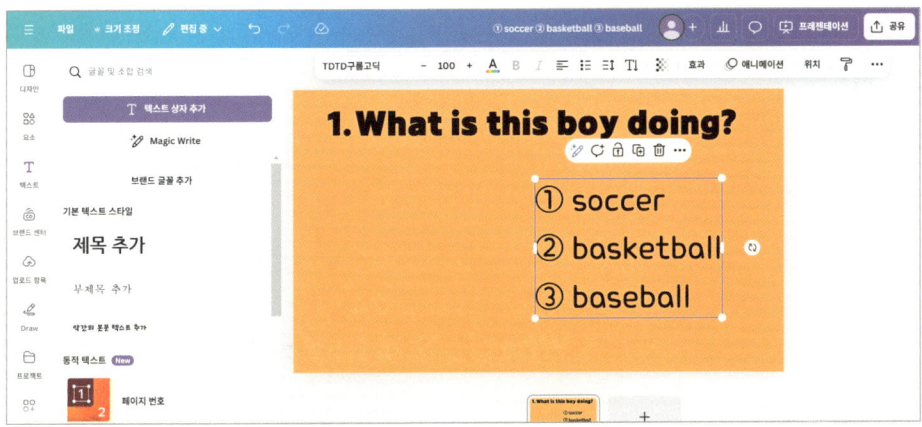

그림 7-28. 선택 답안 작성하기

좌측 사이드 패널에서 '텍스트'를 추가하고 아래와 같이 항목을 입력합니다

(예: ① Soccer, ② Basketball, ③ Baseball).

※참고

- 숫자 앞에 원 기호(①, ②, ③)를 삽입하려면 윈도우: 한글 '이응+한자'를 누릅니다.

모든 답안을 선택한 후, 폰트와 크기를 일괄적으로 조정하고, 정렬 도구를 사용해 텍스트를 정리합니다.

- 에디터 툴바 – [위치] – [정렬] – 왼쪽 정렬 선택.
- 에디터 툴바 – [위치] – [정렬] – 고르게 띄우기(수직으로).

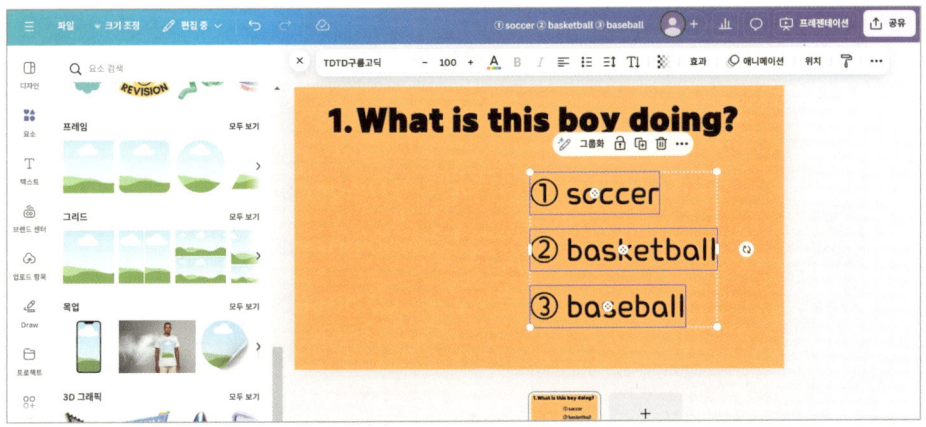

그림 7-29. 정렬 확인하기

03 3단계: 이미지 삽입을 위한 프레임 만들기

좌측 사이드 패널에서 [요소] - [프레임]을 클릭합니다.

※ **참고**: 프레임을 찾기 힘들면, 스크롤을 아래로 내려 찾아봅니다.

원하는 프레임 모양을 선택하고 작업 창에 삽입합니다. 프레임의 크기와 위치를 조정해 문제와 조화롭게 배치합니다.

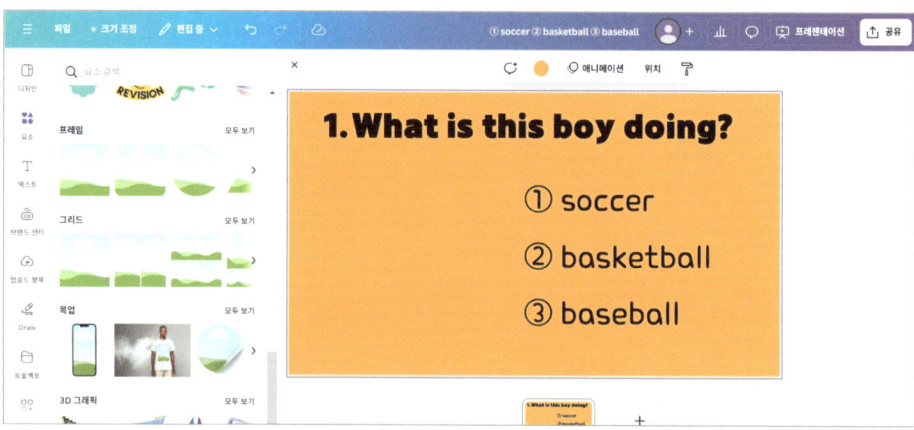

그림 7-30. 프레임 삽입하고 정렬하기

04 4단계: 이미지 생성하기 (매직 미디어)

왼쪽 사이드 패널에서 [매직 미디어] 버튼을 클릭합니다.

프롬프트 입력: 생성할 이미지를 설명하는 간단한 문장을 입력합니다(예: 축구를 하고 있는 한 아이). 입력 후 원하는 그림 스타일을 선택합니다(예: 수채화, 만화, 현실적 등).

그림 7-31. 이미지 생성 스타일 선택하기

가로세로 비율을 설정한 후 [이미지 생성] 버튼을 클릭합니다. 생성된 네 개의 이미지 중 하나를 선택합니다.

그림 7-32. 이미지 생성 확인하기

※ **주의**: 생성된 이미지에서 디테일(손가락, 얼굴 등)을 꼭 확인하세요. 원하는 이미지가 아니면 다시 생성하세요.

선택한 이미지를 프레임에 드래그 앤드 드롭하여 삽입합니다.

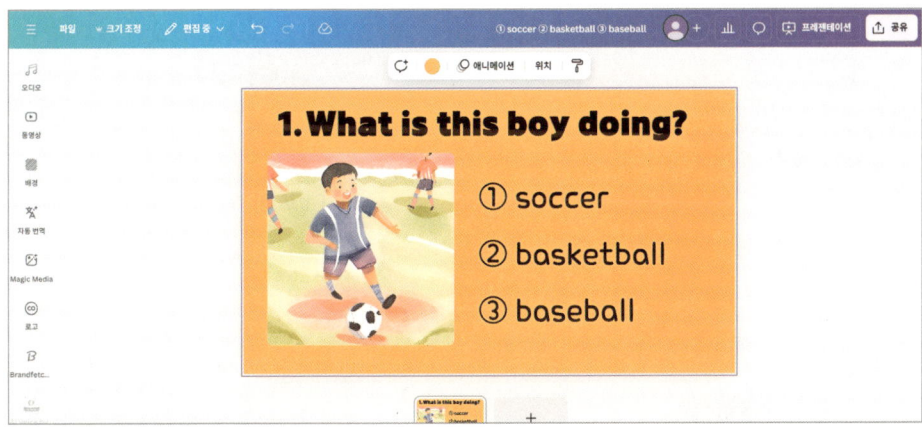

그림 7-33. 이미지 삽입하기

05 5단계: 정답 페이지 만들기

하단 내비게이션 바에서 문제 페이지를 선택합니다. 오른쪽 상단의 [더 보기(…)] - [페이지 복사]를 클릭해 동일한 페이지를 만듭니다.

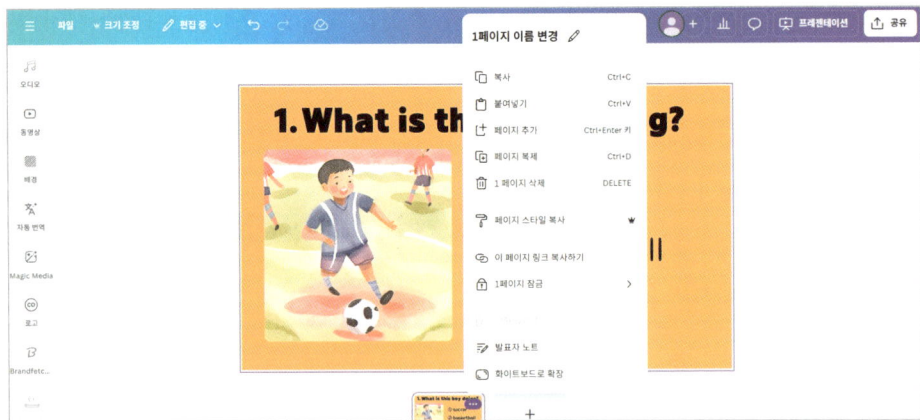

그림 7-34. 페이지 복사하기

복사된 페이지에 정답 표시를 추가합니다. 좌측 사이드 패널 - [요소] - '체크'를 검색합니다.

이제 적절한 체크 아이콘을 선택해 정답 항목 옆에 배치합니다.

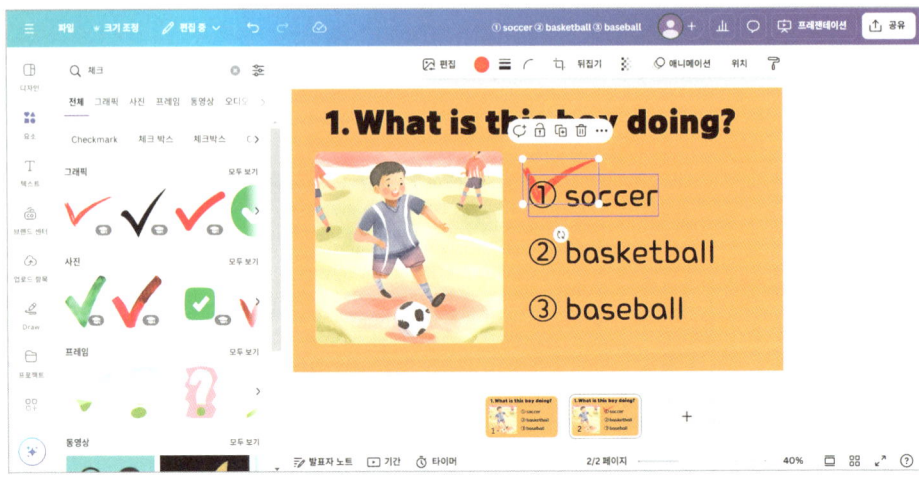

그림 7-35. 체크 요소 검색하고 배치하기(예: Soccer 옆에 체크 아이콘 배치).

06 6단계: 최종 검토 및 저장

문제와 정답 페이지를 확인합니다. 필요하면 텍스트와 이미지의 크기와 위치를 다시 조정합니다.

퀴즈 자료를 저장합니다.

그림 7-36. 퀴즈 자료 저장하기

※ **추천 형식**: PDF(프린트용) 또는 MP4(디지털 프레젠테이션용), JPG, PNG(이미지 파일).

Tip.
- AI 이미지 생성 기능은 다양한 그림 스타일을 지원하므로 다른 주제의 퀴즈에도 활용할 수 있습니다.
- 애니메이션 효과를 추가하여 더욱 재미있는 퀴즈 자료를 만들어 보세요.

8 수학 수업 활용하기

캔바를 활용한 수학 수업에서의 활용 중 가장 유용하게 활용할 수 있는 수업은 '디지털 통계 포스터 만들기'입니다. 학생들의 프로젝트 수업의 산출물로 널리 활용되고 있는 발표 포스터 제작에 있어 각종 **데이터**를 **차트**로 **시각화**하여 쉽게 **표현**할 수 있도록 지원하는 캔바는 매우 효과적입니다.

특히 수학 교과임에도 산출물의 외적 모양에 의해 평가 결과가 달라질 수 있어 미술 역량에 따라 상대적으로 평가 절하되어 온 학생들이 데이터 리터러시와 문제해결력이라는 그 본질에 따라 평가받을 수 있다는 점에서 디지털 통계 포스터 만들기 활동을 많은 관심을 받고 있습니다. 통계청 통계교육원이 17개 시도교육청과 매년 5월 진행하는 '전국학생통계활용대회'에서도 손으로 그리는 통계 포스터가 아닌 디지털 통계 포스터가 널리 활용되고 있는데 그 제작 방법에 대해 소개하는 자료는 부족한 실정으로 이 장에서는 캔바를 활용한 수학 수업의 사례로 디지털 통계 포스터 만들기를 예제로 안내하고자 합니다.

※ 용어 설명: '디지털 통계 포스터'란?
- 문제 해결을 위해 자료를 수집하고 분석하고 시각화하는 과정을 컴퓨터 프로그램 및 애플리케이션을 활용하여 디지털로 진행한 통계 포스터로 다른 사람과 쉽게 공유할 수 있으며 훼손의 우려가 없다.

01 캔바에 로그인하고 홈 화면에서 **[디자인 만들기]**를 선택합니다.

02 디자인 만들기에서 크기는 **[포스터(세로형)]**을 선택합니다.

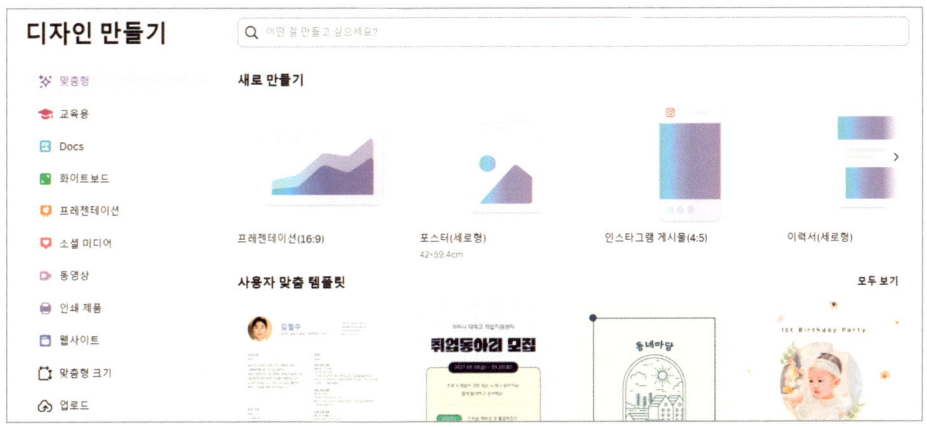
그림 8-1. 디자인 만들기 – 포스터(세로형)

 일반적으로 포스터 제작 및 인쇄 시에는 A1 사이즈를 통상적으로 활용합니다. 그러나 디지털로 제작하는 경우 프린트 시 용지만 A1으로 선택하면 되기 때문에 세로 형태면 모두 괜찮습니다. 즉, 학생들에게 일반적으로 친숙한 A4 세로형으로 작업해도 괜찮습니다.

03 좌측 메뉴 중 [디자인]을 클릭한 후 검색 바에서 '**포스터**'를 검색합니다.

그림 8-2. 디자인 – 포스터 검색하기

 '포스터'를 검색하거나 자신이 만들고 싶은 포스터와 관련된 특정 주제어(예시: 지

8. 수학 수업 활용하기   195

진)를 검색하여 템플릿을 살펴봅니다. 우리가 포스터를 제작할 때 아무것도 없는 빈 화면에서 시작할 때는 많은 시간이 소요되지만, 이미 어느 정도 디자인과 요소들이 들어 있는 상태에서 재배치하는 작업을 할 때는 시간이 생각보다 적게 소요됩니다. 따라서 다양한 템플릿이 있는 캔바는 디지털 통계 포스터 제작 수업에 최적임을 알 수 있습니다.

'템플릿'은 이미 만들어진 가이드 양식의 형식을 뜻합니다. 우리가 활용하기 쉽도록 미리 주제에 따라 디자인된 자료로 캔바의 디자인 템플릿 자료는 교육용으로 재가공하는 데 자유롭습니다.

04 우측 상단의 포스터 제목을 변경합니다.

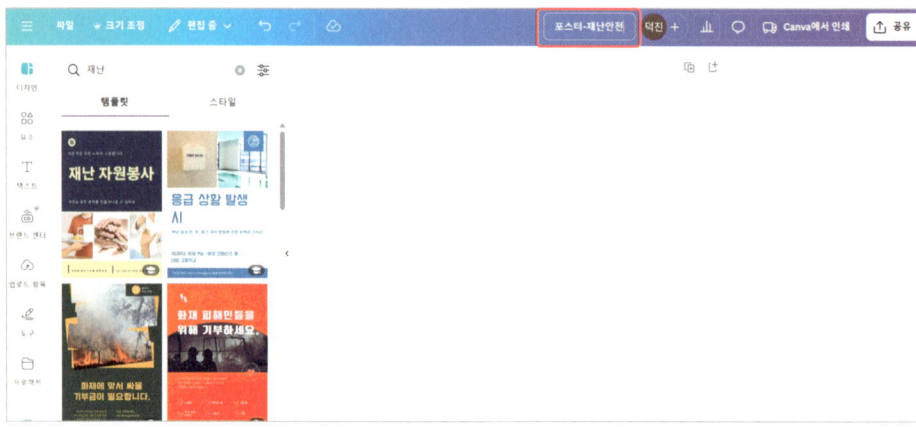

그림 8-3. 제목 변경하기

포스터 제작을 시작하기 전 우측 상단의 작업자 이름 프로필 아이콘 옆의 제목을 변경합니다. 이 포스터가 어떤 내용을 담고 있는지 나를 포함한 작업자들이 쉽게 이해할 수 있도록 명명해 줍니다.

05 임의의 디자인을 적용한 후 요소의 내용과 크기 등을 조정합니다.

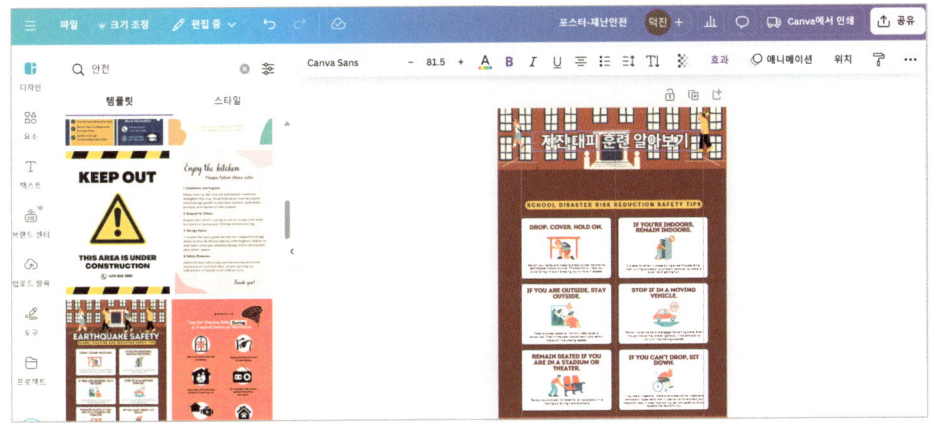

그림 8-4. 디자인 적용 및 요소 수정하기

임의의 템플릿을 선택하여 디자인을 적용합니다. 에디터 창에서 텍스트 수정 및 서식 적용을 하고 자유롭게 배치합니다. 작업을 하면서 필요 없는 요소는 삭제합니다.

06 발표 내용을 설명하는 데 필요한 이미지나 동영상이 있다면 [업로드 항목]을 통해 삽입합니다.

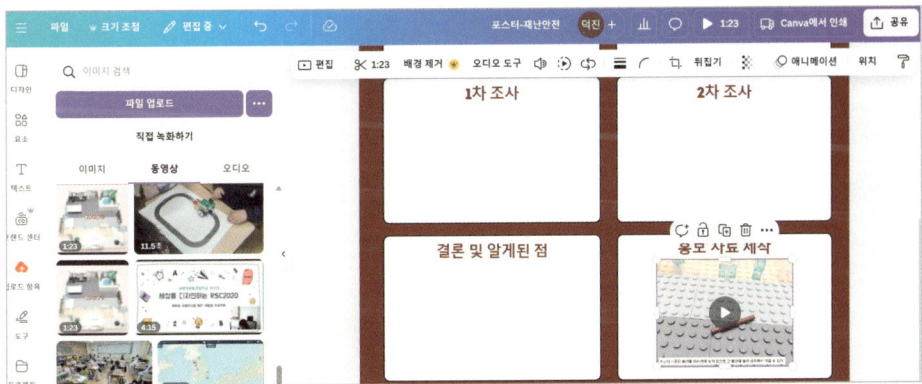

그림 8-5. 업로드 항목 - 내가 가지고 있는 자료 업로드하기

내가 발표할 내용과 관련해 미리 준비한 자료가 있으면 [업로드 항목]에서 [파일 업로드]를 통해 추가할 수 있습니다. 만약 캔바에 있는 다양한 요소들을 활용하고 싶으면 왼쪽 메뉴의 [요소]에 들어가서 적재적소에 필요한 이미지, 동영상 요소 등을 추가하여 시각적으로 다채롭게 보이도록 구성할 수 있습니다. 발표할 내용을 준비할

때 자료를 사용하는 이유는 한눈에 파악하기 쉽게 만들어 독자들의 이해를 돕는 데 있습니다. 따라서 발표 자료를 준비하면서 청자의 이해에 도움이 되는 다양한 요소를 적재적소에 다룰 수 있는 능력의 필요성을 학생들에게 함께 설명해 주면 수학과의 디지털 통계 포스터 제작과 국어과의 매체 활용 교육을 자연스럽게 연계할 수 있습니다.

그림 8-6. 요소 - 주제어 검색하여 삽입하기

내가 가지고 있는 자료가 없다면 캔바의 [요소] 메뉴에서 주제어를 검색해서 설명을 지원하는 자료를 넣어줍니다. 캔바의 [요소]는 다양한 라이브러리를 제공해주고 있어 별도의 웹 검색 등을 하지 않더라도 쉽게 나의 주장과 표현을 뒷받침해 줄 자료를 찾을 수 있다는 장점이 있습니다.

07 텍스트를 삽입합니다.

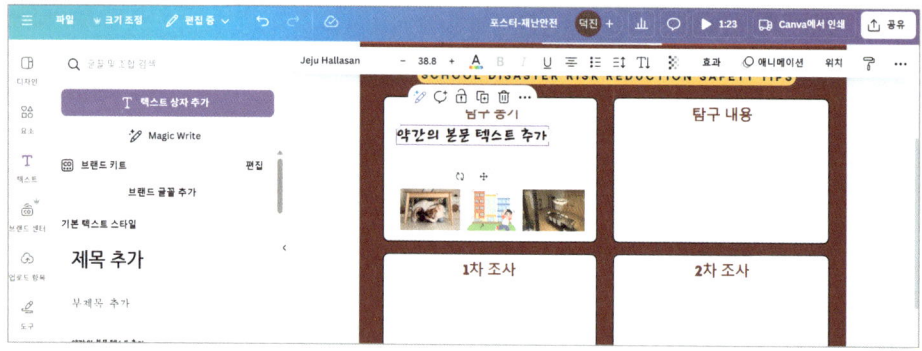

그림 8-7. 텍스트 삽입하기

왼쪽 메뉴바에서 텍스트에 들어간 후 '약간의 본문 텍스트 추가'를 선택하여 넣어줍니다. 내가 원하는 내용을 작성한 후, 글꼴과 글자 크기 등을 조정하고 서식을 지정해 줍니다. 그 후 적절한 장소에 배치합니다.

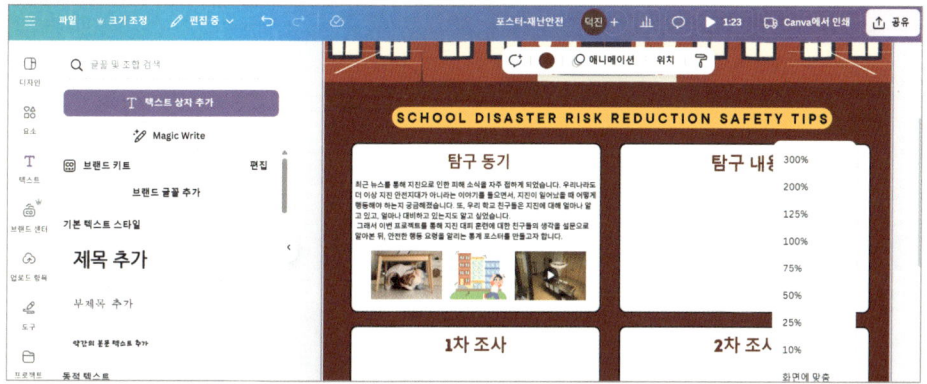

그림 8-8. 에디터 창 확대/축소

디지털 통계 포스터를 작업할 때는 각 영역에 대해 세부적인 작업이 필요하며, 동시에 전체적으로 하나의 완결된 형태로 산출물이 균형감을 갖추어야 합니다. 따라서 작업 진행 시 자료를 확대, 축소 하며 때로는 특정 영역에 들어가 작업하고 때로는 전체로 줌 아웃해서 살펴볼 필요가 있습니다.

각 부분에 대해 보다 정교한 작업이 필요할 시 아래쪽 가운데에 있는 **에디터 창 화면 비율 조절 스크롤 및 수치 입력 버튼**을 이용해 에디터 창을 확대하거나 축소할 수 있습니다.

08 'Alt + 드래그' 또는 '마우스 우클릭 - 복제'를 통해 텍스트를 복사합니다.

그림 8-9. 텍스트 복제

캔바에서는 키보드 'Alt' 키를 누른 채 요소를 드래그 앤드 드롭하면 요소를 쉽게 복제할 수 있습니다. 혹은 특정 요소에 마우스 우클릭을 한 후 '복제' 버튼을 클릭하거나 단축키 'Ctlr+D'를 누르면 해당 요소를 가져가서 사용할 수 있습니다. 특정 서식 및 양식이 반복적으로 사용되는 경우 복제를 통해 각각의 영역에 추가하도록 합니다.

09 '표' 또는 '차트' 삽입하기 - [요소]에서 '차트' 검색하기

그림 8-10. 차트 삽입하기

다음으로 디지털 통계 포스터의 핵심인 '표' 또는 '차트'를 삽입합니다. 캔바에서 표와 차트는 모두 [요소] 메뉴에서 찾아볼 수 있습니다. 기존에 검색한 기록이 있을 시 요소 유형(전체-차트-그래픽-사진-⋯) 등이 보이지 않기 때문에 검색 바에 '차트'를 검색해 줍니다. 그 후 가장 먼저 나오는 차트의 종류들에서 '모두 보기'를 클릭하여 이동합니다.

10 세로형 막대 차트(그래프)를 삽입합니다.

그림 8-11. 세로형 막대 차트 삽입하기

여기에서는 설문조사 결과를 입력하는 것을 가정하였기 때문에 각 항목별 크기를 쉽게 비교할 수 있는 세로형 막대차트(그래프)를 삽입해 보도록 하겠습니다.

막대 차트를 더블 클릭하면 차트의 데이터를 수정할 수 있습니다.

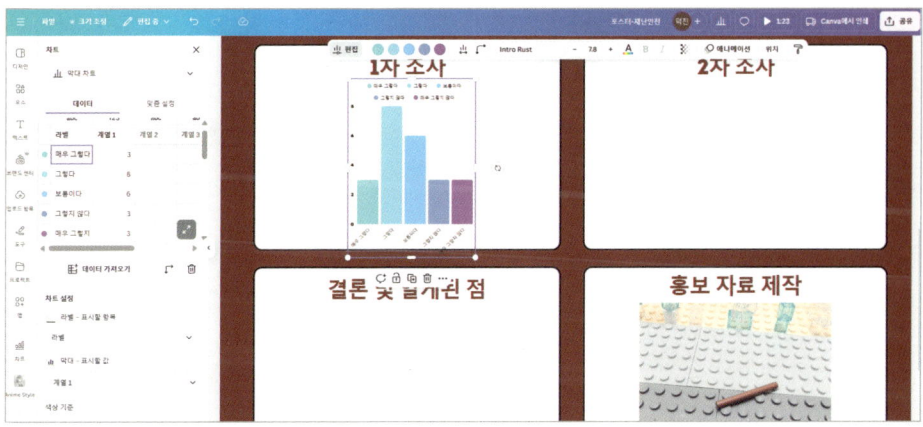

그림 8-12. 차트의 데이터 수정하기

라벨에 해당하는 곳에 항목값을 넣고, 계열에 해당하는 곳에 수치를 입력하면 자동으로 차트가 만들어집니다. 다만, 필요한 경우 데이터 입력 아래에 있는 [차트 설정]에서 라벨값과 수치 표시값, 색상 기준 등을 변경해 줄 수 있습니다. 여기에서는 5단계에 따라 응답한 것을 가정하고 '매우 그렇다' ~ '매우 그렇지 않다'로 항목을 지정하여 라벨에 넣고 그 수치를 계열 1에 임의로 각각 넣었습니다.

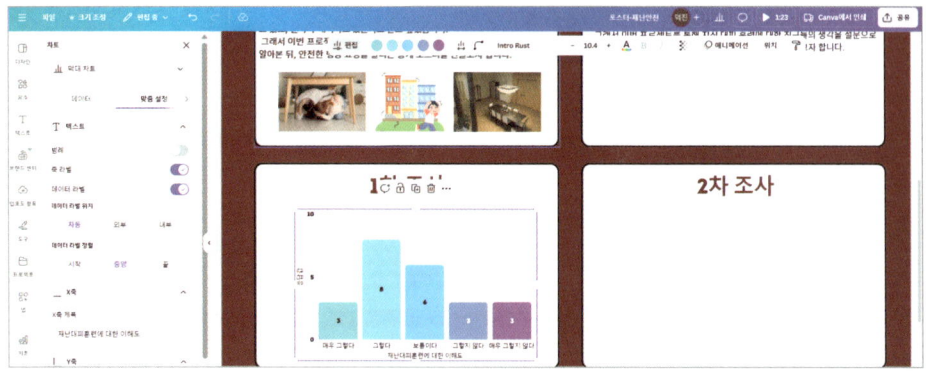

그림 8-13. 차트 맞춤 설정하기

데이터에 대한 정보 수정이 완료된 후 차트에 대한 맞춤 설정을 진행합니다. 범례와 축 라벨, 데이터 라벨 등에 대해 ON/OFF 토글을 통해 적용 여부를 선택할 수 있으며 데이터 라벨(응답한 숫자)의 위치와 정렬 방법도 지정해 줄 수 있습니다. 그 외 X축, Y축의 명칭을 적어 주거나 그 범위까지 맞춤 설정해 줄 수 있습니다.

다만, 캔바의 차트는 구글 스프레드시트를 비롯하여 차트를 만들 수 있는 다양한 도구에 비해 기능과 커스터마이징에 한계가 매우 많습니다. 가령 차트의 이름을 넣기 위해서는 별도의 텍스트를 삽입하여 위치를 조정한 후 개체를 묶어야 하거나 차트의 글꼴 및 서식을 개별적으로 적용하기 어려운 점 등이 있습니다. 따라서 일반적인 수학 수업에서는 기본 기능을 중심으로 캔바를 활용하고, 탐구 대회 등 전문성이 필요한 경우 스프레드시트나 통그라미 등 별도의 프로그램으로 차트를 만들어준 후 캔바 포스터에 별도로 삽입합니다.

11 지금까지 배운 내용을 바탕으로 나만의 디지털 포스터를 완성합니다.

지금까지 학습한 내용을 바탕으로 포스터를 제작하면 다음과 같은 작품을 만들 수 있습니다. 다음 두 작품은 과거 6학년 학생들이 수업 시간 중 실제로 작업한 것으로, 많은 시간을 들이지 않고 정규 수업 시간에 간단하게 제작한 작품입니다.

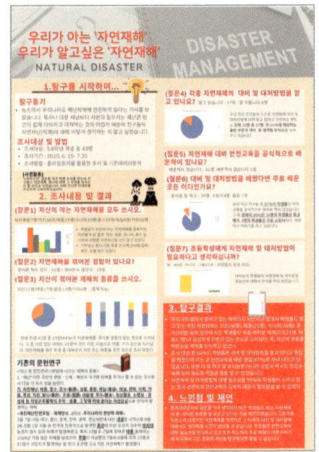
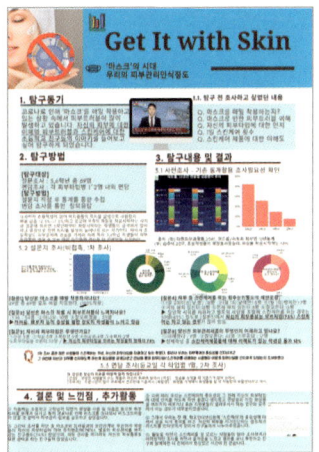

그림 8-14. 포스터 예시 1   그림 8-15. 포스터 예시 2

12 디지털 통계 포스터 공유하기 - 우측 상단의 [공유] 버튼을 클릭합니다.

그림 8-16. 공유 버튼 클릭 - 공개 보기 링크 클릭

지금까지 제작한 통계 포스터를 다른 사람과 공유해 보도록 하겠습니다. 우측 상단의 [공유하기] 버튼을 클릭하여 보라색 [링크 복사] 하단에 있는 **[공개 보기 링크]**를 선택합니다.

13 공개 보기 링크를 만듭니다.

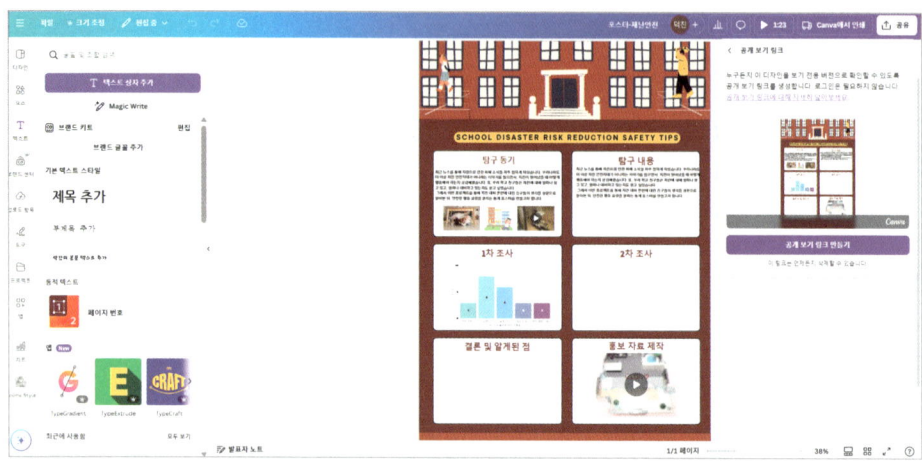
그림 8-17. 공개 보기 링크 만들기

캔바에서 나의 작품을 공유할 때 가장 추천하는 방법이 '공개 보기 링크'입니다. 이 방법을 추천하는 이유는 공개 보기 링크는 캔바 회원이 아니더라도 별도의 인증 조치 없이 작품에 접근할 수 있기 때문입니다. 또한, 자료를 공유하는 과정에서 실수로 편집자 권한을 제공하여 파일이 변조되거나 수정되는 등의 문제를 미연에 차단할 수 있기 때문에 작품을 공유할 때 가장 많이 활용되는 방식입니다.

14 생성된 공개 보기 링크를 [복사] 버튼을 눌러 복사한 후 공유합니다.

그림 8-18. 공개 보기 링크 복제하기

공개 보기 링크 URL을 타인에게 공유하면, 링크 주소를 가진 누구나 내 작품을 감상할 수 있습니다. 이미지를 다운로드하고 그 파일을 공유하는 방법도 있습니다. 둘 중 편한 방법으로 다른 사람과 작품을 공유해 봅시다.

지금까지 수학과에서 캔바를 활용할 수 있는 수업 사례 중 하나인 디지털 통계 포스터 만들기에 대해 알아보았습니다. 종이가 아닌 디지털로 만든 통계 포스터의 장점은 물리적으로 훼손되지 않고 자동 저장되어 보관되기 때문에 언제든 내가 원할 때 열람하거나 수정할 수 있으며, 다른 사람과 공유하고 나누는 데 물리적 공간의 제약이 없다는 점입니다. 또한 통계 포스터를 디지털로 만들 때 캔바가 최적의 도구인 이유는 이렇습니다. 캔바는 작업 시 클라우드에 자동저장되는 것은 물론, 수정 기록을 살펴볼 수 있어 특정 작업 지점으로 되돌아갈 수 있습니다. 특히 셀 수 없이 많은 무료 디자인 템플릿과 요소를 제공하고 있어 초등학생들도 내가 원하는 주제에 맞는 포스터를 쉽게 제작할 수 있습니다.

9 사회 수업 활용하기

가. 프로젝트 수업하기: 세계 여행 프로젝트 자료 만들기

1) 프로젝트 수업을 위한 준비

캔바의 다양한 디자인과 앱을 활용하여 사회 수업을 진행한다면 더 실제적이고 재미있는 수업을 만들 수 있습니다. 첫 번째는 **캔바를 활용하여 세계여행 프로젝트 자료 만들기**를 해보겠습니다. 우선, 프로젝트 수업이란 무엇인지 알아보겠습니다.

※ **프로젝트 수업이란?**
실생활 문제를 해결하기 위해 관련 정보를 수집하고 고차원적인 사고를 통해 자기 주도적으로 문제를 해결해 나가는 수업입니다. 전통적인 교사 위주의 강의식 수업이 아닌 학생 주도의 수업으로, 비구조화된 문제가 주어지기 때문에 하나의 정답만 존재하지 않고, 다양한 해결 방법을 학생들이 찾아나가는 수업입니다.

캔바로 세계 여행 프로젝트 수업을 떠나기 위한 사전 준비 과정으로, 수업 이전에 학생들에게 몇 가지를 과제로 안내할 수 있습니다.

〈세계 여행 프로젝트 수업을 떠나기 위한 사전 준비 과제〉
1. 세계 인사 송, 랜드마크 송, 수도 외우기 등의 영상을 시청하기
2. 발표 자료에 필요한 영상 URL 저장하기
3. 아시아, 아프리카, 아메리카, 오세아니아, 유럽 대륙의 정하기
4. 여러 국가 중 가고 싶은 나라 생각하기
5. 선정된 국가에 대한 사전 조사하기

2) 캔바로 사회 프로젝트 계획서 작성하기

　프로젝트의 첫 단계로 학생들은 모둠별로 프로젝트 계획서를 작성합니다. 이를 위해 교사는 사전에 제작된 계획서 디자인을 학생들에게 제공할 필요가 있습니다.

01　캔바에 로그인한 후 첫 페이지에서 **[프레젠테이션]**을 클릭하여 접속합니다.

02　좌측 탭에서 **[디자인]**을 클릭하고 '여행 계획서', '프로젝트 계획서' 등의 키워드를 검색합니다.

그림 9-1. 디자인 탭에서 '여행 계획서' 검색

03　원하는 디자인을 클릭하여 페이지를 추가 및 수정합니다.

　교사는 학생의 수준에 맞추어 프로젝트 계획서 틀을 작성합니다. 저는 계획서 내용으로 모둠원, 가고 싶은 나라, 조사할 사항, 사용할 기자재, 역할 분담, 기타 내용을 포함시켰습니다.

04 오른쪽 상단 [공유] - [엑세스 수준] - [링크가 있는 모든 사용자] - [링크 복사] 클릭하기

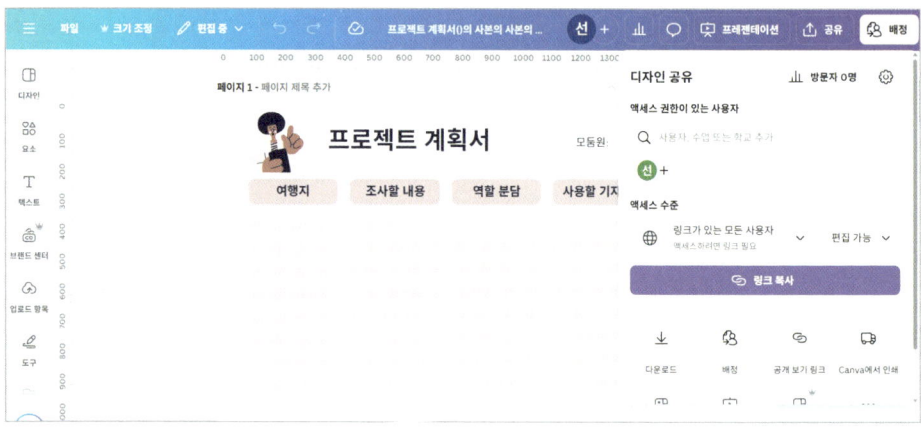

그림 9-2. 디자인을 협업 링크로 제공하기

　디자인한 계획서를 모둠별로 제공해 보겠습니다. 모둠 학생들이 함께 시간과 장소에 구애받지 않고, 캔바에서 프로젝트 자료를 제작하기 위해서는 협업 링크를 안내할 필요가 있습니다. 우측 상단의 **[공유] - [협업링크] - [링크가 있는 모든 사용자] - [링크 복사]**의 링크를 학생들에게 제공합니다. 이때, **권한을 '본인만 액세스 가능'을 클릭하면 다른 사람들은 수정할 수 없습니다.** 따라서 권한을 '링크가 있는 모든 사용자'로 바꾸고 [링크 복사]를 클릭합니다. 링크 복사를 통해 복사된 링크를 SNS나 구글 클래스룸, QR 코드로 해당 모둠에게 전송할 수 있습니다.

　※ **추천**: 여러 모둠에게 각각 협업 링크 제공하기
　여러 모둠에게 전송 시 홈 화면에서 **[더 보기(•••)] - [사본 만들기]**로 여러 개의 프로젝트를 생성합니다. 이후 프로젝트명을 변경할 수 있습니다. 모둠별로 각각 다른 창에서 협업 링크 생성 후 모둠별로 SNS나 구글 클래스룸 또는 QR코드로 각각의 모둠별로 링크를 전송할 수 있습니다.

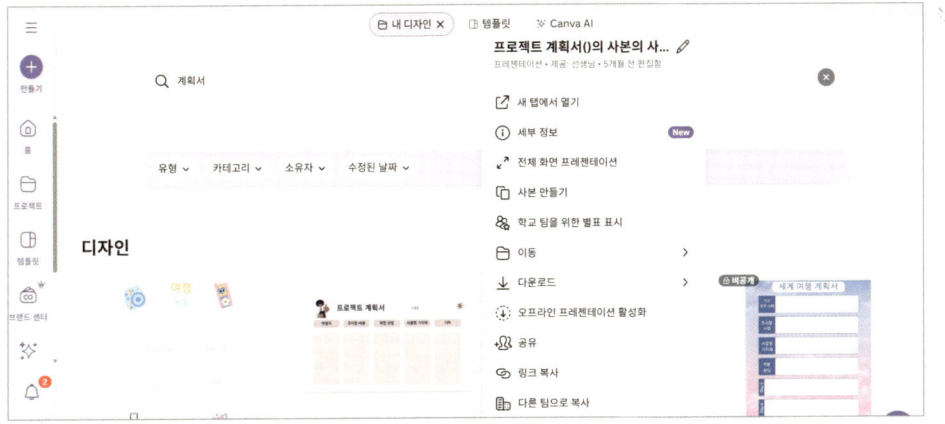

그림 9-3. 홈 화면에서 사본 만들기

3) 캔바로 프로젝트 발표 자료 만들기

학생들이 협업 링크를 통해 계획서를 모두 작성하였다면 본격적으로 프로젝트 발표 자료를 만들어 보겠습니다. 우선, 프로젝트 디자인을 선택하고 표지를 제작해 보겠습니다.

01 작업 창 하단의 **[페이지 추가(+)]** 버튼을 눌러 새로운 페이지를 추가합니다.

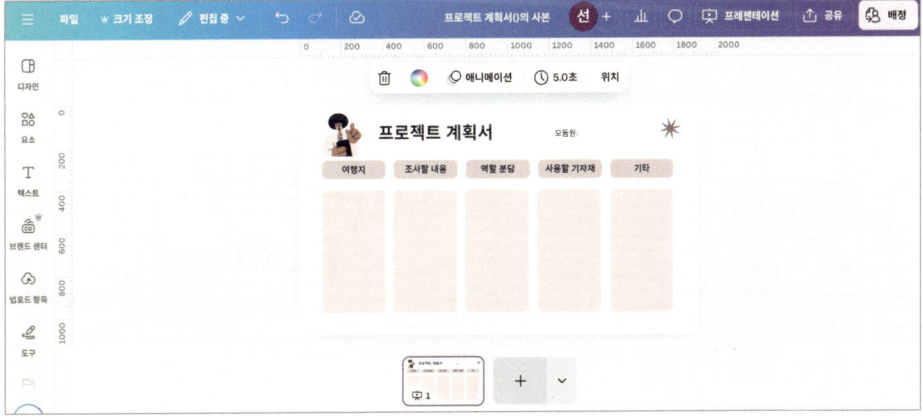

그림 9-4. 페이지 추가하기

02 좌측 메뉴바의 [디자인]을 클릭하여 '여행' 또는 '발표'를 검색하여 내가 원하는 디자인을 하나 선택하도록 하겠습니다.

그림 9-5. 디자인에서 '여행', '발표'의 키워드 검색하기

검색 결과에서 내가 원하는 디자인을 하나 선택하거나, 모든 [모든 O개 페이지에 적용]을 눌러 모든 디자인을 추가할 수 있습니다.

03 [요소]에서 검색하여 그래픽, 사진, 영상 등 추가하기

그림 9-6. 요소에서 '미국' 검색

각 그림과 글자는 자유도가 높기 때문에 본인이 원하는 방식으로 쉽게 수정할 수 있습니다. [요소]에서 '미국'을 검색해 미국의 다양한 그래픽, 사진, 동영상을 추가할

수 있습니다. **[텍스트] - [텍스트 추가]** 버튼을 눌러 글자를 추가하거나, 제공된 템플릿의 글자를 클릭 후 수정하여 원하는 제목을 입력할 수 있습니다. 이러한 방법으로 모둠에서는 친구들과 협업하며 프로젝트 표지를 꾸밀 수 있습니다.

4) 사회 프로젝트 수업을 위한 다양한 앱 활용하기

프로젝트 보고서를 좀 더 실감나게 제작하기 위해 다양한 [앱]을 활용해 보겠습니다. 캔바의 앱은 캔바에서 사용할 수 있는 소프트웨어이며, 이들 앱을 통해 디자인 작업을 보다 효율적으로 수행할 수 있습니다. 앱을 사용하려면 먼저 해당 앱에 가입해야 할 수도 있습니다. 캔바 홈페이지에서 앱을 찾는 방법은 크게 두 가지가 있습니다.

01 홈페이지의 왼쪽 사이드바에서 [앱]을 찾아 접속합니다.

02 작업 창의 왼쪽 편에서 [앱]을 클릭하고, '앱 검색' 창에 검색어를 입력합니다.

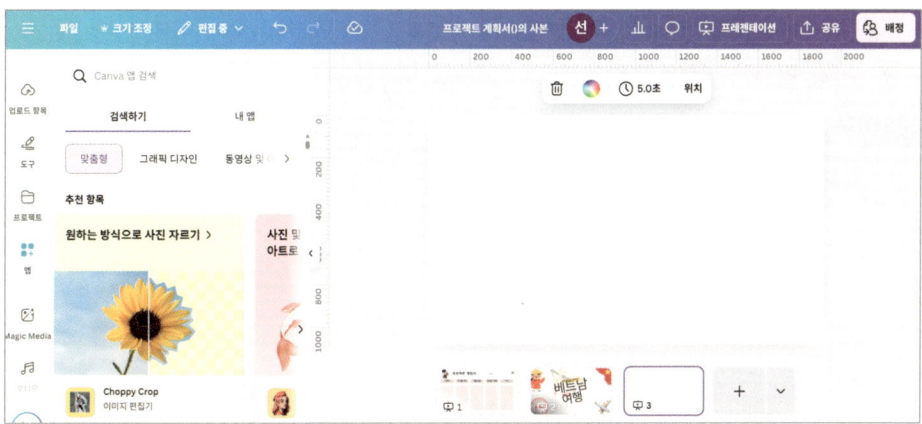

그림 9-7. 작업창에서 앱 접속하기

5) YOUTUBE 앱 활용하기

프로젝트 발표 자료에 **YOUTUBE** 영상을 추가해 보겠습니다. 따로 영상을 다운받거나 YOUTUBE 홈페이지에 접속하지 않고, 캔바에서 바로 추가할 수 있습니다.

01 [앱]에서 youtube를 입력하고 앱을 실행합니다.

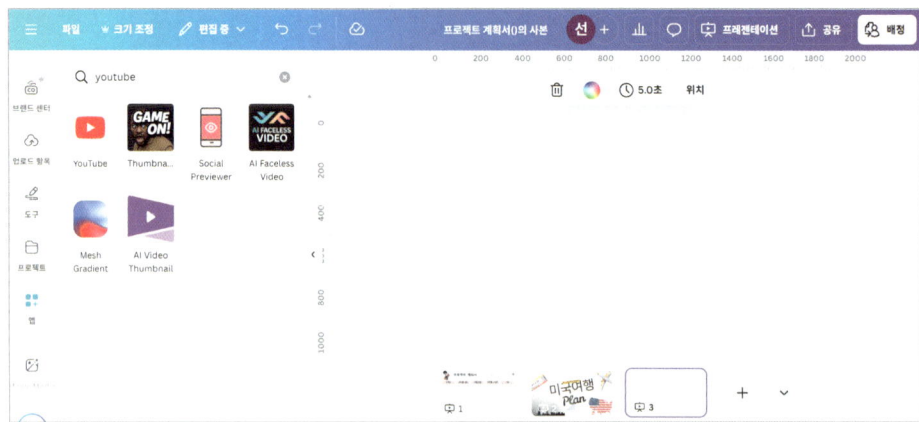

그림 9-8. 왼쪽 작업 창에서 앱 - 'YOUTUBE' 검색

02 검색창에 내가 원하는 영상의 제목을 입력하고 영상을 추가합니다.

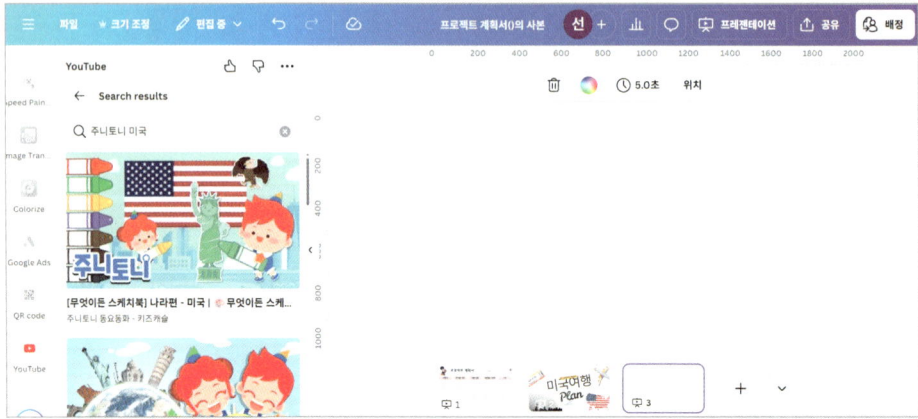

그림 9-9. 검색창에 원하는 영상 검색

영상을 클릭하여 영상의 크기를 조절할 수 있고, 더블클릭하면 영상을 시청할 수 있습니다. 영상이 마음에 들지 않으면, 휴지통을 클릭하여 삭제하고 다른 영상을 추

가할 수 있습니다. 왼쪽 메뉴바에서 [텍스트 추가]를 클릭하여 영상에 대한 설명을 추가할 수 있습니다.

6) GOOGLE MAPS 앱 활용하기

우리가 정한 지역의 위치를 구글 지도 앱을 활용하여 프로젝트 보고서에 추가해 보겠습니다. 이전 유튜브 앱을 넣었던 것처럼 앱에서 'GOOGLE MAPS'를 검색해 보도록 하겠습니다.

01 왼쪽 메뉴바 [앱]에서 'GOOGLE MAPS'를 입력하고 앱을 실행합니다.

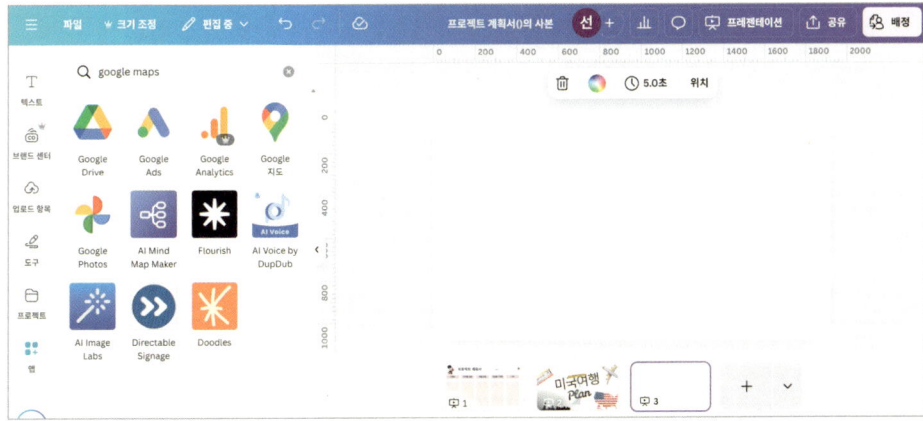

그림 9-10. 왼쪽 메뉴바에서 앱 - 'GOOGLE MAPS' 검색

02 왼쪽 메뉴바 [검색창]에 내가 원하는 나라 또는 지역을 검색합니다.

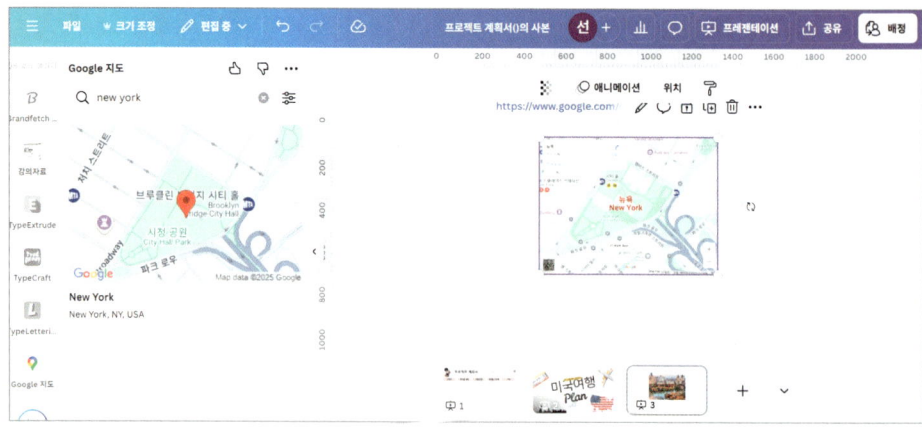

그림 9-11. 검색창에 원하는 나라 또는 지역 검색

검색창에 '베트남'을 검색한 후, 클릭하여 발표 자료 속에 넣어 보도록 하겠습니다. 지도의 크기를 모서리 부분을 클릭하여 조절할 수 있습니다.

03 지도 위에 마우스를 올리면 '상호작용하려면 두 번 클릭하세요'라는 메시지가 뜹니다.

그림 9-12. 상호작용을 위해 두 번 클릭하기

마우스를 두 번 클릭하면 상호작용할 수 있습니다. 컨트롤을 누르고, 마우스 스크롤을 위, 아래로 움직이면 지도의 크기를 조절할 수 있습니다. 마우스 왼쪽을 누르고 움직여서 원하는 위치로 이동하거나, 지도의 크기를 확대/축소하여 조절합니다.

7) GOOGLE MAPS로 이동하여 정보 검색하기

이 구글 지도를 활용하여 여행지의 즐길 거리, 숙소, 식당 등의 구체적인 여행 계획을 세워 보도록 하겠습니다. 구글 지도로 이동하여 내가 여행하고 싶은 지역의 위치를 검색하면 나타나면, 음식점, 호텔, 즐길 거리를 검색할 수 있습니다.

01 여행지의 정보를 얻기 위해 구글 지도를 클릭하고 [큰 지도 보기]를 선택합니다.

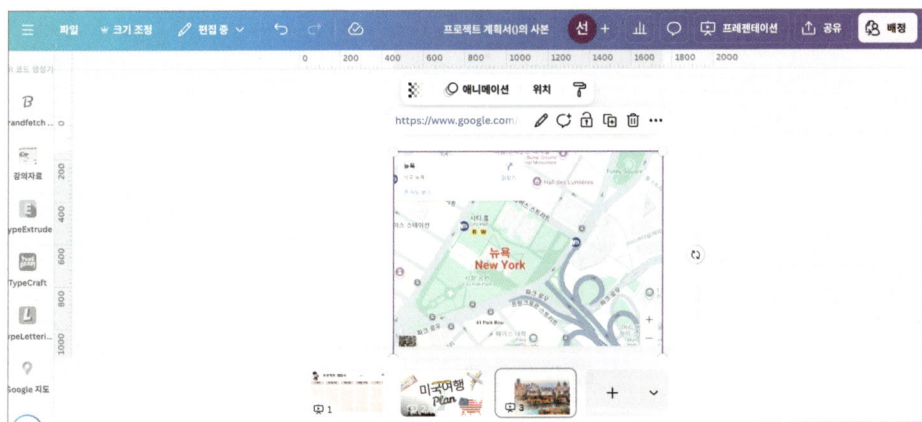

그림 9-13. 구글 지도에서 큰 지도 보기 선택하기

02 구글 지도에서 내가 원하는 정보를 검색합니다.

그림 9-14. 구글 지도

03 호텔을 클릭하고 관련 정보를 탐색합니다.

그림 9-15. 구글 지도에서 숙소 검색

호텔을 선택하면, 근처의 호텔이 나타납니다. 원하는 곳을 클릭하고 그 장소에 대한 정보를 얻습니다. 가격, 위치, 영업 시간, 리뷰를 읽어봅니다.

04 [저장]을 눌러 목록에 저장해 둡니다.

그림 9-16. 구글 지도에 숙소 저장하기

원하는 호텔을 클릭하고 [저장]을 클릭한 뒤 [즐겨찾기], [가고 싶은 장소], [여행 계획], [별표로 표시된 장소] 중 하나를 눌러 저장해 둡니다. 숙소, 즐길거리, 박물관, 음식점을 위와 같은 방법으로 동일하게 검색하여 계획서 내용에 추가할 수 있습니다.

저장된 내용은 지도에 아래와 같이 표시되어 쉽게 찾을 수 있습니다.

그림 9-17. 구글 지도에 저장된 장소

05 길 찾기 기능을 활용하여 이동 수단을 확인합니다.

그림 9-18. 구글 지도의 길 찾기 기능 활용하기

지도에서 도착지를 클릭하고 **[경로]**를 누릅니다. 출발지를 입력하면 승용차, 도보, 지하철 등의 이동 수단과 시간, 거리를 확인할 수 있습니다.

8) 캔바에서 여행 일정표 작성하기

구글 지도에서 검색한 내용을 바탕으로 여행 일정표를 작성해 보겠습니다. 여행 일정표 내용에는 음식점, 즐길 거리, 호텔 등을 간단히 넣을 수 있습니다. 캔바의 [디자인]에서 원하는 계획서 양식을 검색하여 활용할 수 있습니다.

01   왼쪽 메뉴 **[디자인]**에서 여행 계획서를 검색합니다.

그림 9-19. 디자인 탭에서 여행 계획서 검색하기

디자인에서 [여행 계획서]를 검색하면 다양한 여행 일정표가 나타납니다. 여행 일정표 중 원하는 디자인을 선택하고, 간단한 여행 일정을 모둠 친구들과 의논하여 계획한다. 여행 일정 속에는 즐길 거리, 호텔, 음식점을 기록하고 이동 방법이나 이동 시간을 구글 맵에서 검색하여 기록합니다.

02 구글 지도에서 검색한 내용을 입력합니다.

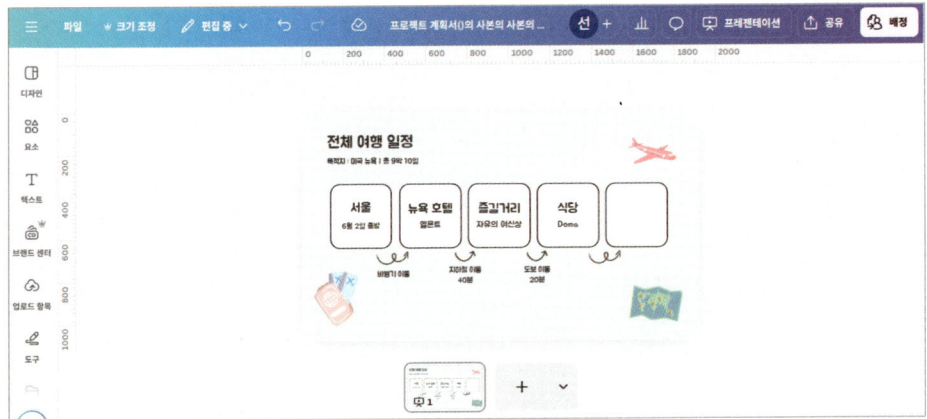

그림 9-20. 구글 지도에 일정표 입력하기

03 [공유]를 클릭하여 링크를 추가합니다.

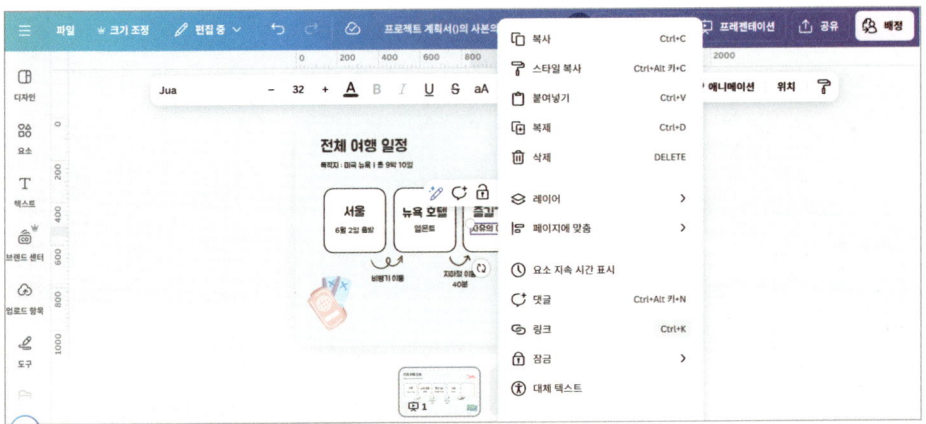

그림 9-21. 여행 계획서에 링크 추가하기

　　발표 자료 내에 이미지나 글자를 클릭해 복사한 [링크]를 클릭합니다. 복사한 링크를 붙여넣기하여 넣으면 발표 시 클릭하면 해당 링크로 연결됩니다. 이렇게 음식점, 즐길 거리, 호텔 등을 쉽게 발표 자료에 추가할 수 있습니다. 본인이 조사하는 나라의 사진이나 음식을 넣고 싶다면 [요소]의 검색창에 해당 나라에 대해 검색해서 지도, 음식, 국기 등을 추가할 수 있습니다.

다음 페이지에는 그 지역의 언어로 인사말을 적고 싶다면 [앱]에서 [translation] 앱을 사용할 수 있습니다.

9) [배경 제거] 기능을 활용하여 여행 사진 제작하기

다음 페이지에는 해당 여행지를 마치 여행한 것처럼 사진을 꾸며 보겠습니다. 직접 여행지에 가기 힘들기 때문에 마치 그곳에 여행한 것처럼 여행 사진을 제작할 수 있습니다.

01 [요소] - [사진]에서 내가 여행하고자 하는 여행지 사진을 검색합니다.

그림 9-22. 요소 - 사진에서 원하는 여행지 사진 검색하기

02 우리 모둠 친구들 사진을 찍고 [업로드 항목] - [파일 업로드]에 사진을 업로드합니다.

그림 9-23. 업로드 항목 - 파일 업로드에서 우리 모둠 사진 업로드하기

03 사진을 클릭하고 상단 메뉴에서 [배경 제거]를 누릅니다.

그림 9-24. 사진 클릭 후 상단 메뉴에서 배경 제거

10) 프레젠테이션 기능을 활용하여 발표하기

완성된 프로젝트 결과물을 발표해 보겠습니다. 캔바의 프레젠테이션 기능을 활용하여 효과적으로 발표를 할 수 있습니다.

01 오른쪽 상단의 [공유]- [프레젠테이션] - [전체 화면 프레젠테이션]을 클릭합니다. 프레젠테이션을 클릭하면 원하는 속도로 전체 화면을 프레젠테이션할 수 있습니다. 또는 단축키 Ctrl + Alt + P를 눌러서 프레젠테이션을 활성화할 수 있습니다.

그림 9-25. 전체 화면 프레젠테이션

02 우측 상단의 **[공유] - [프레젠테이션] - [발표자 보기]**를 통해 발표자의 화면에 청강하는 사람들에게는 보이지 않는 메모를 추가할 수 있습니다.

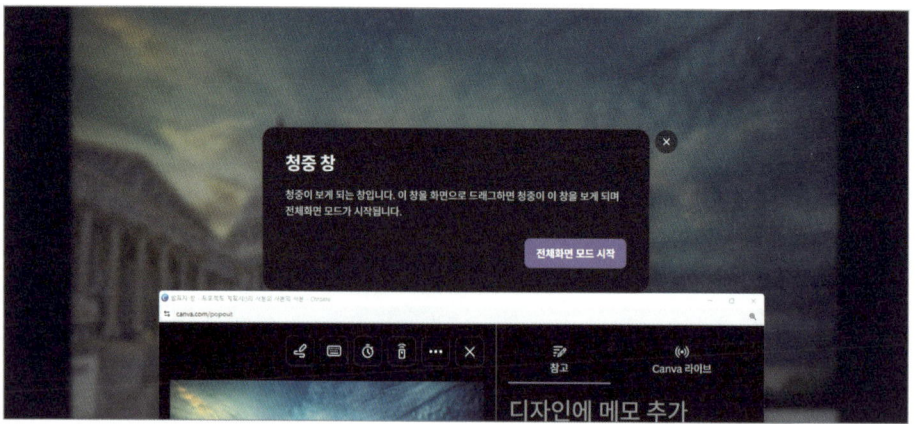

그림 9-26. 발표자 보기 프레젠테이션

11) 여행 브로슈어 제작하기

친구들에게 나누어줄 여행 브로슈어를 제작해 보겠습니다. 캔바 홈 화면의 검색창에 '여행 브로슈어' 혹은 '브로슈어'라고 검색합니다. 이곳에서 원하는 템플릿을 선택할 수 있습니다. 이때, 원하는 템플릿 위에 마우스를 가져가면 다음 페이지가 자동으로 보입니다. 내가 원하는 사진을 찾거나 업로드하여 여행지, 식당, 숙소 등을 여행 브로슈어 안에 추가해 봅니다.

이처럼 캔바로 프로젝트 수업을 진행할 때의 장점을 정리해 보겠습니다.

❶ [요소]에서 검색을 통해 교육적 목적 내에서 저작권에 걸리지 않는 다양한 그래픽, 사진, 영상을 쉽게 추가할 수 있습니다.
❷ 구글 맵스, 번역, 유튜브 등의 앱을 통해 다른 사이트를 거치지 않고 캔바 내에서 여러 작업이 동시에 가능합니다.
❸ 배경 제거 등의 AI 기능을 클릭 몇 번으로 연출할 수 있습니다.
❹ 프레젠테이션 발표자 보기를 통해 메모하거나 쉽게 프레젠테이션을 녹화할 수 있습니다.
❺ 클라우드 기반으로 저장이 따로 필요하고, 학교 집 핸드폰에서 연결하여 작업이 가능합니다.

나. 역사 수업 활동 모음

역사 수업을 진행하기 전 인물 사진을 검색엔진에서 다운받아 사용할 때 주의할 점에 대해 숙지해야 합니다.

1) CCL이란?

역사 수업에는 역사 인물이 빠질 수 없습니다. 역사 인물을 다운로드할 때 주의할 점에 대해 알아보겠습니다. 이미지를 다운받기 위해 CCL에 대해 알 필요가 있습니다.

> CCL이란, 크리에이티브 커먼즈 라이선스(Creative Commons License)의 약자입니다. 저작물 이용 허락표시제도로, 저작권자가 저작물 사용 조건을 미리 제시해 사용자가 저작권자에게 따로 허락을 구하지 않고도 창작물을 사용할 수 있게 한 일종의 오픈 라이선스를 말합니다.

01 학생들이 자주 사용하는 검색 엔진인 네이버와 구글에서 알아보도록 하겠습니다. 네이버의 경우 **[이미지] – [옵션] – [CCL] – [CCL 전체]**를 클릭합니다.

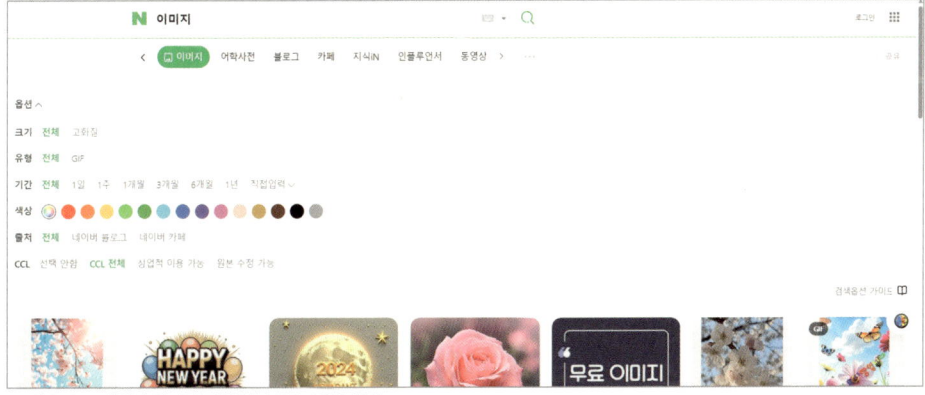

그림 9-27. 네이버 이미지 검색에서 CCL 전체 선택

02 구글 이미지 검색 시 [도구] - [사용 권한] - [크리에이티브 커먼즈 라이선스]를 클릭하여 사진을 검색하거나 다운로드합니다.

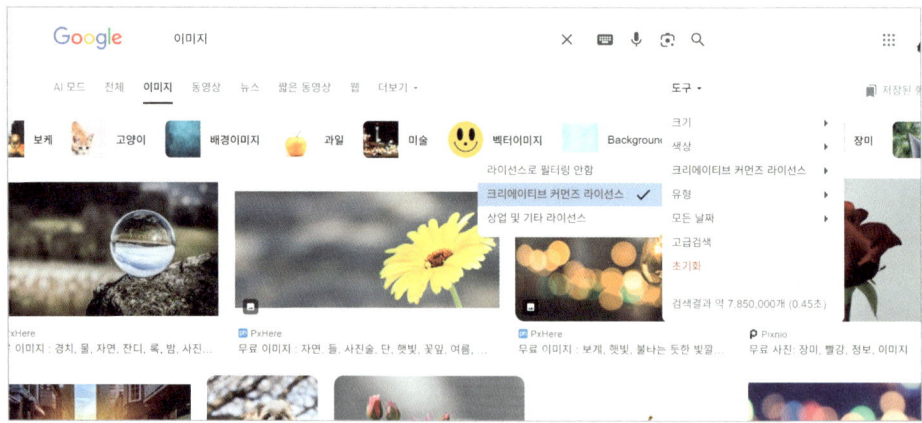

그림 9-28. 구글 이미지 검색에서 CCL 클릭

2) 협업 역사 뉴스/신문 제작하기

본격적으로 역사 수업에서 할 수 있는 활동에 대해 알아보겠습니다. 역사 수업 첫 번째 아이디어는 협업 역사 뉴스 제작입니다. 사회 수업을 하다 보면 우리 반 신문, 우리 지역 신문, 역사 신문 등 다양한 신문을 제작해 보는 활동을 할 수 있습니다.

01 협업 역사 뉴스/ 신문을 제작하기 위해 교사는 캔바 검색창에 '뉴스' 또는 '신문'을 검색합니다. 다양한 종류의 뉴스 템플릿이 나타납니다. 교사는 한글로 된 신문을 선택해도 되고, 영어로 된 템플릿을 선택하여 한글로 번역 후 학생들에게 제공할 수 있습니다.

02　원하는 템플릿을 클릭하고 학생을 초대합니다. [공유] - [협업 링크]에서 [링크 복사]를 클릭하여 학생들에게 전송합니다.

그림 9-29. 작업창 공유 - 협업 링크에서 링크 복사

교사는 링크를 학생들에게 제공합니다. 구글 클래스룸, 메신저, QR로 제공할 수 있습니다. 이렇게 링크를 제공하면 교사는 학생들의 작업을 실시간으로 교사의 화면에서 확인이 가능합니다. 학생들 역시 같은 아이디로 접속하면 학교, 집, 핸드폰 어디에서나 작업이 가능하고 친구와 협업하여 작업이 가능합니다.

03　교사는 마우스 오른쪽을 클릭하고 [댓글 달기] 기능으로 신문에 반드시 들어가야 할 요소나 주의 사항을 적어줄 수 있습니다.

그림 9-30. 댓글 달기 기능으로 학생들에게 주의할 점 안내하기

04 학생은 제목, 이름, 날짜, 내용 등을 자유롭게 입력하거나 사진을 [업로드 항목] - [파일 업로드]를 통하여 추가할 수 있습니다.

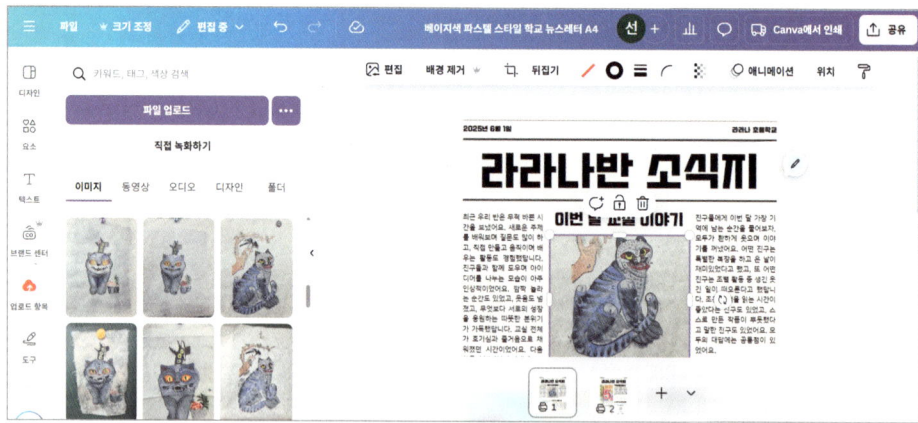

그림 9-31. 파일 업로드를 통해 역사 뉴스에 사진 추가하기

검색 엔진에서 다운로드한 사진을 업로드하고, 신문에 추가해 줍니다. 관련 내용을 작성해 보며 신문을 완성합니다. 역사 뉴스 안에는 역사 퀴즈, 기자의 말 등의 논평을 추가할 수 있습니다.

05 클릭하면 정답이 나타나는 애니메이션 퀴즈를 제작해 보겠습니다. 애니메이션 효과를 넣을 정답을 클릭하고 상단 메뉴의 [애니메이션]을 누릅니다. 애니메이션 창이 나타나면 [프레젠테이션 설정] - [클릭 시 표시]를 활성화합니다.

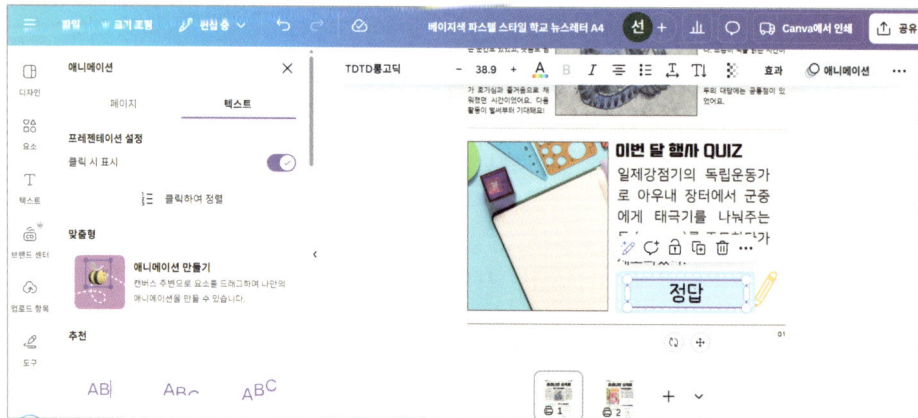

그림 9-32. 클릭 시 애니메이션 효과 넣기

예를 들어 '일제강점기의 독립운동가로 아우내 장터에서 군중에게 태극기를 나눠 주는 등 (   )를 주도하다가 체포되었다.' 퀴즈에 정답을 나중에 보이고 싶을 때는 [텍스트 상자]를 추가하여 정답을 입력하고, 애니메이션 효과에 [클릭 시 표시]를 활성화합니다.

3) 역사 카드 뉴스 만들기

카드 뉴스는 보통 정사각형 사이즈의 템플릿을 추천합니다. 내가 원한은 디자인의 카드 뉴스를 선택하고 텍스트와 이미지를 수정할 수 있습니다. 템플릿 위에 마우스를 가져다 대면 카드 뉴스 미리 보기를 할 수 있습니다.

01   카드 뉴스를 제작하기 위해 캔바 검색창에 **'카드 뉴스'**를 검색합니다. 다양한 종류의 카드 뉴스 템플릿이 나타납니다.

02   원하는 카드 뉴스를 선택하고, 내가 존경하는 독립운동가 사진을 업로드합니다. 사진을 클릭하고 [배경 제거]를 눌러 배경을 삭제합니다.

그림 9-33. 독립운동가 사진 업로드하기

03 **[요소]**에서 **[말풍선]**을 검색해서 원하는 말풍선을 추가하고, **[텍스트] - [텍스트 상자 추가]** 를 통해 독립운동가의 메시지를 전달합니다. 예를 들면 독립운동가 신채호의 "역사를 잊은 민족에게 미래는 없다."와 같이 제작해 보겠습니다.

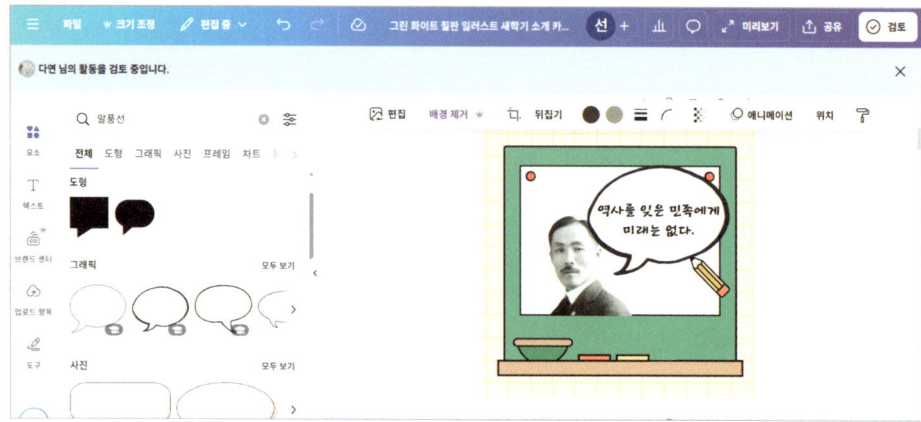

그림 9-34. 말풍선 및 텍스트 입력

4) 역사 지폐 만들기

다음 역사 수업 아이디어는 역사 지폐 만들기입니다. 교사가 샘플 지폐를 만들어 학생들에게 [과제]로 제공해 보겠습니다. 역사 지폐를 만들기 위해서는 옆으로 긴 지폐 모양의 빈 화면이 필요합니다.

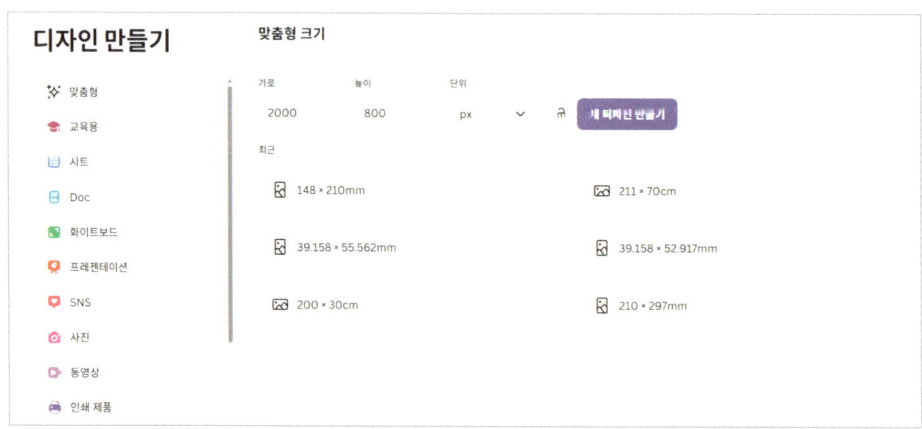

그림 9-35. 맞춤형 크기로 원하는 사이즈의 지폐 제작하기

02   교사는 간단한 지폐 디자인을 만들어 둡니다. 지폐에서 꼭 필요한 요소를 추가해 줍니다. 지폐 속에는 **지폐의 일련번호, 금액, 사진, 발행처, 도장 및 사진**들을 넣을 수 있습니다.

그림 9-36. 지폐의 필수 요소 추가하기

Tip.
지폐의 일련번호는 역사적 인물과 관련된 숫자로 만들어 주세요.
사진은 저작권을 잘 살펴 사용합니다.
지폐의 금액은 자유롭게 설정합니다.

03   역사 지폐를 만들기 위해 교사가 학생 개개인에게 개별 과제로 제시해 보도록 하겠습니다. [공유] - [할당]을 눌러 학생들이 작업을 제출할 위치와 할당 대상 및 메시지를 입력합니다.

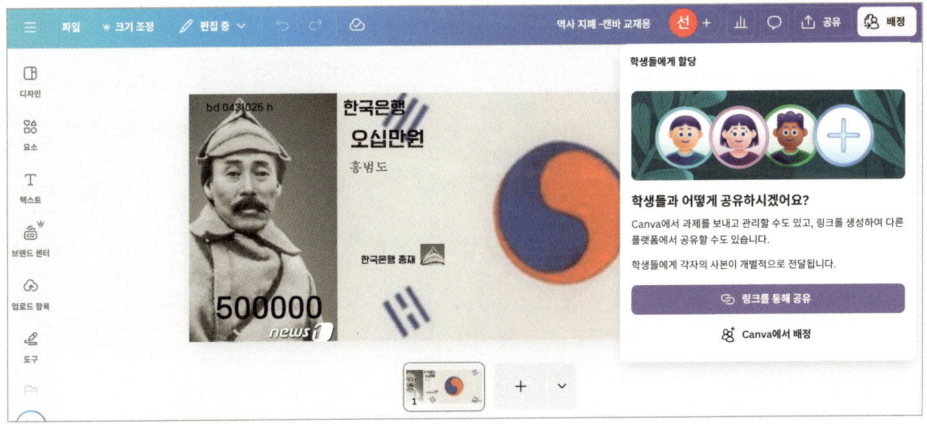

그림 9-37. 교사가 제작한 지폐 샘플을 과제로 제시

9. 사회 수업 활용하기   229

04 과제 공유 대상을 수업(반) 전체 또는 개별 이름을 검색하여 입력합니다.

그림 9-38. 과제 공유 대상 선택하여 과제 게시하기

05 학생은 자신의 캔바 홈 화면에서 알림을 확인합니다.

그림 9-39. 학생 화면에서 교사의 과제 확인하기

5) 역사 연표 만들기

마지막 역사 수업 아이디어는 역사 연표 만들기입니다. 저학년 또는 중학년의 경우 나의 역사 연표, 우리 가족의 역사 연표를 만들어 보며 시간의 흐름에 따라 사건을 기록할 수 있습니다. 고학년의 또는 중고등학생의 경우 사회나 역사 수업에서 배운 내용을 역사 연표로 정리해 볼 수 있습니다. 원하는 템플릿 위에 마우스를 올리면 다음 장을 미리 볼 수 있고, 클릭하면 비슷한 버전의 다른 연표를 추천해 줍니다.

01　카드 뉴스를 제작하기 위해 캔바 검색창에 **'역사 연표'**를 검색합니다. 다양한 종류의 역사 연표 템플릿이 나타납니다.

02　학생들은 우리나라의 역사 또는 나의 역사 연표를 만들어 보며, 시간의 흐름에 따라 이야기를 정리해 봅니다. [업로드 항목]에서 사진을 업로드하여 관련 사진을 넣을 수 있습니다. [텍스트] – [텍스트 상자 추가]를 클릭하여 내용을 추가하거나 기존의 글자를 클릭하여 수정할 수 있습니다.

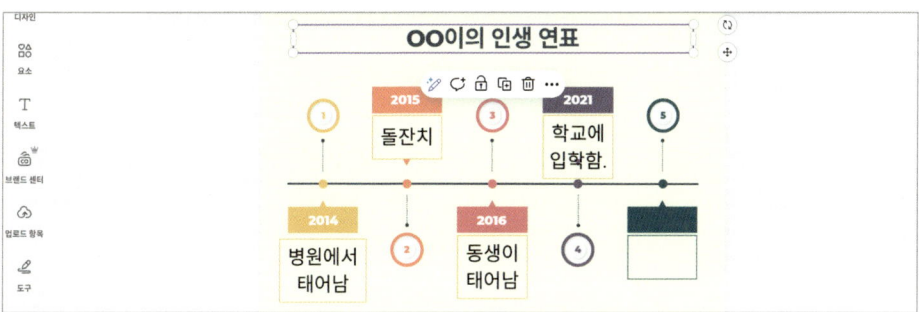

그림 9-40. 역사 연표 제작하기

10 과학 수업 활용하기

이번 장에서는 캔바를 활용한 과학 수업 방법 및 사례에 대해 알아보겠습니다. 첫 번째는 '탐구 보고서 작성하기', 두 번째는 '과학 만화 만들기', 세 번째는 '움직이는 과학 동화책 만들기'입니다. 활용할 주요 기능은 템플릿 활용 방법과 애니메이션, 프레젠테이션 녹화입니다. 하나씩 차근차근 살펴보겠습니다.

가. 탐구 보고서 작성하기

먼저 캔바를 활용하여 과학 수업에서 매우 유용하게 활용할 수 있는 **과학 탐구보고서**를 작성하는 방법에 대해 살펴보겠습니다. 과학 수업에서는 우리가 탐구에서 얻은 내용을 정리하고 분석하여 결론을 도출하는 과정이 중요합니다. 이러한 과정을 보고서로 정리하고 다른 사람들과 과학적 탐구 과정을 공유하는 과정에서 학생들은 과학적 소통 능력을 키울 수 있습니다. 이때, **캔바의 템플릿을 활용**하면 체계적이고 간편한 **탐구 보고서 작성**이 가능합니다.

1) 과학 탐구 보고서 템플릿 검색하기

캔바 **홈 화면 상단의 검색창**에서 'science report'를 검색합니다. 캔바는 호주 사이트이기 때문에 한글로 검색했을 때보다 영어로 검색했을 때 훨씬 더 다양한 템플릿을 살펴볼 수 있습니다. 스크롤을 내리면서 다양한 과학 탐구 보고서 템플릿을 살펴보고 원하는 디자인을 선택합니다.

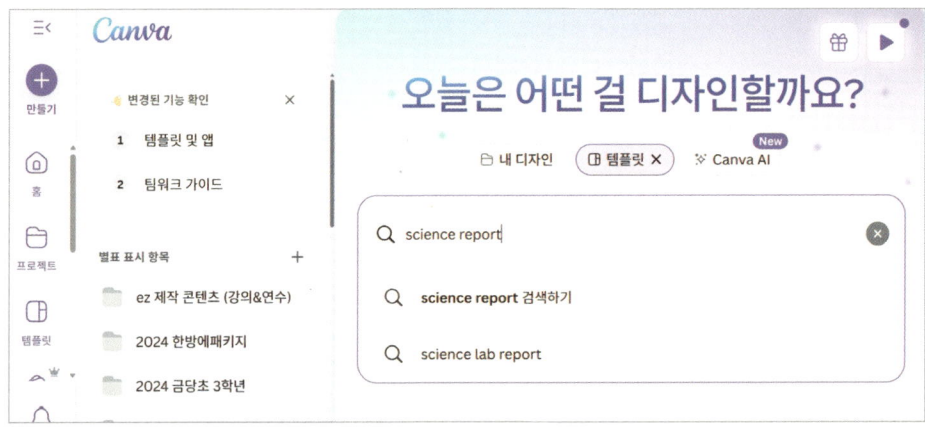

그림 10-1. 탐구 보고서 템플릿 검색하기

[이 템플릿 맞춤 편집하기]를 클릭합니다.

그림 10-2. 템플릿 맞춤 편집하기 클릭

2) 페이지 번역하기

영어로 제작된 템플릿이므로 활용하기 쉽게 한국어로 번역해 보도록 하겠습니다.

01 좌측 **사이드 패널**에서 **앱**을 선택하고 **[자동 번역]**을 클릭합니다.

02 도착어를 '**한국어**'로 설정하고 어조는 '**변경 없음**'을 선택한 다음, 하단의 '**자동 번역**'을 클릭합니다.

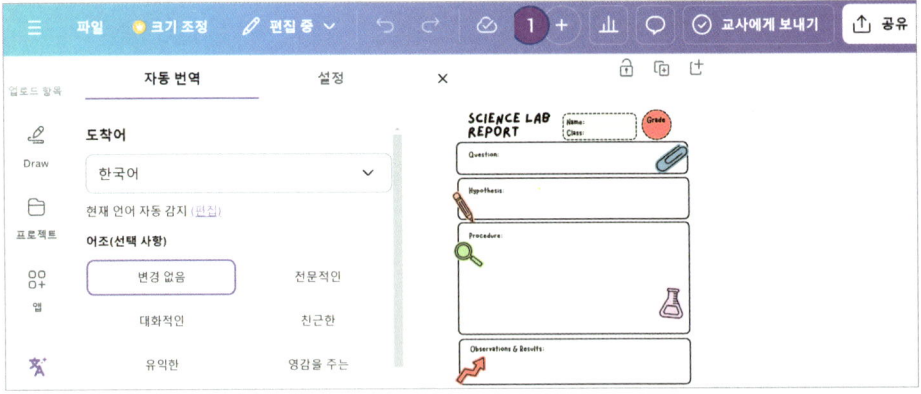

그림 10-3. 도착어와 어조 선택하기

03 이렇게 템플릿의 모든 텍스트가 한국어로 변환되었습니다.

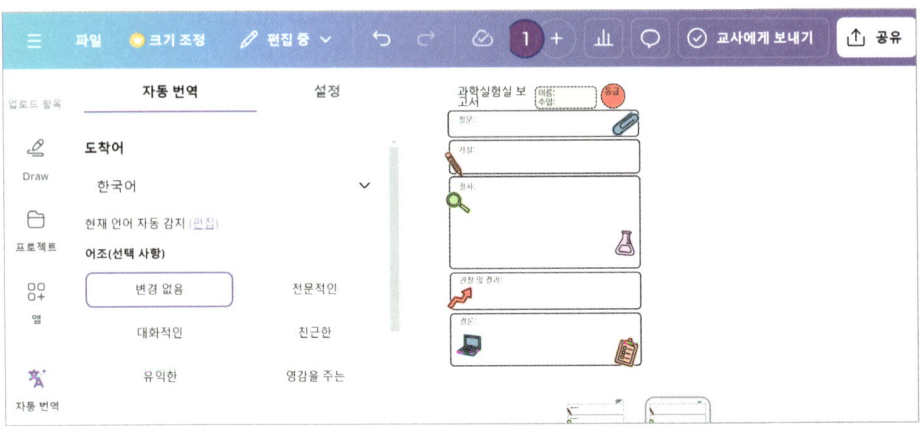

그림 10-4. 템플릿이 한국어로 번역된 모습

다음으로 텍스트의 폰트 종류와 크기, 내용 등을 원하는 대로 수정합니다.

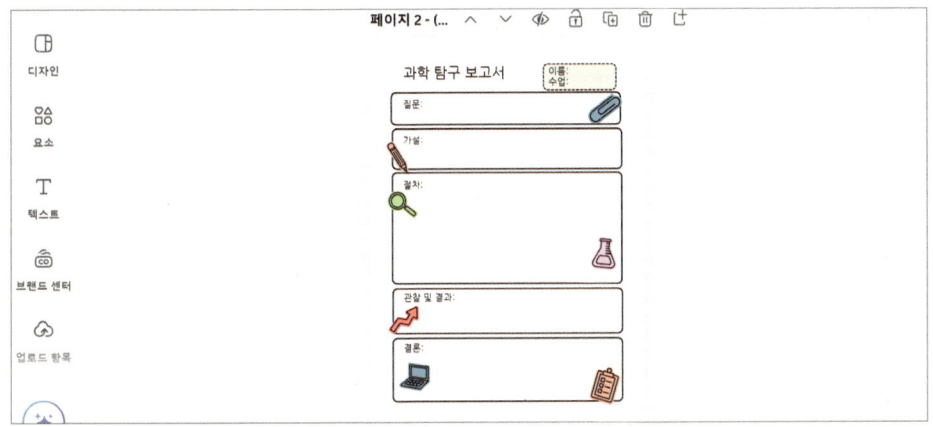

그림 10-5. 템플릿의 폰트 편집하기

이렇게 캔바에서 제공되는 템플릿을 활용하면 쉽고 빠르게 과학 탐구 보고서 양식을 제작할 수 있습니다. 이외에도 다양한 템플릿을 수업에 알맞은 디자인으로 자유롭게 수정하여 사용하면 됩니다.

교사가 만든 과학 탐구 보고서 양식을 학생들에게 공유하고, 학생들은 탐구 내용에 맞게 보고서를 작성한 다음 탐구 과정에서 촬영한 사진을 넣어 꾸밉니다. **사이드 패널 - [업로드 항목] - [파일 업로드]**에서 **사진** 파일을 불러올 수 있습니다. 또는 **사이드 패널 - [요소]**에서 검색창에 원하는 **그래픽 이미지**를 검색하여 삽입하면 멋진 탐구 보고서를 쉽게 완성할 수 있습니다. 여기에서는 '막대자석'을 검색하여 막대자석 그래픽 이미지를 탐구 보고서에 삽입하였습니다.

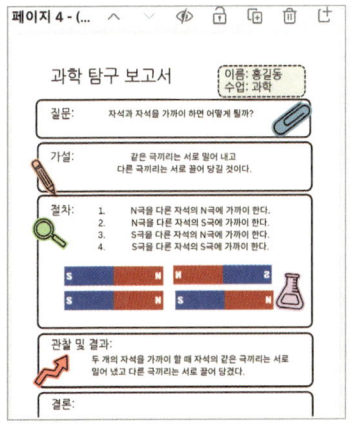

그림 10-6. 사진 또는 그래픽 이미지 삽입하기

학생들이 탐구 보고서를 완성하면 우측 **편집기 상단**의 **[교사에게 보내기]**를 클릭하여 제출하도록 안내합니다.

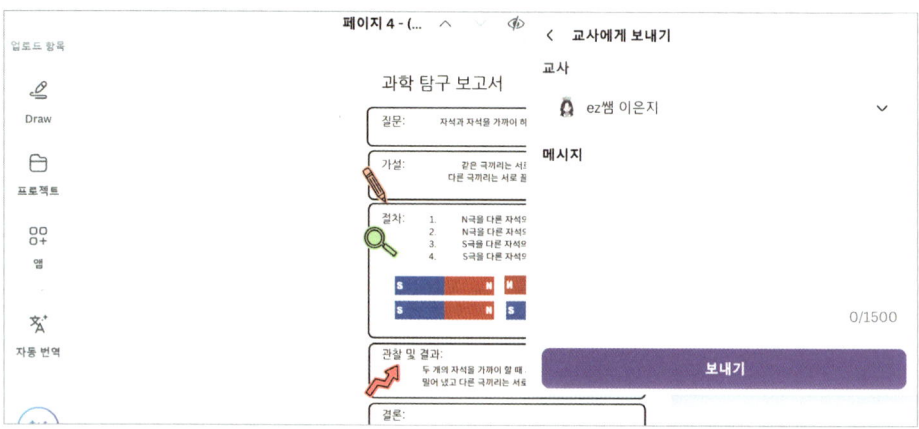

그림 10-7. 교사에게 보내기

하단의 **[보내기]**를 클릭하면 편집기 상단의 **[교사에게 보내기]** 버튼이 **[의견 기다리는 중]**으로 바뀌어 표시됩니다. 교사는 학생들이 제출한 과제를 확인 후 피드백을 전송하거나 완료로 표시할 수 있습니다.

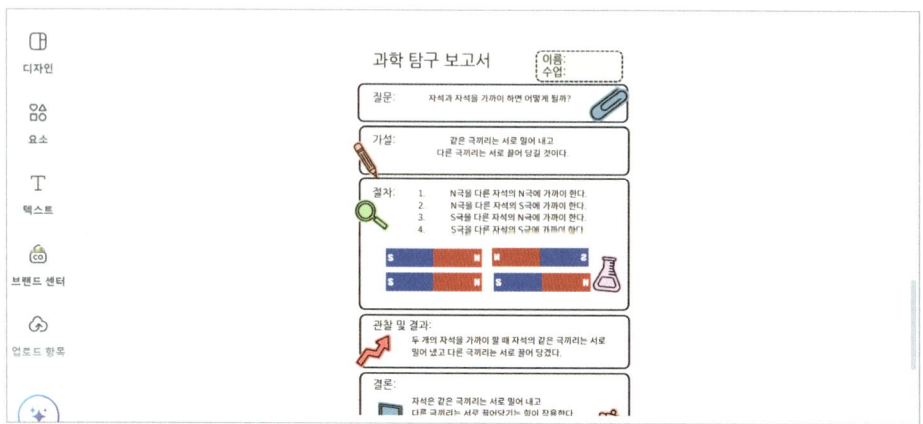

그림 10-8. '의견 기다리는 중' 화면

이렇게 캔바에서 제공되는 템플릿을 활용하면 탐구 보고서를 작성하여 제출하고 공유하는 수업을 손쉽게 진행할 수 있습니다.

나. 과학 만화 만들기

다음으로 캔바에서 제공하는 만화 템플릿을 활용하여 과학 수업을 하는 방법을 살펴보겠습니다. 이 수업에서는 만화 템플릿을 사용하여 학생들에게 공부한 내용을 간단한 만화로 표현해 보도록 합니다. 그림 그리기에 자신이 없거나 만화로 표현하는 데에 어려움을 겪는 학생들도 캔바의 다양한 요소와 기능을 활용하여 쉽고 멋지게 만화를 만들어 낼 수 있습니다.

1) 만화 템플릿 검색하기

캔바 **홈 화면** 상단의 **검색창**에 '**만화**'를 검색합니다. 캔바에서 제공하는 다양한 만화 템플릿 중에서 네 컷 만화, 6칸 만화 등 자신이 계획한 스토리에 맞는 디자인을 골라 활용하면 됩니다. 여기에서는 '**Blue White Saving the Planet Comic Strip**' 템플릿을 활용해 보도록 하겠습니다.

템플릿을 선택하고 **[이 템플릿 맞춤 편집하기]**를 클릭합니다.

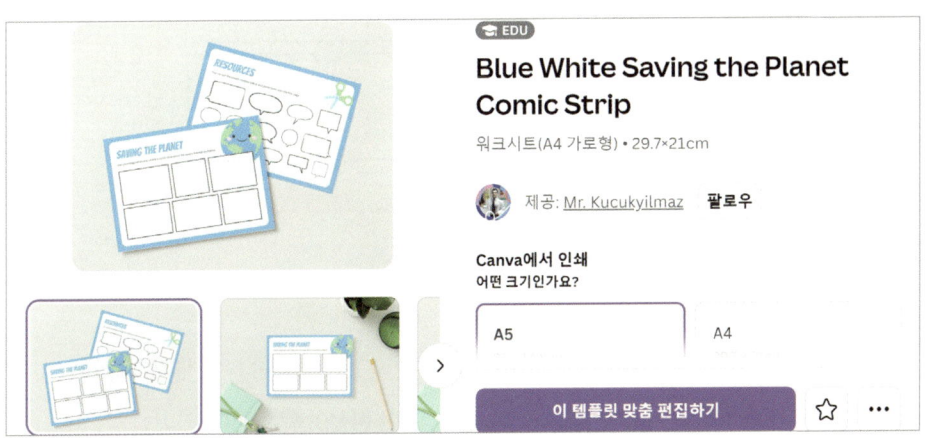

그림 10-9. 이 템플릿 맞춤 편집하기 클릭

이 템플릿을 편집하여 초등학교 3학년 과학 수업 시간에 배운 '배추흰나비의 한살이' 과정을 만화로 표현해 보겠습니다.

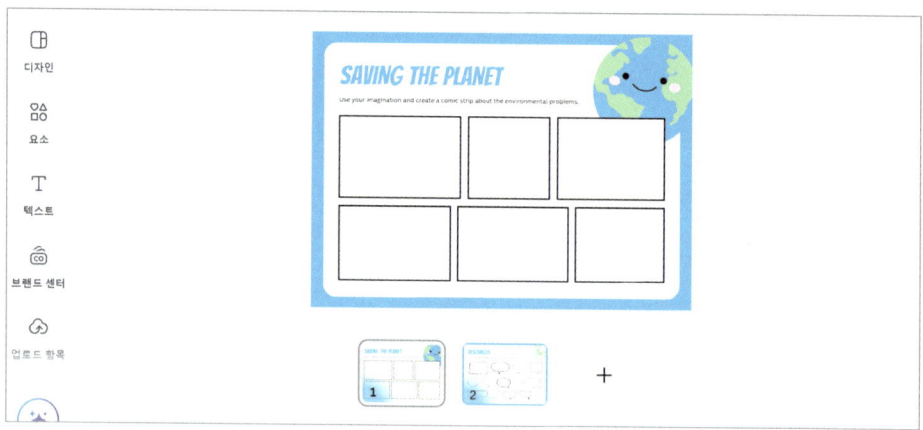

그림 10-10. 'Blue White Saving the Planet Comic Strip' 템플릿 첫 화면

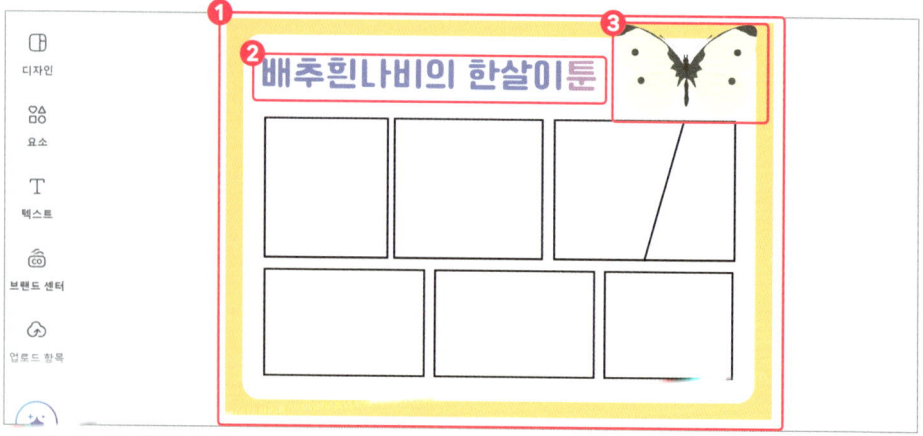

그림 10-11. 만화 템플릿 편집하기

다음은 만화 템플릿을 편집하는 순서입니다.

첫째, 템플릿의 테두리 부분을 클릭하면 **[배경]**을 선택할 수 있습니다. 배경 색상을 **'노란색'**으로 변경합니다. 둘째, **제목**에 **'배추흰나비의 한살이툰'**을 입력합니다. 셋째, 배추흰나비와 관련이 없는 지구 이미지를 삭제합니다. **사이드 패널 - [요소]**에서 검색창에 **'배추흰나비'**를 검색하고 **[그래픽] 탭**을 클릭한 다음 스크롤을 내리며 그래픽 이미지를 살펴봅니다. 원하는 나비 이미지를 찾아 디자인에 추가하여 만화 템플릿을 꾸며 줍니다.

다음으로 배추흰나비의 한살이 과정에 맞게 이미지와 말풍선을 넣어 보겠습니다.

2) 만화 이미지 삽입하기

먼저, **사이드 패널 – [요소]**에서 '배추흰나비 알', '배추흰나비 애벌레', '번데기' 등 필요한 이미지를 검색하면 캔바에서 제공하는 다양한 이미지를 살펴볼 수 있습니다.

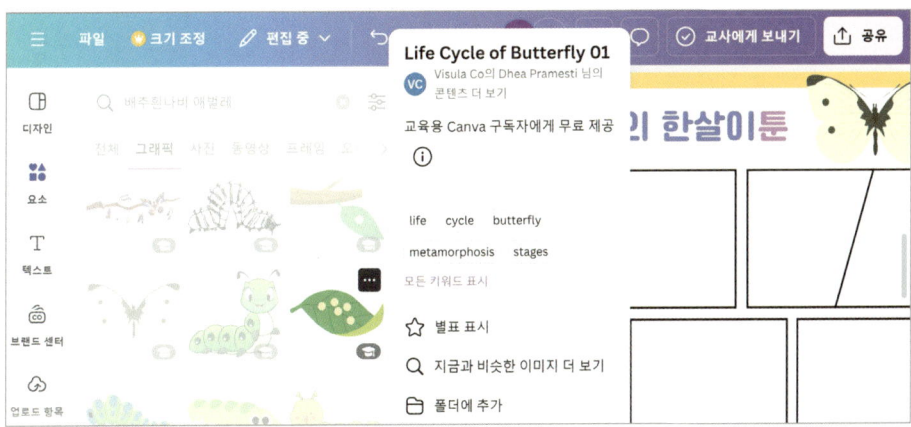

그림 10-12. 지금과 비슷한 이미지 더 보기

먼저 '배추흰나비 애벌레'를 검색하고 그래픽 탭을 선택하여 이미지를 살펴봅니다. 원하는 이미지의 우측 상단에 마우스를 갖다 대면 **[더 보기(…)]** 가 뜹니다. 이를 클릭하면 **[지금과 비슷한 이미지 더 보기]**가 있습니다.

이 메뉴를 클릭하면 유사한 결로 디자인된 요소들을 모아서 볼 수 있습니다. 이처럼 만화의 완성도를 높이기 위해서는 비슷한 디자인의 요소를 활용하는 것이 좋습니다.

그림 10-13. 비슷한 디자인의 이미지 활용하기

[지금과 비슷한 이미지 더 보기]에 포함된 '배추흰나비의 알, 애벌레, 번데기, 나비' 이미지를 각각 클릭하여 만화 템플릿에 삽입합니다. 각 이미지의 크기를 조절하고 알맞은 위치에 배치합니다.

그림 10-14. 배추흰나비 알, 애벌레, 번데기, 나비 이미지 삽입하기

3) 말풍선 추가하고 텍스트 입력하기

다음으로 말풍선을 추가합니다. 템플릿에 자체 포함된 말풍선을 사용하거나 요소에서 말풍선을 검색하여 삽입할 수 있습니다. 장면별로 말풍선을 적절히 배치하고 텍스트 상자를 추가하여 내용을 입력합니다.

그림 10-15. 말풍선 추가 및 텍스트 입력하기

이처럼 캔바에서 제공되는 만화 템플릿을 활용하면 그림 그리기를 어려워하는 학생들도 누구나 쉽고 멋진 학습 만화를 만들 수 있습니다. 배추흰나비의 한살이뿐만 아니라 지층의 생성 과정, 물의 상태 변화 등 다양한 차시에서 활용할 수 있는 수업 방법입니다.

다. 움직이는 과학 동화책 만들기

이 수업에서는 과학 수업 시간에 배운 내용을 바탕으로 '움직이는 동화책'을 만들어 보겠습니다. 학생들은 원하는 식물의 한살이를 조사하고 이를 바탕으로 동화 원고를 작성합니다. 그런 다음 애니메이션 기능으로 식물 캐릭터를 움직이게 만들어 동화에 삽입하고 그림책으로 꾸며 보는 순서로 진행됩니다.

여기에서는 '수박의 한살이'를 담은 동화를 만들어 보겠습니다. 동화 원고를 작성할 때에는 학생들이 배운 내용을 참고하여 직접 써 보도록 합니다. 자신이 쓰고 싶은 동화의 주인공, 등장인물, 줄거리, 넣고 싶은 장면 등을 미리 계획하도록 하는 것이 좋습니다.

1) 동화책 템플릿 검색하기

캔바 **홈 화면** 상단의 **검색창**에 '**스토리북**'을 입력합니다. 다양한 스토리북 템플릿 중 원하는 디자인을 선택합니다.

[이 템플릿 맞춤 편집하기]를 클릭합니다.

그림 10-16. 이 템플릿 맞춤 편집하기 클릭

2) 템플릿 편집하기

동화책을 만들 스토리북 템플릿을 원하는 대로 편집해 보겠습니다. 먼저 템플릿 슬라이드를 한 장씩 넘기면서 불필요한 슬라이드나 요소가 있는지 살펴봅니다.

불필요한 슬라이드와 요소를 삭제하고 '수박의 한살이'를 표현한 동화책을 만들기 위해 어울리는 **제목**을 입력하겠습니다.

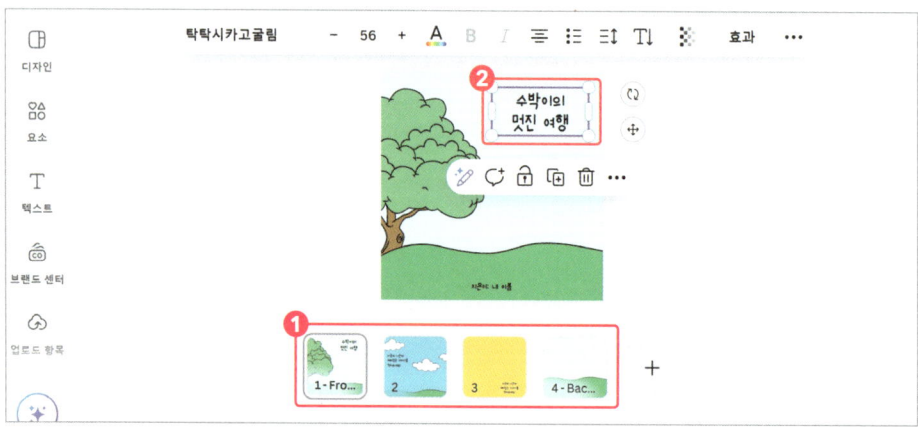

그림 10-17. 제목 입력 및 불필요한 슬라이드와 요소 삭제하기

먼저, ①에서 불필요한 슬라이드와 요소를 모두 삭제합니다. 그리고 ②의 첫 번째 슬라이드의 제목에 '**수박이의 멋진 여행**'을 입력합니다.

슬라이드를 여러 장 **복제**하고 싶을 때는 복제하고자 하는 슬라이드를 **선택** 후, 키보드 단축키 **Ctrl+C**(복사)와 **Ctrl+V**(붙여넣기) 키로 복제할 수 있습니다.

3) 동화 원고 입력하기

슬라이드 각 장에 미리 작성해 둔 동화 원고를 적절히 나누어 입력합니다. 동화 원고를 입력한 다음, 텍스트의 폰트와 크기도 어울리게 수정합니다.

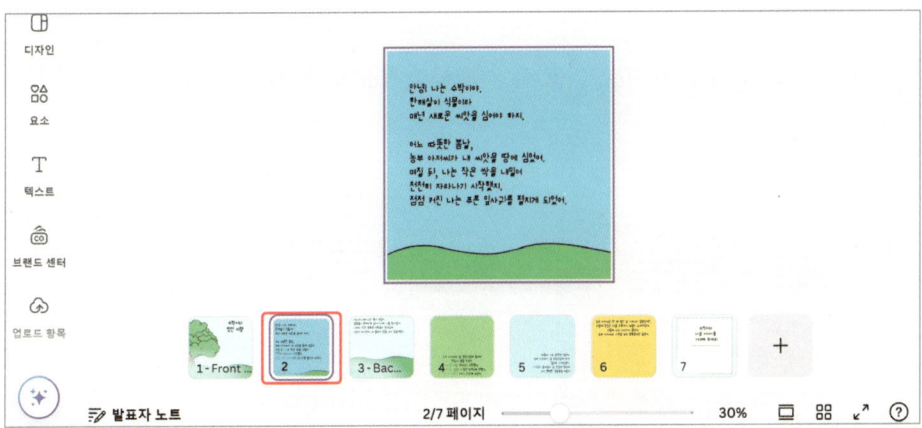

그림 10-18. 동화 원고 입력하기

4) 주인공 캐릭터 생성하기

동화책 원고를 모두 입력했으면 다음으로 '주인공 수박 캐릭터'를 만들어 보겠습니다. 좌측의 **사이드 패널** – **[요소]** – **[AI 이미지 생성기**(Magic Media)**]** – **[나만의 이미지 생성]**에서 원하는 캐릭터를 생성할 수 있습니다. 예시로 '**귀여운 수박 캐릭터, 팔다리가 길고 미소 띤 밝은 표정을 짓고 있음. 단색 배경**'이라고 입력해 보겠습니다.

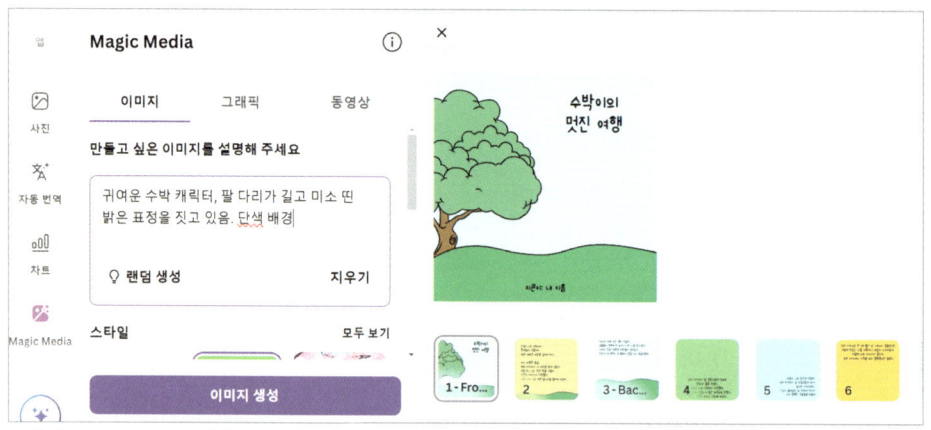

그림 10-19. AI 이미지 생성기(Magic Media)에서 만들고 싶은 이미지 설명하기

하단의 **[스타일]**을 눌러 **'플레이풀'**을 선택하고 **'이미지 생성'**을 클릭합니다.

그림 10-20. AI 이미지 생성기(Magic Media)에서 스타일 선택하기

생성된 네 장의 이미지 중 원하는 캐릭터 이미지를 선택하여 디자인에 삽입합니다. 만약 마음에 드는 이미지가 없을 경우 **'다시 생성하기'**를 눌러 재생성할 수 있습니다.

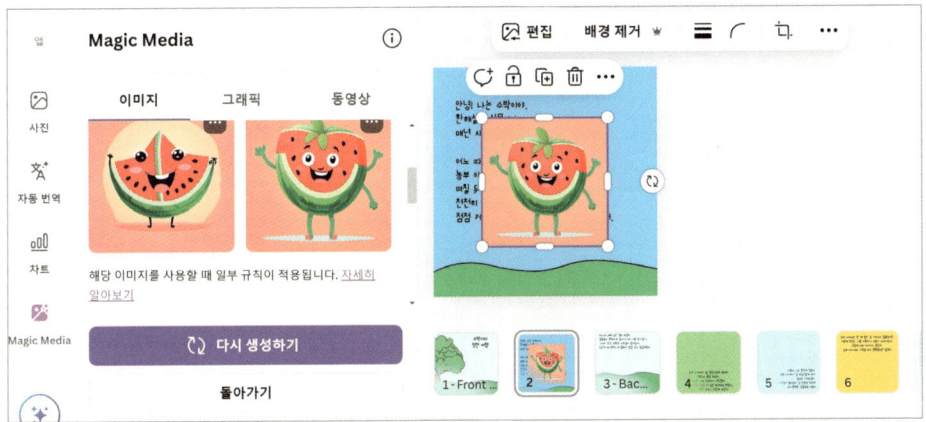

그림 10-21. AI 이미지 생성기(Magic Media)에서 이미지 선택하기

이제 주인공 캐릭터 이미지의 배경을 투명하게 만들어 보겠습니다. 먼저 ①에서와 같이 디자인에 삽입된 **캐릭터를 선택**하면 상단에 **툴바**가 뜹니다. 그리고 ②에서 '**배경 제거**'를 눌러 이미지의 배경을 지우고 투명한 배경으로 만듭니다.

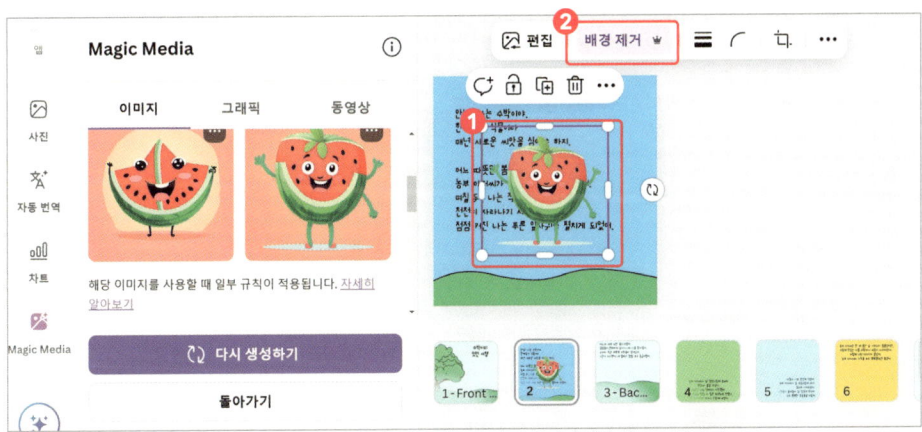

그림 10-22. 수박 캐릭터 이미지의 배경 제거하기

이렇게 배경이 투명한 수박 캐릭터가 완성되었습니다. 이 캐릭터를 복제(Ctrl+C, V)하여 원하는 슬라이드에 삽입하고 동화책을 꾸밉니다.

그림 10-23. 수박 캐릭터 이미지를 복제하여 각 슬라이드에 삽입하기

5) 동화책에 삽화 넣기

다음으로 동화책의 각 슬라이드에 어울리는 삽화를 넣어 보겠습니다. 좌측 **사이드 패널**의 **[요소]**를 선택한 다음, '새싹, 수박꽃, 농부, 밭' 등 자신이 만들 동화책에 필요한 삽화를 각각 검색합니다. 어울리는 그래픽 이미지를 찾아 디자인에 삽입합니다.

그림 10-24. 동화책 삽화 넣기

6) 주인공 캐릭터에 움직이는 애니메이션 적용하기

이제 주인공 캐릭터에 애니메이션을 적용하여 움직이는 효과를 나타내 보도록 하겠습니다. ①에서 애니메이션 효과를 삽입할 주인공 캐릭터를 선택합니다. ②의 **편집기 상단의 [도구 모음]**에서 **[애니메이션]**을 클릭합니다.

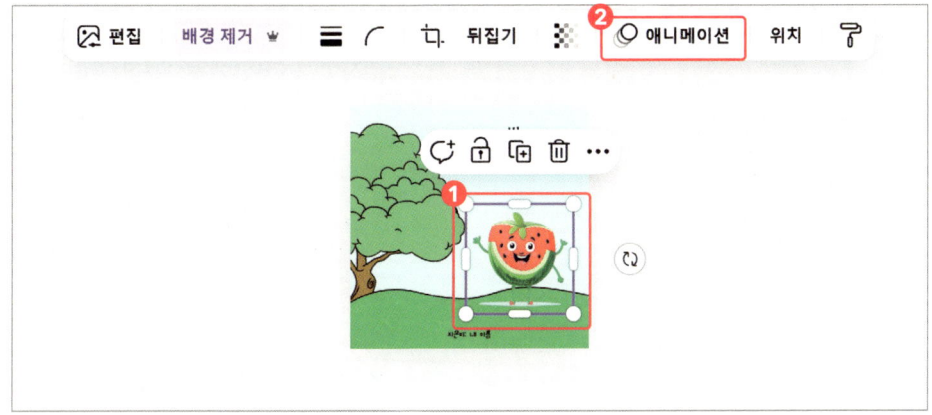

그림 10-25. 주인공 캐릭터에 애니메이션 삽입하기

그러면 좌측 패널에 **[애니메이션 옵션]**이 표시됩니다. 맞춤형의 [애니메이션 만들기]를 선택합니다. **[애니메이션 만들기]**는 원하는 대로 경로를 조절해 움직이는 효과를 주는 기능입니다.

주인공 캐릭터를 마우스로 **드래그**하면 경로대로 원하는 애니메이션을 만들 수 있습니다. 캐릭터를 드래그하여 위아래로 움직여 보겠습니다. 주인공 캐릭터가 **움직인 경로**가 보라색으로 표시되는 것을 확인할 수 있습니다. 이때, Shift 키를 누른 채 드래그하면 직선을 그릴 수 있으며, 드래그하는 속도를 빠르게 하거나 느리게 하면서 캐릭터의 움직임 속도를 조절할 수 있습니다.

그림 10-26. 애니메이션 경로 설정하기

드래그하여 움직임 경로를 설정하면, 좌측 패널에 움직임 스타일과 프레젠테이션 설정, 추가 효과를 넣을 수 있는 옵션이 뜹니다. **[움직임 스타일]**에서 **[경로를 따라 일정하게 유지]**를 선택합니다.

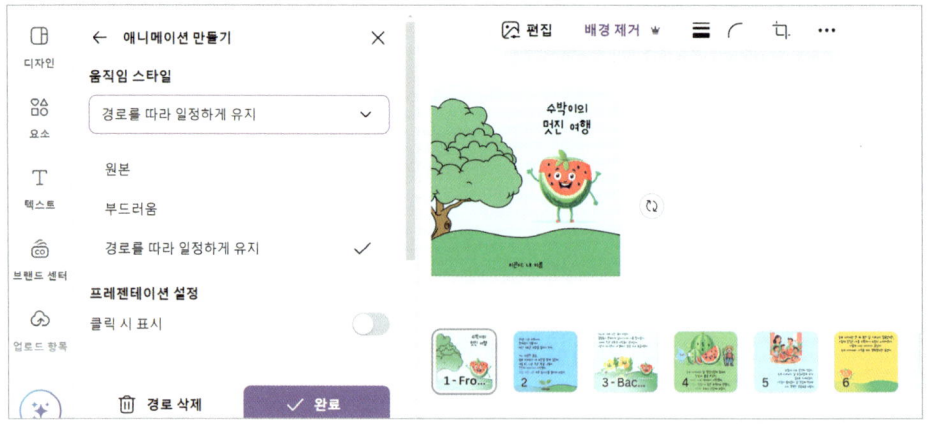

그림 10-27. 움직임 스타일 설정하기

이제 **스피드**를 원하는 속도로 조절합니다. 여기에서는 느린 속도로 설정하겠습니다.

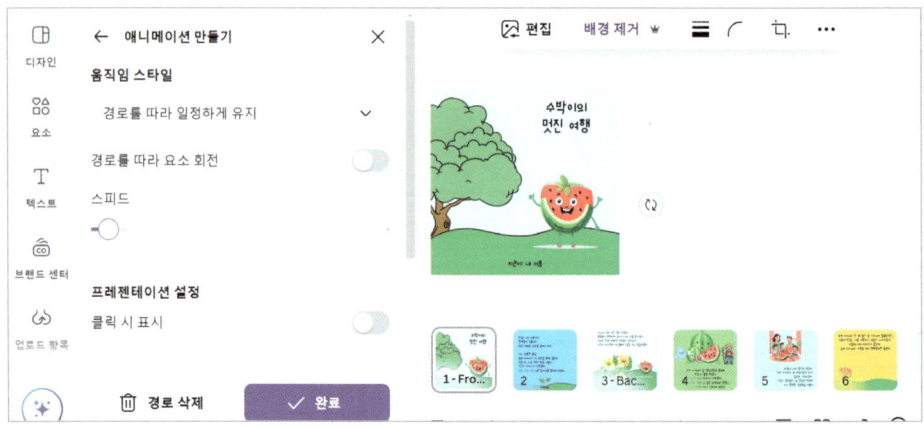

그림 10-28. 스피드 설정하기

이번에는 다른 슬라이드의 주인공 캐릭터를 선택하고 수평으로 이동하는 모션을 넣어 보겠습니다. 캐릭터를 선택하고 상단의 도구 모음에서 **[애니메이션]**을 선택합니다. **[애니메이션 만들기]**를 클릭하고 캐릭터를 곡선으로 수평 이동하면 보라색으로 경로가 표시됩니다. 이렇게 수평 이동 경로를 따라 움직이는 애니메이션을 만들 수도 있습니다.

그림 10-29. 수평 이동 애니메이션 넣기

7) 책 읽어주는 목소리 삽입하기

마지막으로 동화에 책 읽어주는 목소리를 삽입하고 움직이는 동화 파일을 다운로드하겠습니다. ①의 **편집기 상단 - [공유]**를 누르고 ②에서와 같이 **[모두 보기]**를 클릭합니다.

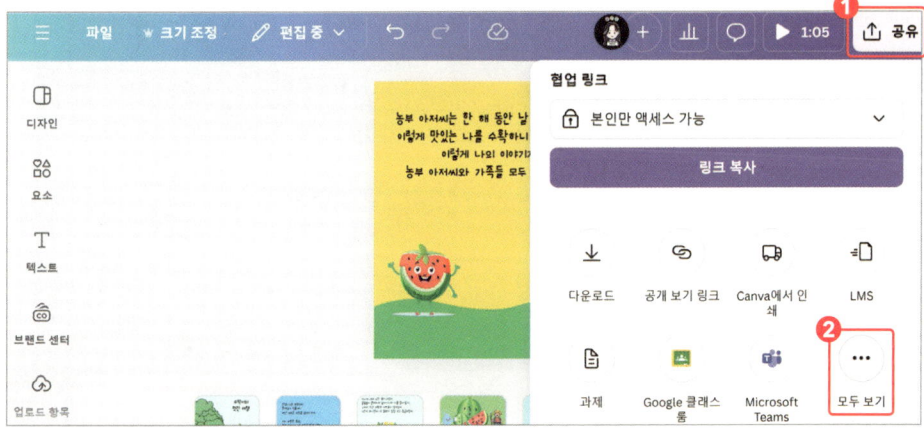

그림 10-30. 공유 - 모두 보기 클릭

10. 과학 수업 활용하기   249

[프레젠테이션 및 녹화]를 선택합니다.

그림 10-31. 프레젠테이션 및 녹화 선택하기

[녹화 스튜디오로 이동]을 누릅니다.

그림 10-32. 녹화 스튜디오로 이동

카메라와 마이크는 모두 '**허용**'을 선택합니다.

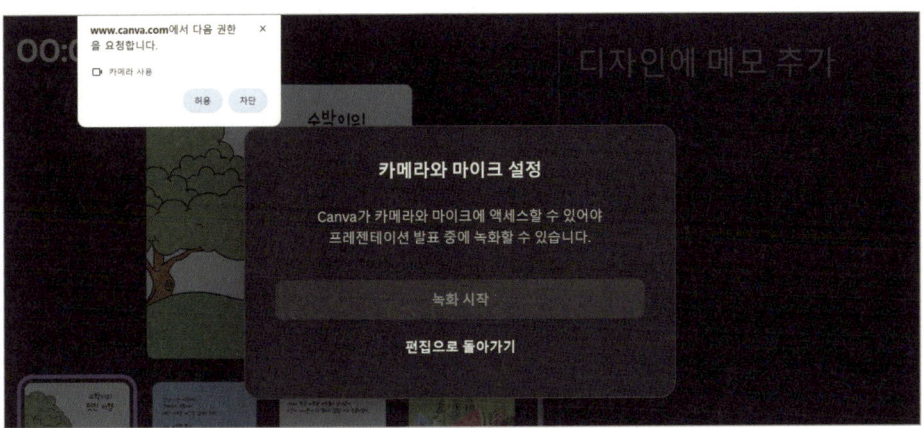

그림 10-33. 카메라 및 마이크 허용하기

카메라와 마이크 설정 창이 뜨면 '**카메라 없음**'으로 설정합니다. **[녹화 시작]**을 누르면 3초 뒤에 녹화가 시작됩니다.

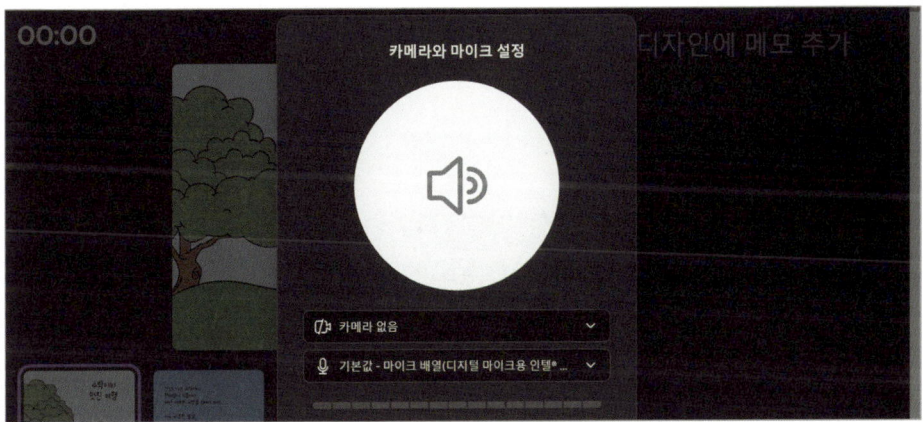

그림 10-34. 카메라 없음 및 녹화 시작

이제 슬라이드를 넘겨 동화 원고를 읽으면서 책 읽는 목소리를 직접 **녹음**하면 됩니다. 목소리 녹음이 끝나면 상단의 **[녹화 종료]**를 클릭합니다.

그림 10-35. 책 읽어주는 목소리 녹음하기

녹화 링크가 준비되었다는 창이 뜨면 우측 하단의 **[다운로드]**를 클릭하여 녹화된 동화 파일을 PC에 저장합니다. 움직이는 동화는 mp4 동영상 형태로 저장됩니다.

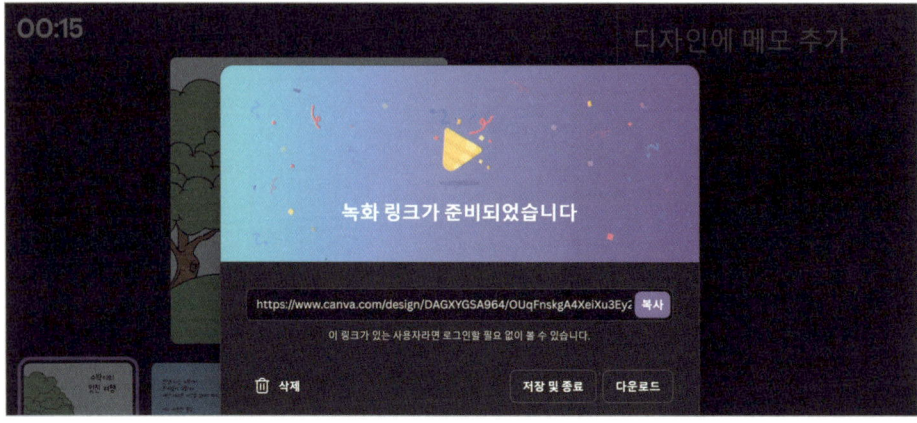

그림 10-36. 녹화된 동화 파일 다운로드하기

이처럼 애니메이션 기능을 활용하여 캐릭터에 움직임을 넣고 프레젠테이션 및 녹화 기능을 통해 책 읽어주는 목소리를 삽입하여 움직이는 과학 동화책을 만들 수 있습니다. 학생들이 직접 배운 내용을 바탕으로 원고를 쓰고 동화책을 만든 다음 자신의 목소리를 담아 만들었기 때문에 더욱 즐겁고 의미 있는 수업이 될 수 있습니다.

이 수업을 할 때는 주변 소음이 담길 수 있으므로 학생들이 개인 이어폰이나 마이크를 사용하여 조용한 장소에서 목소리를 녹음하도록 해야 합니다.

11 미술 수업 활용하기

 이번 장에서는 캔바를 활용한 미술 수업 방법 및 사례에 대해 알아보겠습니다. 캔바는 사용자 친화적인 인터페이스를 제공하여 디지털 사용 경험이 적은 학생들도 쉽게 사용할 수 있습니다. 또한 사진, 일러스트, 텍스트 등 다양한 자료를 시각적으로 표현할 수 있는 기회를 제공하여 학생들이 여러 가지 방법으로 자신의 아이디어를 구현할 수 있도록 도와줍니다. 이러한 캔바를 활용한 미술 수업의 실제를 알아봅시다.

가. 디지털 콜라주 작품 만들기

1) 캔바를 활용한 콜라주 작품 제작 수업의 장점

 여러 가지 이미지를 잘라 붙여 하나의 작품으로 제작하는 것을 콜라주라고 합니다. 콜라주 수업을 하기 위해서는 학생들이 사진, 잡지, 신문, 책 등 다양한 자료를 준비해야 합니다. 그러나 디지털 매체를 주로 사용하는 요즘 다양한 이미지 자료를 준비하기에는 어려움이 많습니다. 하시만 캔바를 사용하면 이러한 부담을 완전히 내려놓을 수 있습니다. 캔바에서 제공하는 사진, 일러스트, 텍스트 등을 사용하여 재료 준비에 대한 어려움을 쉽게 해결할 수 있습니다. 또 간편한 편집 기능으로 학생들은 끊임없이 자신의 작품을 수정하며 자신의 아이디어를 구체화할 수 있습니다.

2) 템플릿 열기

 캔바를 실행하여 콜라주 작품을 제작해 보겠습니다.

화면 중앙 템플릿 버튼 끝의 **[더 보기]**를 눌러, '포스터'라고 검색창에 입력하고 **[포스터(세로형)]**을 선택합니다.

그림 11-1. 템플릿 포스터 세로형 선택하기

3) 템플릿 배경 설정하기

먼저 콜라주를 꾸밀 종이의 배경을 설정합니다. 빈 템플릿의 배경을 설정하는 방법은 두 가지입니다. 첫 번째 방법은 색으로 채워 넣는 방법입니다.

01 빈 템플릿을 선택하면 화면 상단에 편집 툴바가 나타납니다.

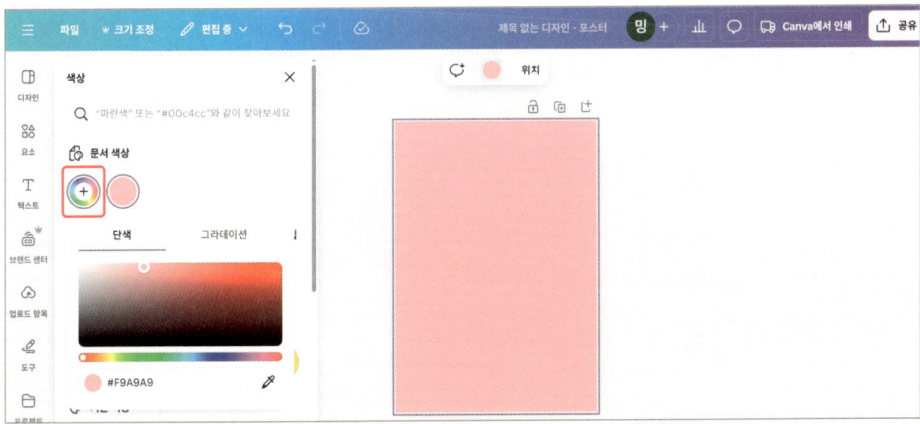

그림 11-2. 템플릿 배경 컬러팔레트 색 지정하기

02 편집 툴바에서 컬러팔레트 아이콘을 선택합니다. [더하기] 버튼을 눌러 원하는 색상을 선택하거나 아래의 컬러 예시 중 하나를 골라 배경을 설정할 수 있습니다. 단색과 그러데이션 중 원하는 스타일을 선택할 수도 있습니다.

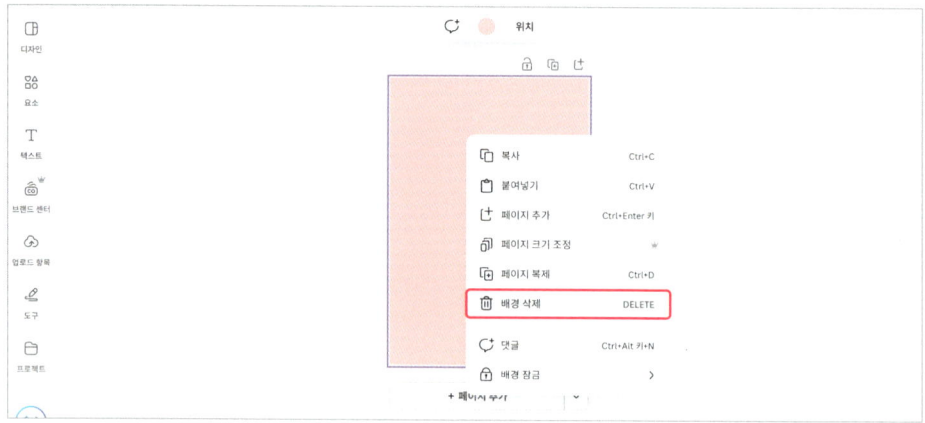

그림 11-3. 템플릿 배경 삭제하기

03 설정하신 배경을 삭제하고 싶으시다면, [배경]을 클릭하고 마우스 오른쪽 버튼, [배경 삭제]를 클릭하시면 됩니다.

두 번째 방법은 사진을 배경으로 설정하는 방법입니다.

그림 11-4. 배경 사진 설정하기

그림의 ①번 좌측 메뉴 바에서 [요소]를 클릭합니다. ②번의 검색창에 '**하늘, 땅, 바다**' 등과 같이 배경으로 사용하고 싶은 사진을 검색합니다. ③번 요소 상단 카테고리의 **[사진]**을 클릭합니다. ④와 같이 원하는 사진을 클릭하시고 템플릿 위에 입력합니다.

그림 11-5. 사진 배경으로 설정하기

04 배치된 사진을 클릭하고 마우스 오른쪽 버튼을 누르시고 [이미지를 배경으로 설정]을 클릭합니다.

이미 배경으로 사진이 설정된 상태에서, 다른 사진으로 배경을 교체하고 싶을 때에는 다음과 같이 교체합니다.

그림 11-6. 배경 지정 사진 교체하기

① 다른 사진을 클릭하여 템플릿 위에 입력합니다.

② 마우스 오른쪽 버튼을 클릭합니다.

③ [배경 교체]를 클릭하여 교체합니다.

4) 이미지 요소 가져와 직접 제작하기

이제 여러 사진을 오려서 콜라주 작품을 제작하는 것과 같은 방법을 실행해 봅시다. 함께 실습해 볼 콜라주 주제는 '학교'입니다. 사진을 배치하는 세 가지 방법에 대해 알아봅시다.

01 첫 번째 방법, 배경이 이미 제거된 사진 요소를 스티커처럼 붙이기.

캔바는 구체적인 실물 요소들을 검색했을 때, 배경이 제거된 사진을 스티커처럼 사용할 수 있도록 제공합니다.

① 요소 검색창에 학교와 관련된 키워드 '연필'을 검색합니다.

② 에디터 창 상단의 메뉴 탭에서 **[사진]**을 선택합니다.

③ 배경이 하얀 대상 사진을 클릭합니다. 크기와 위치를 적절하게 조정합니다.

그림 11-7. 연필 사진 넣기

02 두 번째 방법, 사진 요소의 배경을 제거하여 붙이기.

실제 오프라인 콜라주 수업에서 사진을 가위로 오려서 붙이는 것 같은 효과를 실행할 수 있습니다.

① 요소 검색창에 **'미술 수업'**을 검색합니다.
② 사용하고 싶은 사진을 선택하여 템플릿에 입력합니다.

그림 11-8. 미술 수업 사진 입력하기

③ 상단 편집 툴바에서 **[배경 제거]** 버튼을 클릭하여 배경을 제거합니다.
④ 사진 상하좌우에 보이는 **[자르기 커서]**를 사용하면 사진을 편리하게 자를 수 있습니다. 만약 잘못 자르셨다면 다시 자르기 커서를 움직여 되돌릴 수 있습니다. 또는 **화면 상단**의 되돌리기 버튼을 사용할 수 있습니다.

그림 11-9. 미술 수업 사진 배경 제거하기

실제 교실에서 미술 콜라주 수업을 할 때 학생들이 배경을 오리고 붙이는 데 많은 시간이 사용되지만, 이렇게 캔바를 사용하면 이미지를 자르고 수정하는 데 드는 시간이 획기적으로 줄어들게 됩니다. 작품 제작 중 풀로 붙이고 난 뒤, 이미지의 배치를 수정하고 싶어 하는 경우 캔바를 사용하면 언제든지 계획을 변경할 수 있고, 실수를 만회할 수 있습니다. 이런 캔바의 장점을 활용하여 콜라주 수업을 할 때 학생들은 자연스럽게 '콜라주 이미지의 배치', '주제를 드러내는 효과적인 디자인 구상' 등 미적 감각을 키우는 경험에 더 집중할 수 있습니다.

03 세 번째 방법, 레이어와 크기를 조정하여 창의적으로 표현하기.

실제 콜라주였다면 기존에 붙인 연필 사진을 떼거나, 어린이 사진의 크기를 조정하는 것은 불가능합니다. 하지만, 캔바를 사용한다면 아래에 있는 사진을 위로 올리는 레이어를 변경하고 사진의 크기를 간편하게 바꿀 수 있습니다. 캔바를 활용하여 재미있고 창의력 넘치는 콜라주 작품을 제작해 봅시다.

학생 사진을 연필 아래로 내려 레이어를 조정하고, 연필 크기를 키워 학생이 거대한 연필을 들고 있는 것과 같이 제작해 봅시다.

① 연필 사진을 선택합니다.

② [레이어] - [앞으로 가져오기]를 선택합니다.

③ 연필의 크기와 위치를 알맞게 바꿉니다.

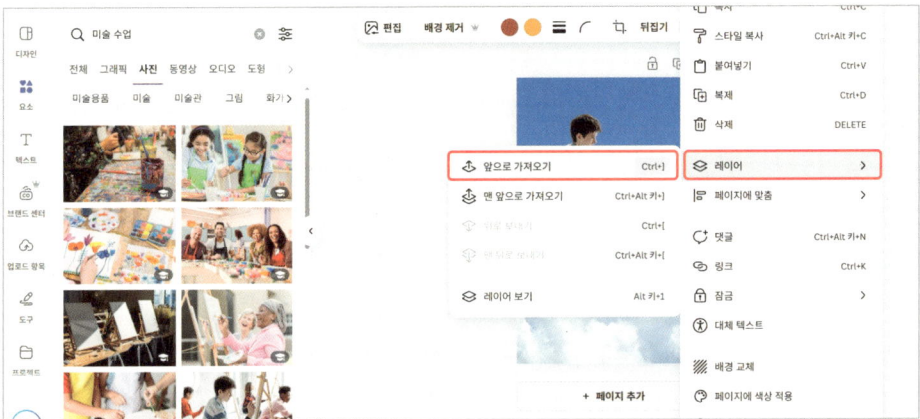

그림 11-10. 연필 레이어 위로 올리기

그림 11-11. 레이어 변경 완료 사진

더 많은 사진 요소를 가져와 **배경 제거, 레이어 변경, 크기 변경 방법**을 사용하여 작품을 창의적으로 완성해 봅시다.

그림 11-12. 창의적 작품 완성 예시

04 네 번째 방법, 디자인 템플릿 활용하여 콜라주 작품 완성하기.

지금까지 빈 페이지에서부터 학생들이 하나하나 직접 요소를 배치하여 콜라주 작품을 제작하는 방법을 알아보았습니다. 이번에는 기존에 제작된 캔바 디자인 템플릿을 사용하여 콜라주를 제작하는 방법을 알아보겠습니다.

① 좌측 메뉴에서 [디자인]을 클릭합니다.
② 검색창에 '콜라주'를 검색합니다.
③ 사용하고 싶은 디자인을 선택하여 페이지에 적용합니다.

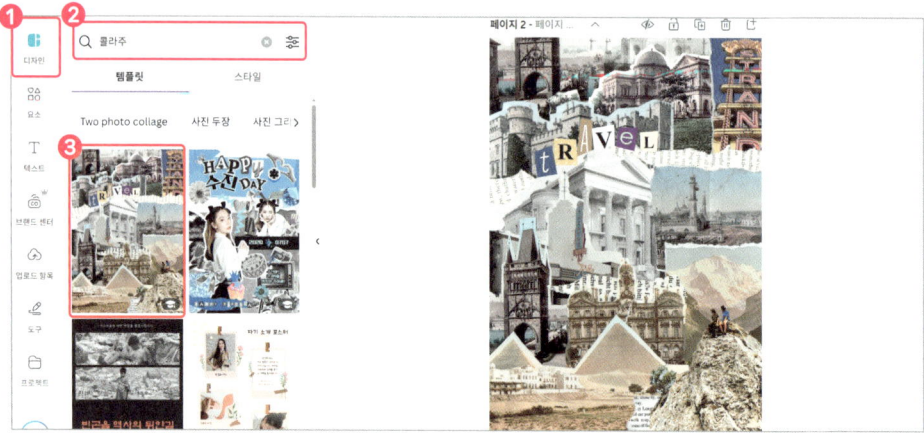

그림 11-13. 콜라주 디자인 템플릿 이용하기

각각의 요소들은 모두 선택 가능하도록 설정되어 있습니다. 이 배치된 요소들을 삭제하거나 크기를 변경하고, 원하는 사진을 입력하여 나만의 콜라주 작품을 완성할 수 있습니다. 템플릿을 사용하여 제작하는 콜라주는 미술 창작활동에 부담을 느끼는 학생들에게 추천하는 방법입니다.

그림 11-14. 콜라주 개별 요소 편집

05 작품 다운로드하기.

이렇게 제작한 작품은 이미지로 저장할 수 있습니다. 다운받은 이미지를 태블릿에 전시하거나, 학급 온라인 게시판에 전시하여 더욱 풍성한 디지털 콜라주 작품 수업을 할 수 있습니다.

① 화면 우측 상단 [공유] - [다운로드]를 클릭합니다.
② 원하는 파일 형식을 선택합니다.
③ [다운로드] 버튼을 클릭합니다.

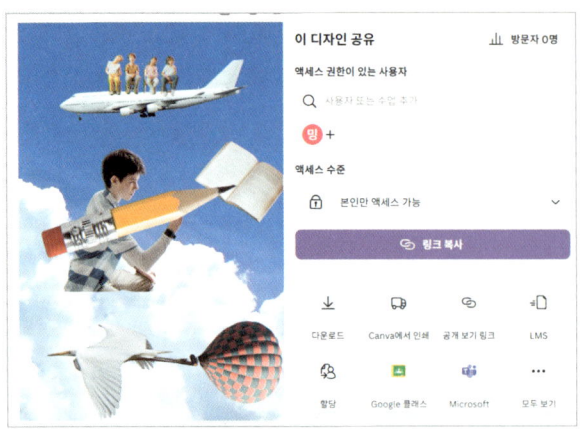

그림 11-15. 작품 다운로드하기

나. 목업으로 생활 용품 디자인하기

1) 목업이란?

목업이란 일종의 '모형'으로서, 아이디어를 시각화하여 제품 디자인의 최종 모습을 검토할 때 사용하는 도구입니다. 기업들이 제품을 제작하는 과정에서 고객이 쉽게 이해할 수 있도록 만드는 시제품입니다. 캔바에서는 제품에 디자인이 들어갈 부분을 프레임을 사용해 비워두고, 사용자가 제품에 적용할 디자인 사진, 일러스트, 그림 등을 **드래그 앤 드롭**으로 간편하게 제작할 수 있는 서비스를 제공합니다.

이러한 캔바이 목업 편집 기능을 활용하면 초등 미술 교과의 '생활 속 시각이미지', '생활 속에서 찾는 미술' 등의 수업을 더 생동감 넘치게 할 수 있습니다. 차근차근 실습해 봅시다.

템플릿의 크기는 원하는 어떤 것이든 사용해도 괜찮습니다. 자주 사용하는 프레젠테이션을 사용해 제작해 봅시다.

2) 목업 제작할 제품 선정

목업 앱을 실행하여 목업으로 제작할 제품을 선택해 봅시다.

① 좌측 메뉴에서 [앱]을 선택합니다.
② 검색창에 '목업'을 검색합니다. 검색 결과로 나오는 첫 번째 목업 앱을 클릭하면 다양한 카테고리로 분류된 목업 디자인을 살펴볼 수 있습니다.

그림 11-16. 목업 앱 실행하기

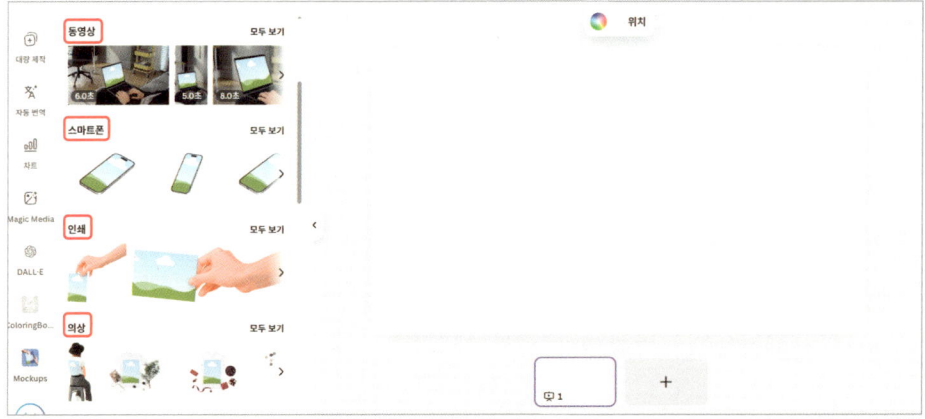

그림 11-17. 목업 카테고리 확인

이 중 미술 교과의, 생활용품 시각 디자인 수업으로 추천하는 카테고리는 **의상**, **홈 앤 리빙**, **포장**입니다.

그림 11-18. 목업 실습 제품 세 개 입력하기

　　페이지에 사용하고 싶은 목업 세 개를 클릭하여 입력합니다(예시: 물컵, 에코백, 티셔츠). 목업 이미지에 프레임으로 비어 있는 부분을 디자인으로 채워 목업 디자인 제품을 제작해 봅시다.

3) 목업 디자인 제품 제작

　　디자인을 채우는 방법은 크게 세 가지입니다.

01　첫 번째 방법, 캔바 내의 일러스트, 사진 등의 요소를 사용하기.

① 좌측 메뉴의 [요소] 탭을 선택합니다.

② 제품에 꾸미고 싶은 요소를 검색하고, 클릭하여 페이지에 입력합니다.

③ 올려놓은 이미지를 마우스 왼쪽 버튼을 클릭한 채로 드래그하여 제작하고 싶은 목업 이미지 위에 파란색 박스가 나타나도록 가져갑니다.

④ 마우스 왼쪽 버튼을 놓아 드롭합니다.

그림 11-19. 목업 컵에 사진 넣기

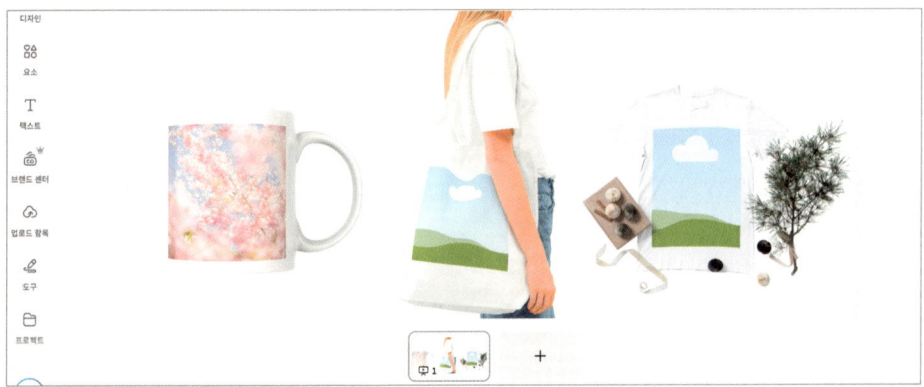

그림 11-20. 목업 컵 완성 사진

물컵에 입력된 사진을 살펴보시면 입력한 이미지가 물컵의 곡선에 맞게 입력되었습니다. 이렇듯, 캔바 목업 기능을 사용하면 곡률 변경과 같은, 고급 이미지 편집을 쉽고 편리하게 할 수 있습니다.

02 **두 번째 방법, 학생이 오프라인으로 종이에 그린 그림을 사진을 찍어 업로드하기.**

① 종이에 채색 도구(색연필, 싸인펜, 물감 등)를 사용하여 그림을 그립니다. 이때 배경은 제거할 예정이므로 하얗게 비워두거나, 배경까지 모두 색칠합니다.

② 태블릿 카메라를 사용하여 종이에 그린 그림을 촬영합니다.

11. 미술 수업 활용하기

그림 11-21. 목업 에코백 그림 업로드

③ 캔바 좌측 메뉴 탭 [업로드 항목] - [업로드하기]를 클릭. 자신이 그린 그림을 사진으로 업로드 합니다.

④ 업로드한 그림을 한 번 클릭하여 페이지에 입력합니다.

⑤ 그림을 마우스 왼쪽 버튼으로 클릭하여 선택하고, 상단의 [배경 제거] 버튼을 클릭합니다.

그림 11-22. 목업 에코백 손그림 배경 제거

⑥ 배경이 제거된 사진을 드래그 앤드 드롭으로 목업 이미지 위에 올려놓습니다.

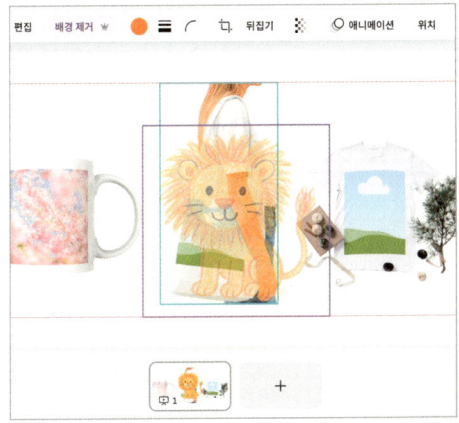
그림 11-23. 목업 에코백 드래그 앤 드롭

그림 11-24. 목업 에코백 완성

03 세 번째 방법, 캔바 내에서 그린 그림을 목업 디자인으로 제작하기.

① 페이지 하단의 [더하기(+)] 버튼을 클릭하여 새로운 페이지를 생성합니다.

② 두 번째 페이지를 실행한 상태로 좌측 메뉴의 [도구] - [Draw] 빨간 색연필 아이콘을 클릭합니다. [Draw]는 자유롭게 그림을 그리는 도구입니다. 좌측 그리기 툴바는 '펜, 마커, 형광펜, 지우개, 색상, 설정(두께, 투명도)'으로 구성되어 있습니다.

③ 목업에 디자인으로 입력하고 싶은 그림을 직접 그립니다.

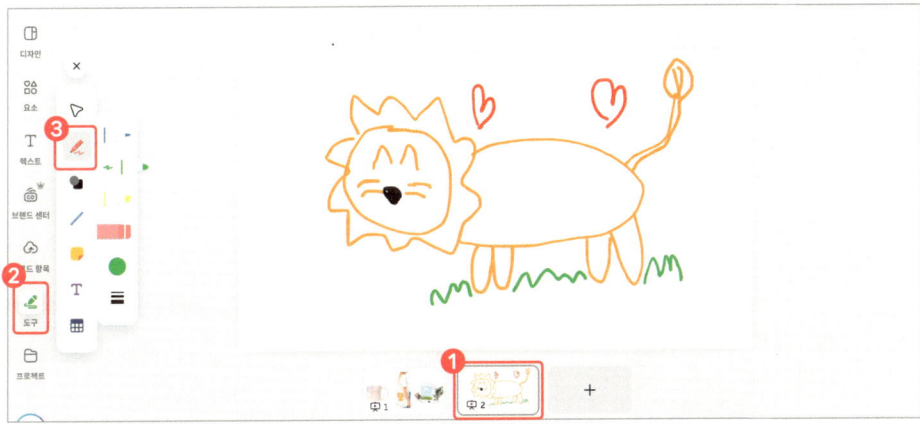
그림 11-25. 목업 티셔츠 드로우 그림 그리기

④ 우측 상단 [공유] - [다운로드] - 파일 형식은 '이미지 파일'로 선택, 페이지 [2페이지] 선택하여 다운로드합니다.

그림 11-26. 목업 티셔츠 드로우 그림 다운로드

⑤ 목업이 있는 1페이지를 다시 실행합니다.

⑥ 왼쪽 메뉴에서 [업로드 항목]을 클릭하고, 내려받은 2페이지의 이미지 파일을 업로드합니다.

⑦ 좌측에 업로드된 이미지를 클릭하여 2페이지에 입력합니다.

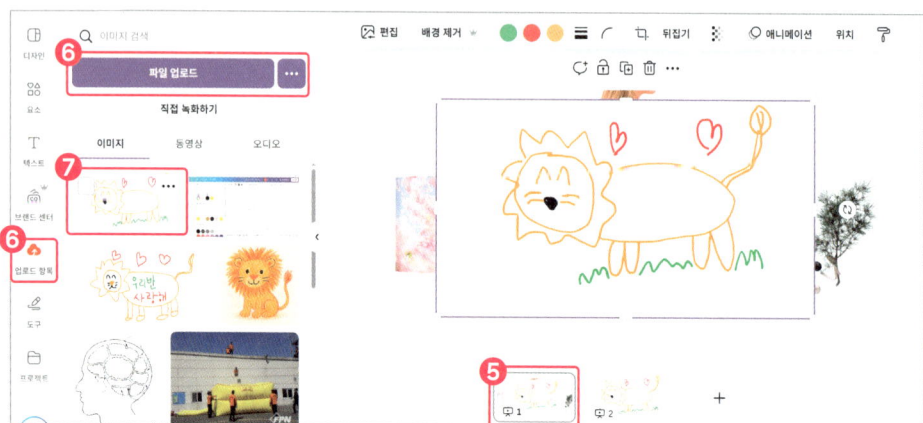

그림 11-27. 티셔츠 목업 드로우 이미지 업로드하기

⑧ 업로드한 이미지 선택 – 상단 [배경 제거]를 클릭합니다. 배경을 제거하지 않으면, 업로드 사진의 하얀색 배경까지 그대로 업로드되기 때문에 배경을 꽉 채우는 그림이 아니라면, 꼭 배경을 제거합니다.

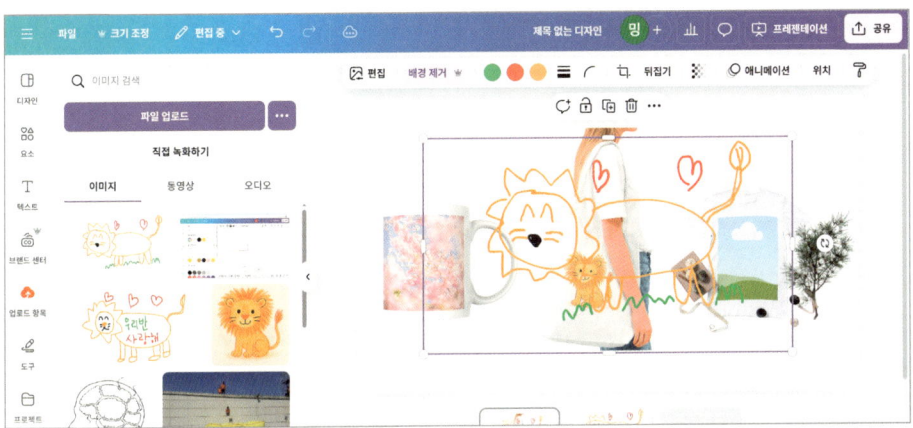

그림 11-28. 목업 티셔츠 드로우 이미지 업로드 배경 제거하기

⑨ 배경이 제거된 이미지를 티셔츠 목업에 드래그 앤드 드롭하여 티셔츠 목업을 완성합니다.

그림 11-29. 목업 티셔츠 완성 사진

4) 목업 세부사항 조정하기

제작된 목업 이미지를 더블 클릭하면 화면 좌측 목업 편집 사이드 패널이 나타납니다. 여기에서 입력한 디자인의 아래와 같은 세부 사항을 조정할 수 있습니다.

11. 미술 수업 활용하기

01 크기 조정하기

[채우기], [맞춤] 버튼을 사용하거나, 직접 그림의 원하는 부분을 선택할 수 있습니다.

- 채우기: 목업 프레임에 맞추어 이미지를 채워 자르고 입력하기

- 맞춤: 이미지 전체가 보이도록 목업 프레임을 비우고 입력하기

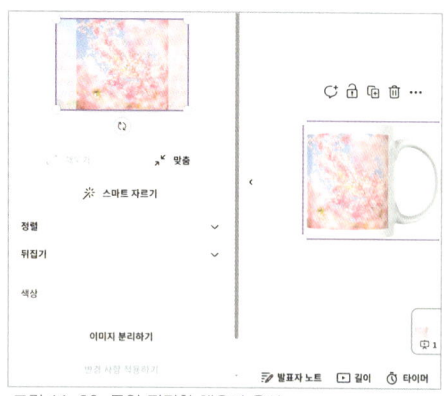
그림 11-30. 목업 편집창 채우기 옵션

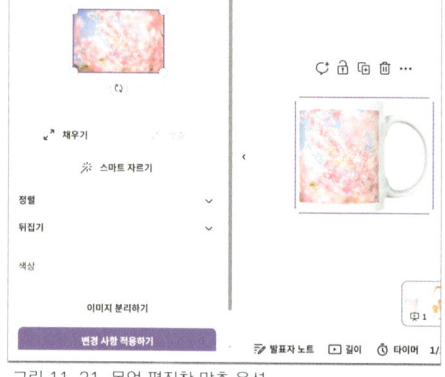
그림 11-31. 목업 편집창 맞춤 옵션

02 제품의 색상 변경하기

[색상] 선택 - [변경 사항 적용하기]를 선택합니다.

그림 11-32. 목업 제품 완성 사진

목업으로 완성한 물컵, 티셔츠, 에코백 작품입니다. 여러 가지 제품을 직접 디자인해 보며 학생들은 디자인 적용 전과 후의 차이점을 자연스럽게 인식하게 되며 생활 속에서 미술의 역할과 중요성을 깨달을 수 있습니다.

다. 만들기 도안 제작하기

미술 교과 시간에 만들기 도안을 활용하여 작품을 제작하는 경우가 많습니다. 미술 뿐만 아니라 수학 교과목의 주사위, 국어 교과의 아트북과 같이 만들기 도안은 다양하게 사용됩니다. 이러한 만들기 도안을 캔바를 사용하여 간편하게 제작할 수 있습니다. 특히 요소를 편집할 때 제공되는 자동 정렬 기능과 보조선 기능을 활용하여, 도안의 디테일한 길이 및 간격까지 손쉽게 맞출 수 있습니다. 실습을 통해 직접 제작해 봅시다.

1) 템플릿 선택

템플릿은 **[프레젠테이션]** 또는 템플릿 항목 우측 끝의 **[더 보기] - [워크시트(세로형)]** 을 사용합니다. 이번 실습에서는 프레젠테이션을 사용하여 작업해봅시다.

2) 도안 제작하기

캔바를 사용한 도안 제작 단계는 3단계로 나눠볼 수 있습니다.

첫 번째, 기본 도형을 사용하여 '면' 제작하기.

두 번째, 풀칠 접합 부위 '붙임 날개' 만들기

세 번째, 텍스트와 그래픽 요소로 도안 꾸미기

친구 사랑 활동 주사위 도안을 제작하며 캔바를 사용한 도안 제작 방법을 익혀보겠습니다. 주사위는 6개의 면과 7개의 붙임 날개로 구성이 됩니다. 이와 같이 도안을 제작할 때에는, 만들 자료의 면의 개수, 붙임 날개 개수와 위치를 미리 계획하여 도안을 제작하길 추천합니다. 차근차근 도안을 제작해 봅시다.

첫 번째, 기본 도형을 사용하여 '면' 제작하기

01 좌측 메뉴 중 [요소] - [도형] 카테고리의 [모두 보기]를 클릭합니다.

그림 11-33. 도안 제작 요소 도형 모두 보기

02 정사각형 도형을 클릭하여 페이지 위에 입력합니다.

03 도형을 클릭하여 상단 편집 툴바를 사용하여 **배경(흰색)과 테두리(실선), 선 굵기(1pt)**를 설정합니다.

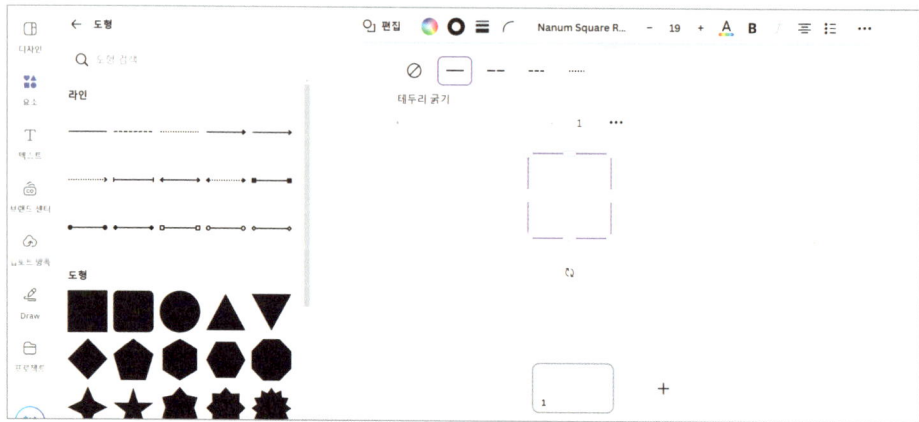

그림 11-34. 정사각형 도형 설정하기

04 **03**에서 입력한 **정사각형 비율을 유지하며** 크기를 조정해 봅시다.

shift 키를 누른 상태에서 정사각형의 꼭짓점을 드래그하여 크기를 조정합니다.

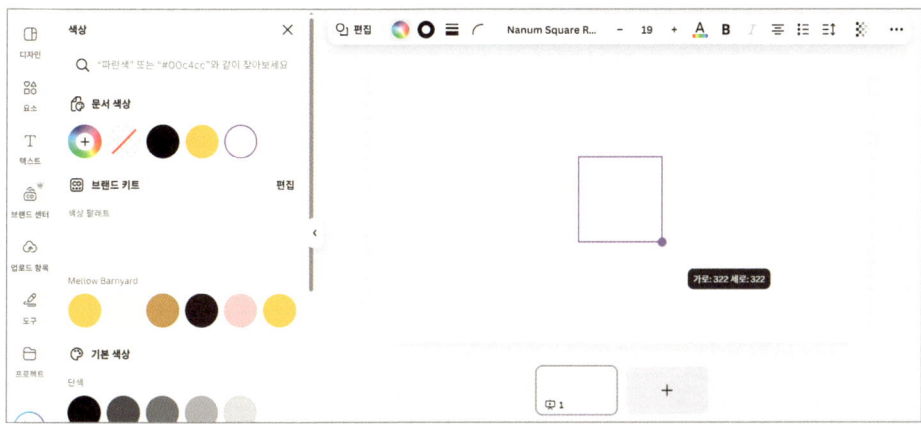

그림 11-35. 정사각형 비율 유지하며 크기 조정

05 크기를 정했다면 정사각형 도형을 [복사] - [붙여 넣기]하여 도형 오른쪽에 나란히 붙입니다. 캔바에서는 도형을 움직일 때 **보조선의 도움**을 받을 수 있습니다. 화면을 보면, 도형 주위에 분홍색 점선 보조선이 나타나며 붙이고자 하는 도형의 끝 선이 나란히 자석처럼 찰싹 붙어 정렬된 것을 확인할 수 있습니다.

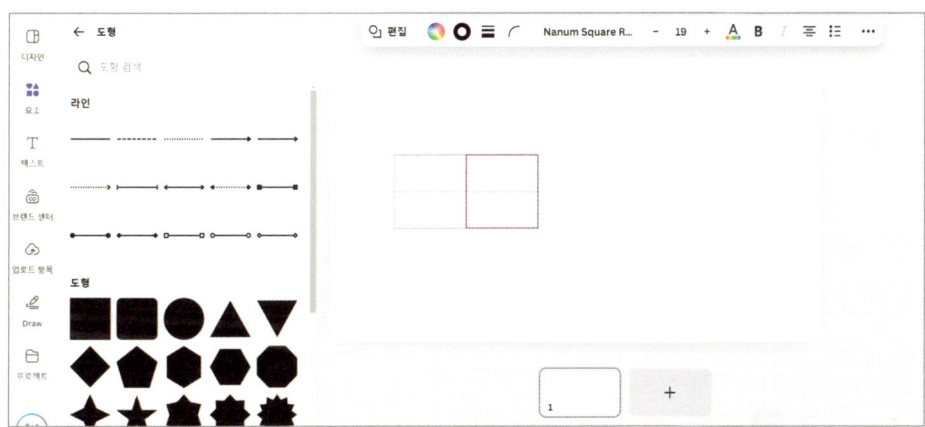

그림 11-36. 정사각형 보조선 붙여 넣기

좀 더 빠른 편집을 원하시는 경우 **shift + ctrl + alt** 키를 동시에 누른 상태로, 복사하고 싶은 도형을 클릭하여 **드래그 앤드 드롭**해 보세요. 도형이 핑크색으로 바뀌며 같은 열에서 나란히 복사됩니다.

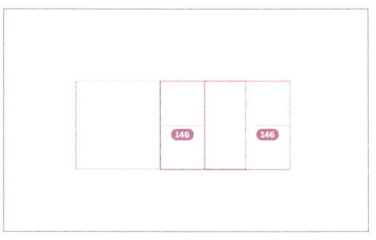

그림 11-37. 정사각형 단축키 드래그 앤드 드롭

06 주사위 면을 모두 완성했다면, 마우스 커서로 **드래그**하여 **전체 면을 모두 선택**하고, 도안 전체의 크기와 위치를 알맞게 조정합니다.

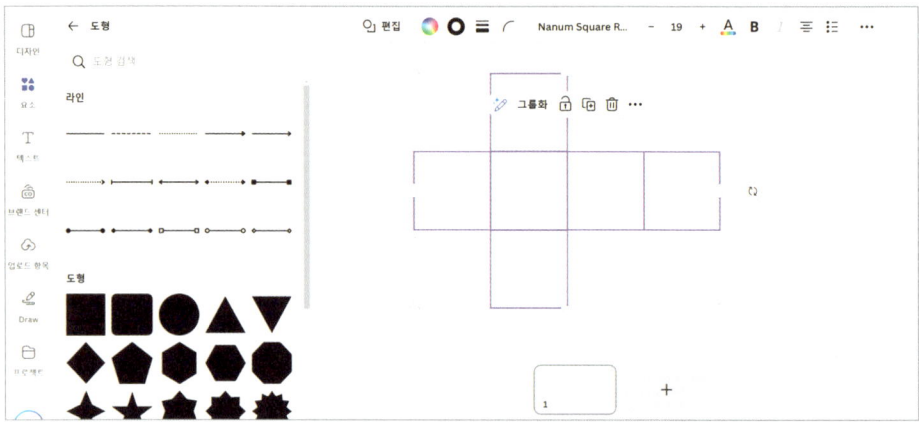

그림 11-38. 전체 크기 설정하기

두 번째, 풀칠 접합 부위 '붙임 날개' 만들기

01 좌측 메뉴 중 **[요소] - [도형]** 카테고리의 **[모두 보기]**를 클릭하여 [라운드 사각형]을 선택합니다.

02 배경(흰색)과 테두리(실선), 선 굵기(1pt)를 설정합니다.

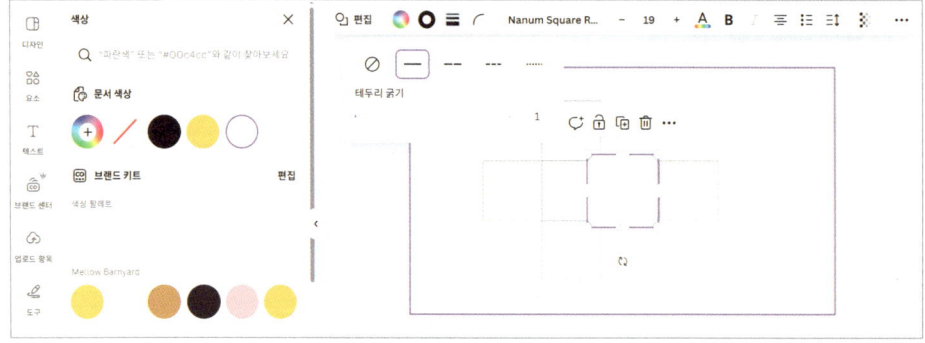

그림 11-39. 라운드 사각형 테두리 설정

03 붙임날개를 만들 면에 '라운드 사각형' 도형을 붙여 크기를 조정합니다.

04 붙임날개 라운드 사각형 도형을 선택하고, 마우스 오른쪽 버튼 클릭 [레이어] - [뒤로 보내기]를 합니다. 단축키 ctrl + 대괄호([)를 사용하면 레이어를 쉽게 뒤로 보낼 수 있습니다.

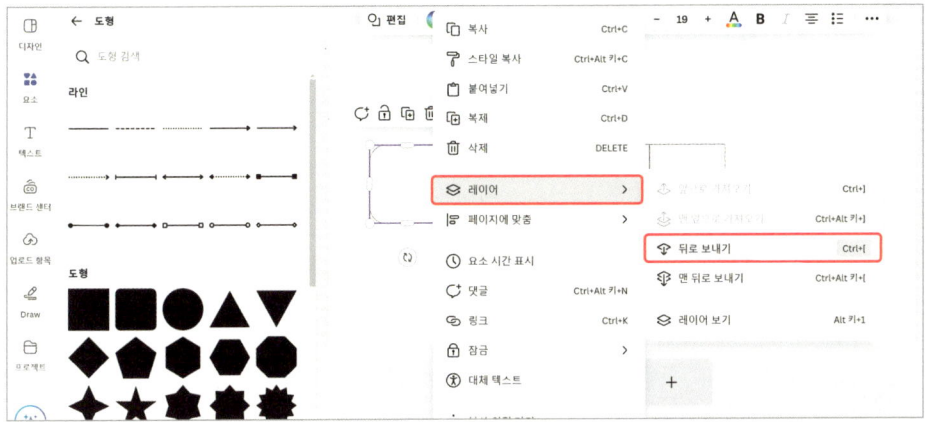

그림 11-40. 라운드 사각형 레이어 조정

05 붙임날개 7개를 아래와 같이 붙여 완성해 봅시다.

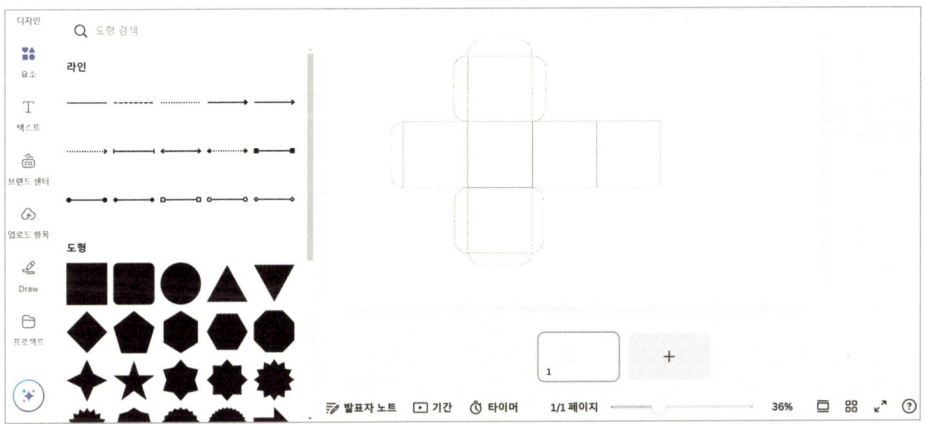

그림 11-41. 주사위 도안 붙임날개 완성

세 번째, 텍스트와 그래픽 요소로 도안 꾸미기

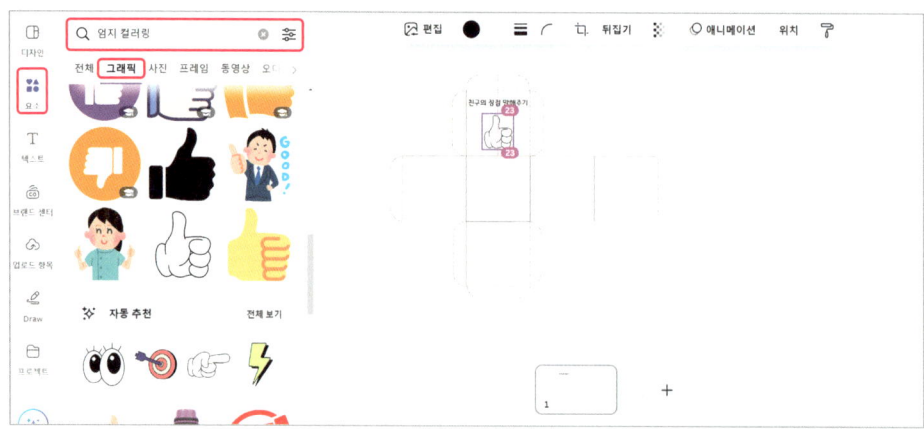

그림 11-42. 컬러링 도안 넣기

좌측 메뉴에서 [요소]를 클릭하고 검색창에 '000 컬러링'을 검색하여 **[그래픽] 탭**에서 원하는 일러스트를 선택합니다. '컬러링'이라고 검색할 경우 색칠되지 않은 일러스트를 찾을 수 있어 만들기 도안 제작 시 유용합니다. 컬러링 도안을 배치할 때에도 캔바의 **정렬 보조선**을 확인하면서 움직이면 도안 면의 정가운데 정렬하기 좋습니다.

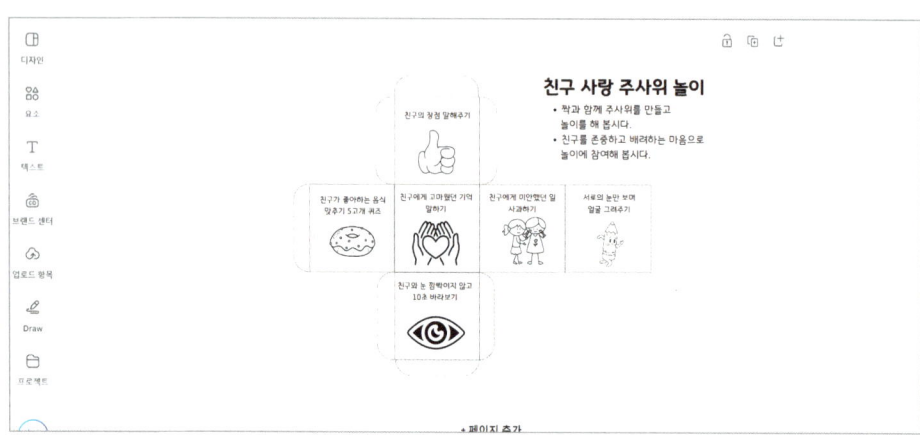

그림 11-43. 간단한 도안에 대한 설명 쓰기

텍스트와 일러스트를 배치하고 도안 바깥에 간단한 활동지에 대한 설명을 입력합니다.

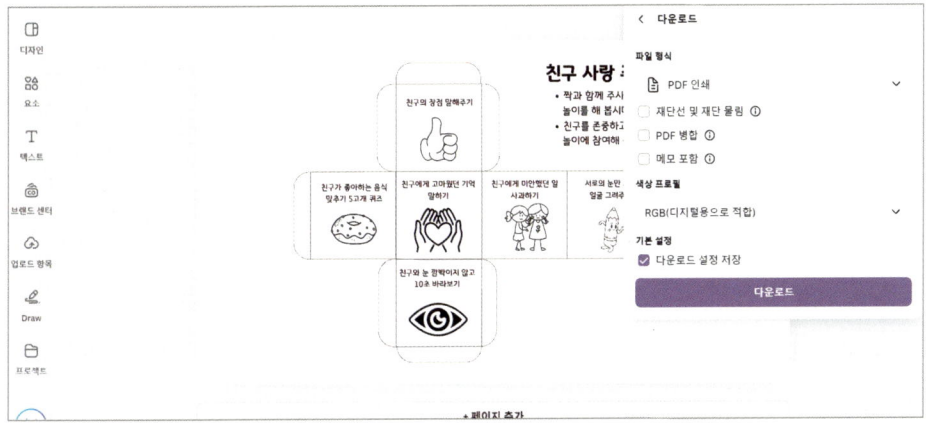

그림 11-44. 도안 다운로드 받기

    도안이 완성되면 화면 우측 상단 [공유] - [다운로드] - [파일형식 PDF 인쇄]를 선택하여 다운로드 받습니다. 다운받은 파일을 인쇄하여 학생들과 수업 시간에 만들기 도안으로 사용합니다.

    이와 같이 캔바를 활용한다면 학생들의 창의력과 잠재력을 끌어올리는 다양한 미술 수업을 할 수 있습니다. 캔바를 통해 선생님의 미술 수업이 더욱 풍성하고 다채로워질 수 있길 바랍니다.

12 음악 수업 활용하기

　음악 수업은 학생들이 창의력을 발휘하고, 감성을 표현할 수 있는 중요한 활동입니다. 하지만 음악과 연계된 다양한 수업을 진행하려다 보면 자료 준비와 제작 과정이 복잡해 시간이 오래 걸리는 경우가 많습니다.

　캔바의 간편한 사용자 인터페이스와 다양한 템플릿은 복잡한 과정 없이도 학생들과 창의적인 수업을 진행할 수 있도록 도와줍니다. 특히, 이미지, 동영상, 음악 파일을 손쉽게 통합할 수 있어 자료 제작에 드는 시간을 획기적으로 줄일 수 있습니다.

　이번 장에서는 캔바를 활용하여 진행할 수 있는 음악 수업 예시를 보여드리려고 합니다. 첫 번째는 '앨범 재킷 제작하기', 두 번째는 '음악 감상 수업하기', 세 번째는 '뮤직비디오 및 섬네일 제작하기'입니다. 활용할 주요 기능은 요소 패널, 동영상 타이밍 조절, 이미지 업로드하기, 템플릿 편집 및 공유 기능입니다.

가. 앨범 재킷 제작하기

　음악을 들을 때 여러분은 무엇에 가장 먼저 눈길이 가시나요? 노래 제목, 가수 이름, 혹은 작곡가 정보도 눈에 띌 수 있겠지만, 음원 사이트에서 제공하는 **앨범 재킷 이미지** 역시 큰 영향을 미칩니다.

　음악 교과서에는 다양한 노래가 수록되어 있지만, 제목만으로 학생들의 호기심을 끌기는 어려울 때가 많습니다. 이런 점을 보완하기 위해 첫 음악 수업에서 교과서 속 노래를 바탕으로 **앨범 재킷을 제작하는 활동**을 진행합니다. 이 활동은 학생들의 학습 동기를 효과적으로 유발하며, 제재곡에 대한 관심, 수업의 몰입도를 높이는 데 도움이 됩니다.

1) 제작 전 예시 살펴보기

활동 시작 전에 다양한 음원 사이트를 보여주며, 학생들에게 눈에 띄는 요소가 무엇인지 질문합니다. 보통 학생들은 가수 이름, 노래 제목, 그리고 앨범 재킷 이미지를 이야기합니다. 이 과정을 통해 **앨범 재킷**이 음악을 선택하는 데 있어서 중요한 역할을 한다는 것을 알게 됩니다. 다양한 앨범 재킷 중 한 두 가지 **예시**를 보여준 뒤, 재킷 이미지에서 느껴지는 **감정이나 주제**를 학생들과 함께 추측해 봅니다. 이를 통해 앨범 재킷 제작 시 노래 가사와 주제에 맞는 디자인을 선택해야 한다는 점을 강조할 수 있습니다.

2) 노래 선정

학생들과 본격적으로 활동을 하기 전에 교과서의 다양한 노래들을 살펴보면서 자신이 만들 곡을 결정합니다.

3) 템플릿 열기

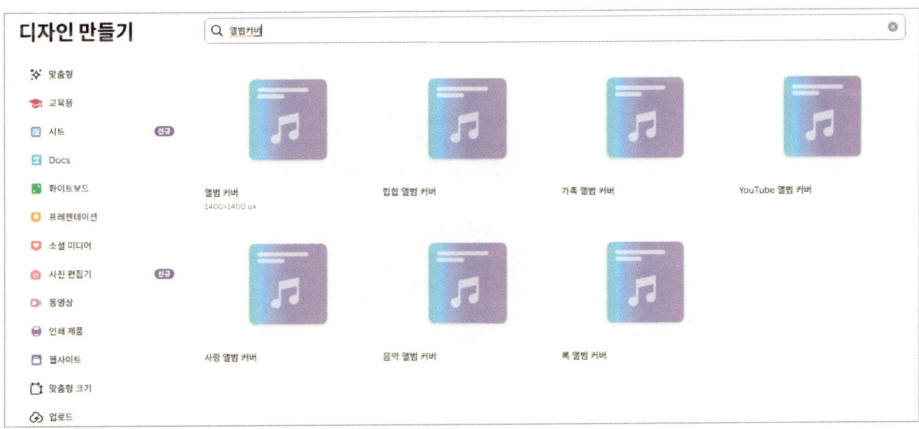

그림 12-1. 디자인 만들기 앨범 커버 선택하기

캔바를 실행하고 왼쪽 메뉴에서 **[디자인 만들기]** 버튼을 클릭하고, 검색창에 '앨범 커버'를 입력하고, **앨범 커버 (1400×1400px)** 크기의 템플릿을 선택합니다.

[디자인] 패널에서 제공하는 다양한 앨범 커버 템플릿을 살펴봅니다. 선택한 노래의 분위기와 가사에서 느껴지는 감정에 어울리는 템플릿을 골라 클릭합니다.

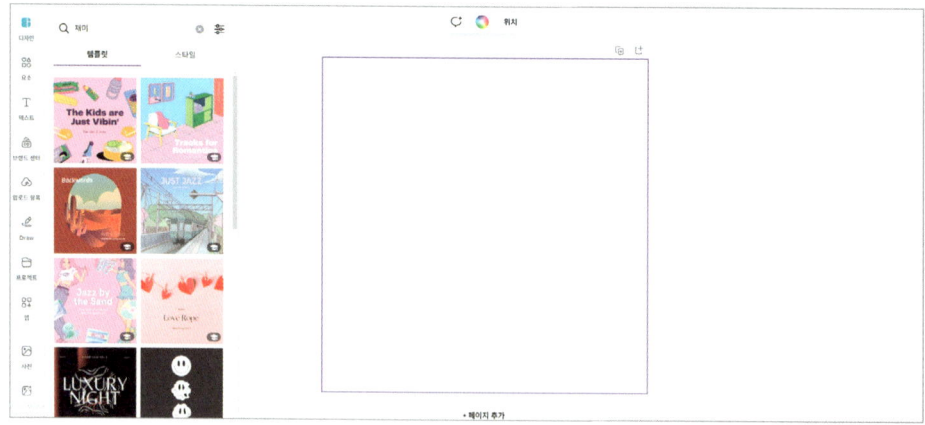

그림 12-2. 감정 키워드 검색하여 템플릿 선택하기

이때, 노래를 듣고 떠오르는 **감정**을 키워드로 검색하여 템플릿을 선택해도 됩니다. 예시로 '세상은 놀이터'라는 곡으로 앨범 커버를 만들 것이기 때문에 '재미'를 검색했고 마음에 드는 템플릿을 선택했습니다. ※ **출처**: 세상은 놀이터, 기증 차용운, 공유마당, CC BY

그림 12-3. 템플릿 선택하기

학생들이 각자 다른 템플릿을 사용해 제작하면, 같은 노래라도 다양한 스타일의 재킷 이미지가 나옵니다. 만약 선생님께서 작업의 통일성을 원한다면, 선생님이 템플릿을 하나를 선택해 제공하는 것도 좋은 방법입니다.

4) 템플릿 변형

자신의 노래에 맞게끔 텍스트 요소를 변경해 보겠습니다. 변경할 요소를 클릭하고 단원명, 노래 제목 등을 입력합니다.

그림 12-4. 가사 입력하기

노래 가사 중 **가장 기억에 남는 가사**도 적습니다.

5) 불필요한 요소 제거

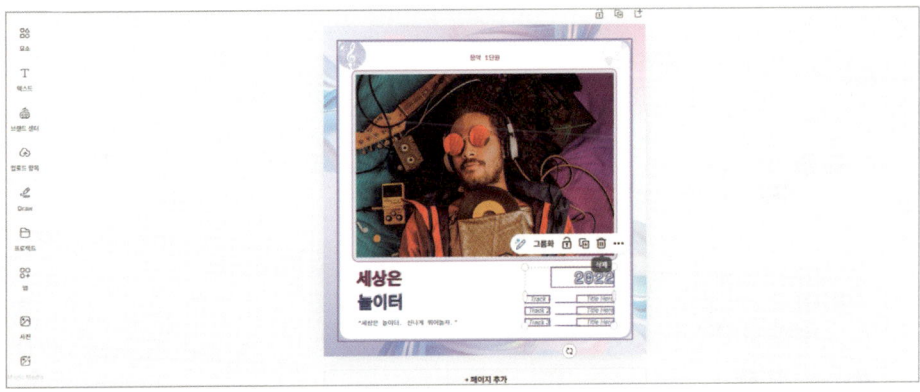

그림 12-5. 불필요한 요소 제거하기

연도나 트랙 번호처럼 필요하지 않은 요소를 삭제합니다. 이때, 여러 항목을 선택할 때는 Shift 키를 누른 채 요소를 선택하면 됩니다.

12. 음악 수업 활용하기

6) 이미지 변경

그림 12-6. 사진 변경하기

왼쪽 메뉴의 **[요소]** 패널에서 **[사진]**을 클릭한 후, '노래'와 관련한 키워드를 검색합니다. 노래 가사를 보면 '뛰어 노는 아이들'이 떠올라서 이 내용을 검색했습니다. 이제 마음에 사진을 골라 드래그하여 교체 삽입합니다.

7) 색상 조정

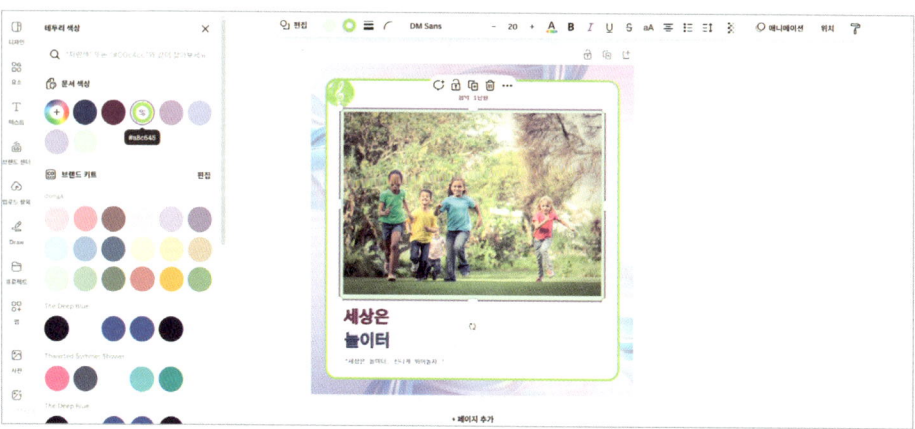

그림 12-7. 색상 변경하기

앨범 재킷의 배경과 텍스트 색상을 통일감 있게 조정합니다. 사진 색감이 초록색 계열이라 요소들의 색상을 초록색 계열로 변경했습니다.

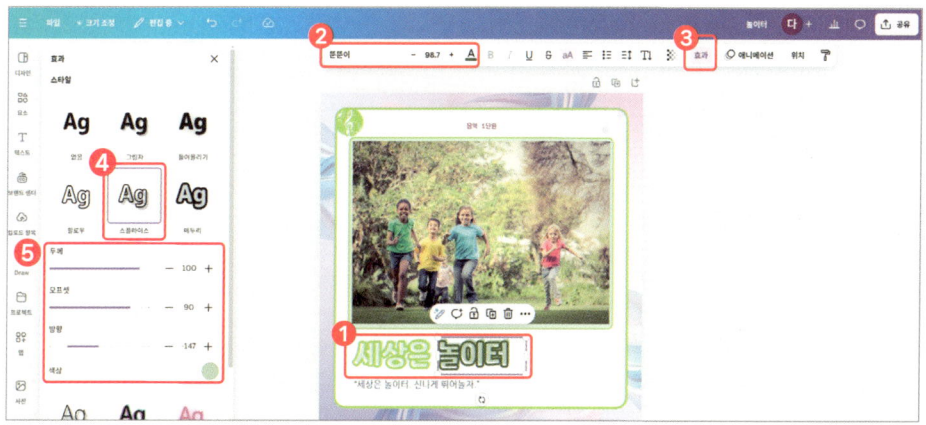

그림 12-8. 텍스트 조정 및 효과 변경하기

텍스트도 전체적으로 어울릴 수 있도록 조정합니다. 수정하고 싶은 ① **텍스트를 선택**하고 ② 글꼴, 크기, 색상 등을 전체적인 색감에 어울리게 변경합니다. 그리고 효과를 변경하고 싶은 경우에는 ③ **[효과]**를 선택, ④ **[스플라이스]**를 클릭하고 ⑤ 두께, 오프셋, 방향, 색상 등 **효과를 조정**합니다.

그림 12-9. 배경 드래그하여 교체하기

배경도 색감을 맞춰보겠습니다. ① **[요소]** 패널에서 ② **[사진]**을 선택하고 ③ 검색창에 **'초록색'**을 검색합니다. ④ 마음에 드는 것을 골라 슬라이드로 **드래그하여 삽입**합니다.

12. 음악 수업 활용하기

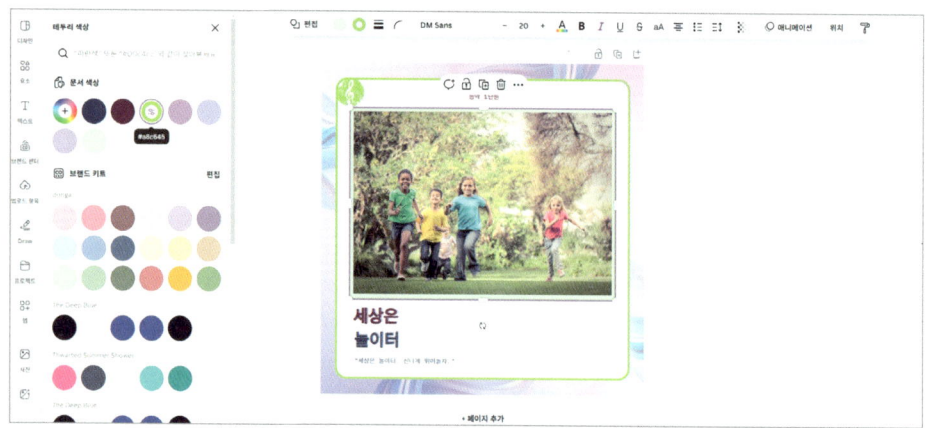

그림 12-10. 배경 교체하기

혹시 드래그하여 배경이 변경되지 않는 경우에는 이미지를 삽입하고 [마우스 우클릭] - **[배경 교체]**를 클릭하여 배경을 교체합니다.

8) 추가 그래픽 요소 삽입

[요소] 패널 [그래픽]에서 검색창에 자신이 만드는 앨범 재킷과 관련한 요소를 찾아 삽입합니다. 예시 작품에서는 제목과 관련한 '놀이터'를 검색하여 삽입합니다.

그림 12-11. 그래픽 요소 크기 조정하기

그래픽 요소의 배치와 크기를 조정하여 앨범 재킷의 완성도를 높입니다. 이렇게 만든 앨범 재킷을 학기 말에도 활용하여 수업할 수 있습니다. 앨범 재킷을 활용하여 교과서 제재곡을 **복습**하는 활동을 진행합니다. 노래 제목과 가사를 가리고 이미지만 보고 어떤 곡인지 맞히는 퀴즈 게임을 진행할 수 있습니다.

해당 활동은 학생들이 **직접 만든 곡에 맞는 앨범 재킷을 제작**하는 수업으로도 응용할 수 있습니다. 'Suno AI'나 '송메이커'를 활용해 자신만의 음악을 만들고, 이에 어울리는 재킷을 디자인하는 활동을 진행해도 좋습니다.

나. 감상 수업 진행하기

음악 수업에서 감상은 필수적인 활동 중 하나입니다. 하지만 학생들은 감상 수업을 종종 지루하고 따분하다고 느끼곤 합니다. 단순히 음악을 듣는 것으로 끝나는 수업은 학생들의 흥미를 끌기 어렵기 때문입니다.

캔바를 통해 감상 수업의 도입부터 활동까지, 재미있고 몰입감 있는 경험을 제공할 수 있습니다.

크게 **제재곡 중심 감상 수업**과 **악기 중심 감상 수업** 두 가지 방법을 살펴보겠습니다.

1) 제재곡 중심 감상 수업

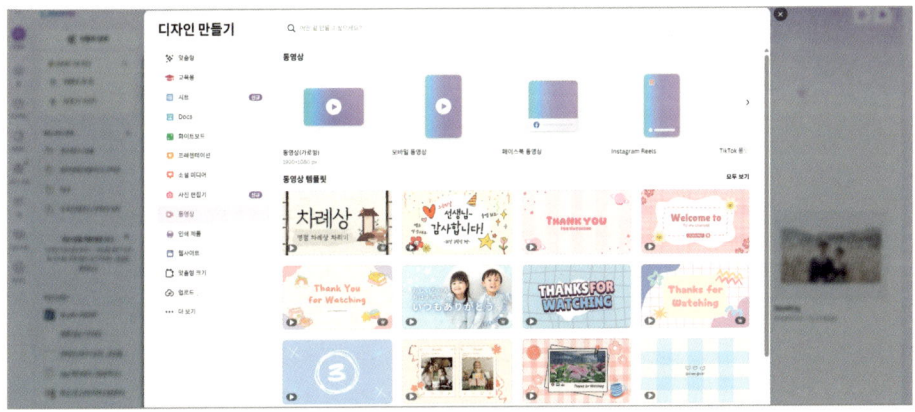

그림 12-12. 디자인 만들기에서 동영상 템플릿 선택하기

캔바에서 [디자인 만들기] 버튼을 클릭하고, '동영상(1080p)' 템플릿을 선택합니다.

01 음악 선택

왼쪽의 [요소] 패널에서 오디오 [모두 보기]를 선택합니다.

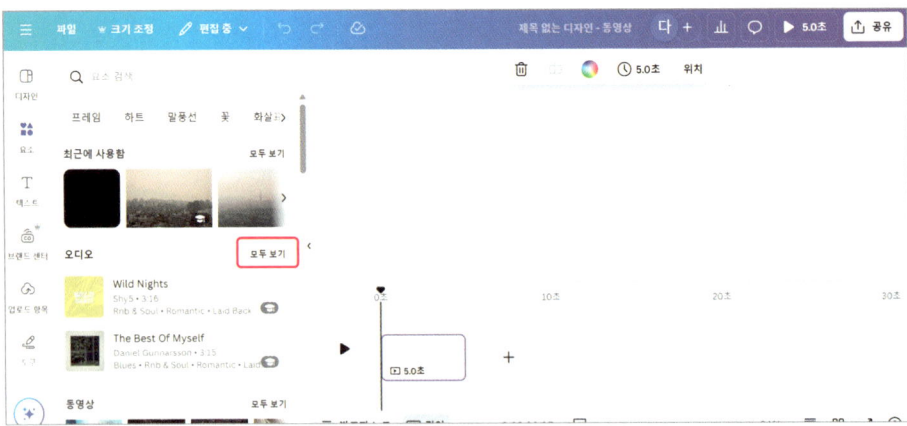
그림 12-13. 요소 패널에서 오디오 모두 보기 누르기

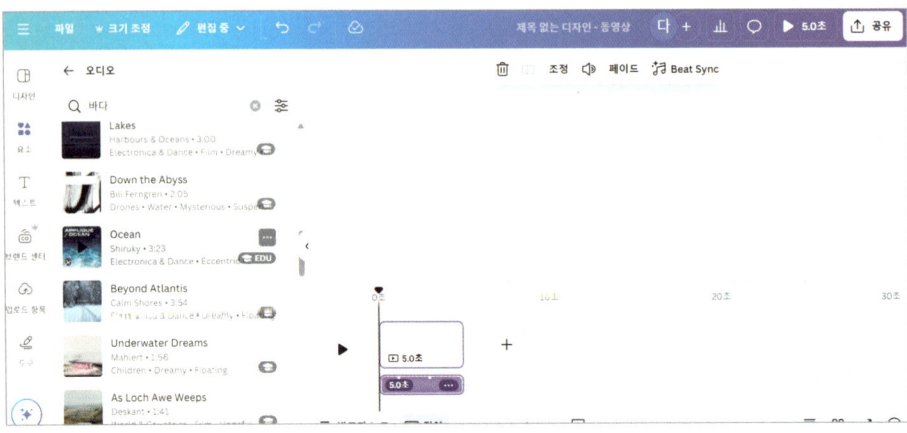
그림 12-14. 오디오에서 키워드 검색하기

감정(예: 행복, 슬픔)이나 **주제**(예: 바다, 숲)와 관련된 키워드를 검색하여 음악을 선택합니다. 예시로 '바다'를 검색한 후, 〈Oceans〉라는 곡을 선택해서 삽입하겠습니다. 선택한 음악을 캔바 작업 화면으로 드래그하거나 클릭해 삽입합니다.

02 시간 설정

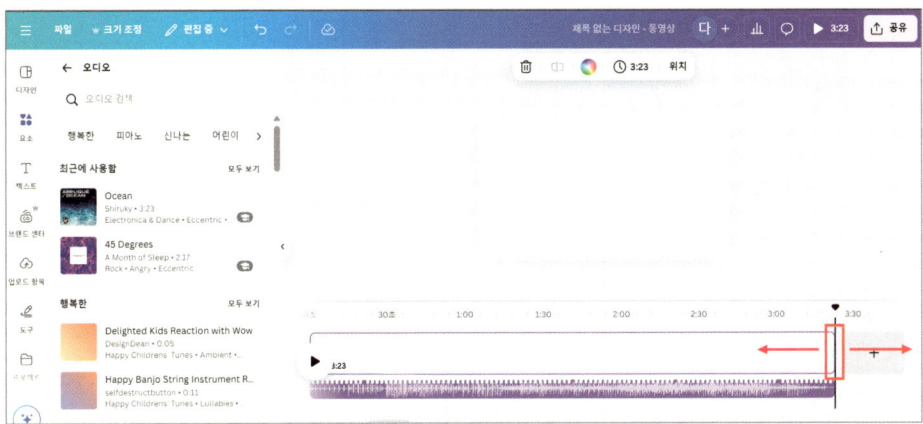

그림 12-15. 페이지 길이 조정하기

　음악의 길이에 맞춰 페이지의 시간을 조정합니다. 슬라이드 오른쪽 끝에 마우스를 가져다 대어 **화살표 (↔) 표시**가 나오면 클릭을 한 채로 좌우로 드래그하여 음악 길이 (예: 3분 23초)에 맞춥니다.

　이때, 화면에 재생 시간이 다 보이지 않을 경우 ctrl 키를 누른 채로 마우스 휠을 **아래**로 조정하면 시간 간격 기준 초가 늘어나면서 화면에서 한 번에 볼 수 있습니다.

　만약에 슬라이드 오른쪽에서 드래그가 안 되는 학생이 발견되었을 경우, 디자인 템플릿을 들어갈 때 프레젠테이션으로 들어간 것일 수 있으니 **동영상 템플릿**으로 다시 들어오게 해주시면 됩니다.

03 음악 감상 후 그림 표현

학생들은 선택한 음악을 들으며 느낀 감정을 그림으로 표현합니다.

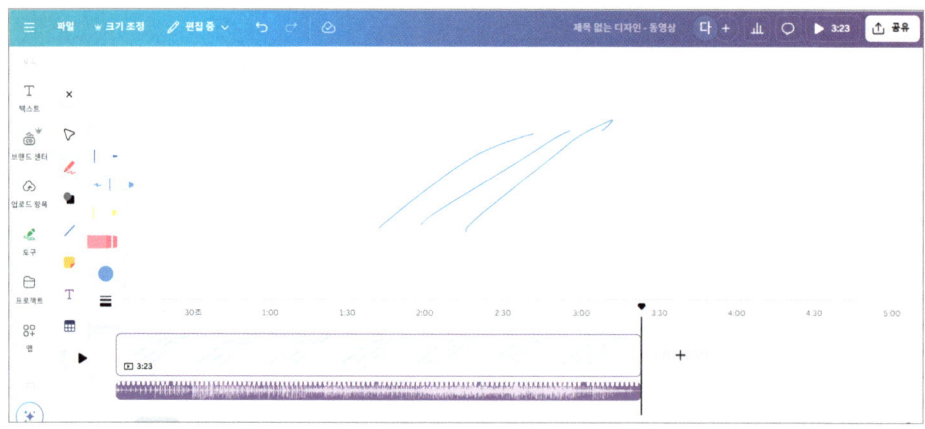

그림 12-16. 도구 활용하여 표현하기

왼쪽 패널 **[도구]** 패널을 눌러 draw, 도형, 선 등을 활용하여 직접 그릴 수 있습니다.

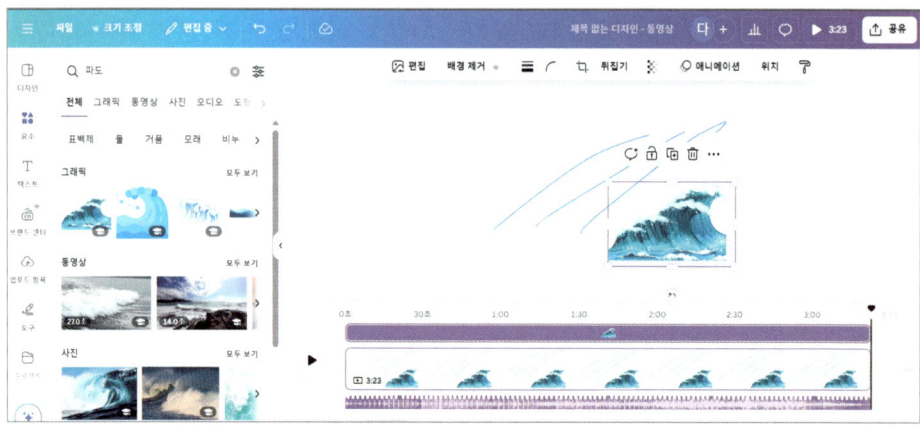

그림 12-17. 요소 패널을 활용하여 그림 완성하기

[요소] 패널에서 자신이 느낀 감정, 떠오르는 것들을 **검색**하여 마음에 드는 것을 삽입한 후 그림을 완성합니다.

작업 중 음악이 멈출 수 있으므로 음악을 따로 재생하거나, 감상을 마친 후 작업을 진행하도록 지도합니다. 작업이 끝나면 모둠원들과 각자 그린 그림을 공유하며, 왜

그런 그림을 그렸는지 설명합니다. 모둠 내에서 감정을 이야기하며 음악에 대한 이해를 확장합니다.

이러한 활동 외에도 **퀴즈**를 통해서 이야기를 나눌 수도 있습니다. 다른 친구들의 그림을 보고 어떤 음악을 들었는지 맞히는 퀴즈를 진행합니다. 이때, 힌트로 감정이나 주제를 떠올릴 수 있는 키워드를 제공할 수 있습니다.

해당 활동을 할 때는 모둠별로 다른 음악을 감상하기 때문에 **이어폰**이 있으면 좋습니다. 만약 교실에 이어폰이 없다면, 기기의 **소리를 낮추어** 활동을 진행합니다.

2) 악기 중심 감상 수업

관악기, 현악기 등 다양한 악기를 배우지만 해당 악기를 사용하는 음악이 무엇인지 해당 악기의 소리는 어떤지 다양하게 접하지 않은 경우가 많습니다. 이러한 학생들을 위하여 다양한 악기를 활용한 음악을 듣고 해당 악기에 대한 느낌을 공유하는 수업을 할 수 있습니다.

01 디자인 만들기 시작하기

그림 12-18. 디자인 만들기에서 동영상 템플릿 선택하기

캔바에서 **[디자인 만들기]** 버튼을 클릭하고, '**동영상(1080p)**' 템플릿을 선택합니다.

동영상 사이즈는 크게 상관 없습니다.

02 악기와 음악 검색

왼쪽의 [요소] 패널에서 오디오 **[모두 보기]**를 선택합니다.

그림 12-19. 요소 패널에서 오디오 모두 보기 누르기

오늘 배울 악기를 캔바의 검색창에 검색합니다. 바이올린을 검색하였습니다.

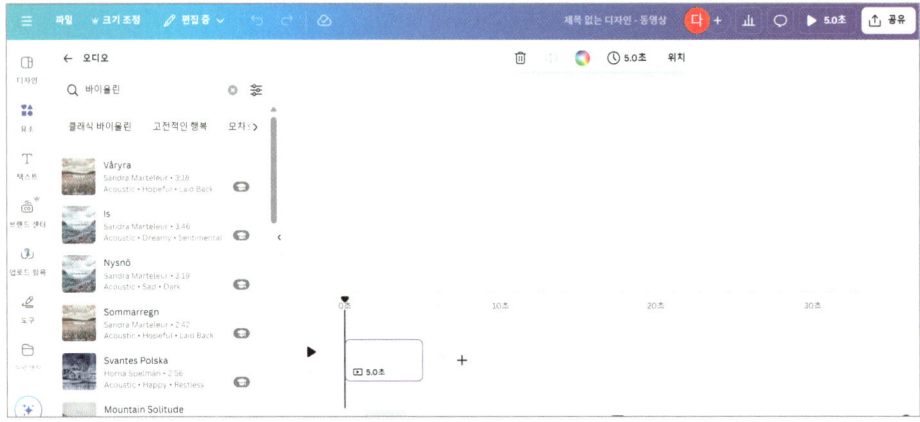

그림 12-20. 검색창에 악기 검색하기

결과 중 마음에 드는 노래 위로 마우스를 가져가면 표시가 나옵니다. 를 클릭하면 아래 다양한 태그가 나오는데 태그 중 악기 이름을 선택하면 특정 악기가 사용된 음악을 정확하게 찾을 수 있습니다.

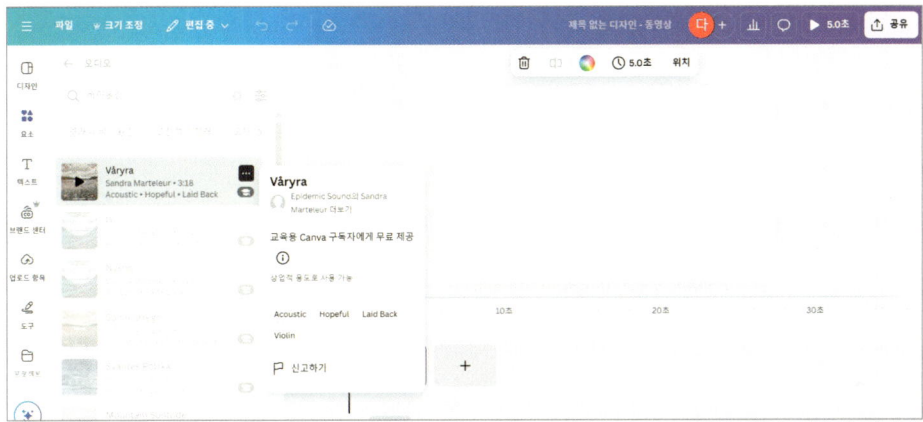
그림 12-21. 태그 활용하여 검색하기

선택한 음악을 캔바 작업 화면으로 드래그하거나 클릭해 삽입합니다.

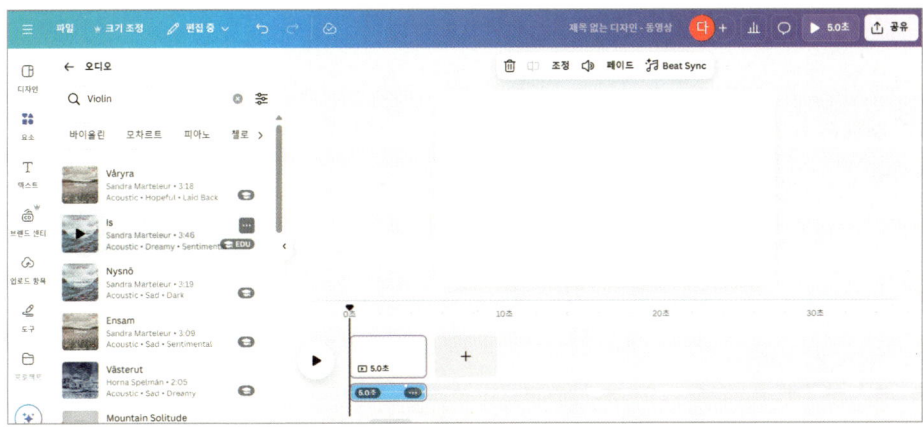
그림 12-22. 음악 삽입하기

음악의 길이에 맞춰 페이지의 시간을 조정합니다. 슬라이드 오른쪽 끝에 마우스를 가져다 대어 **화살표 (↔) 표시**가 나오면 클릭을 한 채로 좌우로 드래그하여 음악 길이에 맞춥니다. 친구들과 함께 각자 선택한 음악을 들려주며, 어떤 악기가 사용되었는지 맞히는 활동을 진행할 수 있습니다.

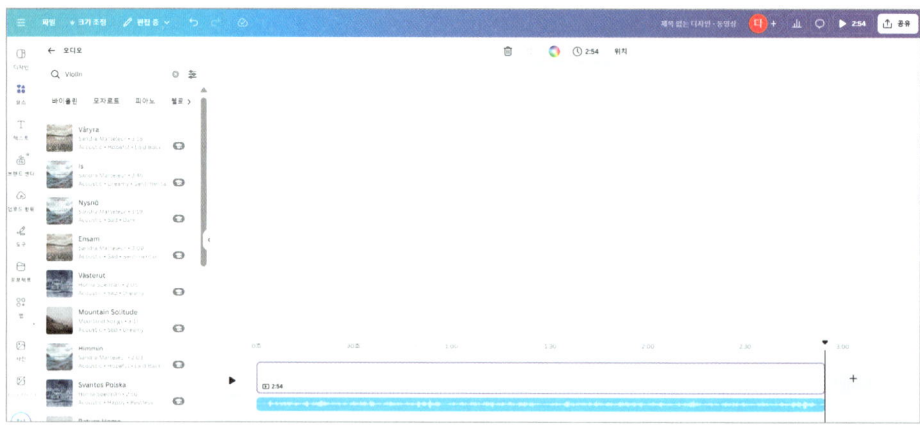

그림 12-23. 음악 길이만큼 페이지 시간 조정하기

이제 악기 소개를 위한 자료를 만들어 보겠습니다.

[요소] 패널의 검색창에 **악기의 이름**(예: 바이올린)을 검색하여 마음에 드는 그래픽을 선택하여 삽입합니다. 삽입한 이후 요소의 크기와 위치를 조정합니다.

[텍스트] 패널에서 **[텍스트 상자 추가]**를 클릭하여 악기의 이름과 해당 악기에 대한 특징을 간단히 정리합니다. 상단의 도구 상자에서 글꼴과 글씨 크기 등을 변경합니다.

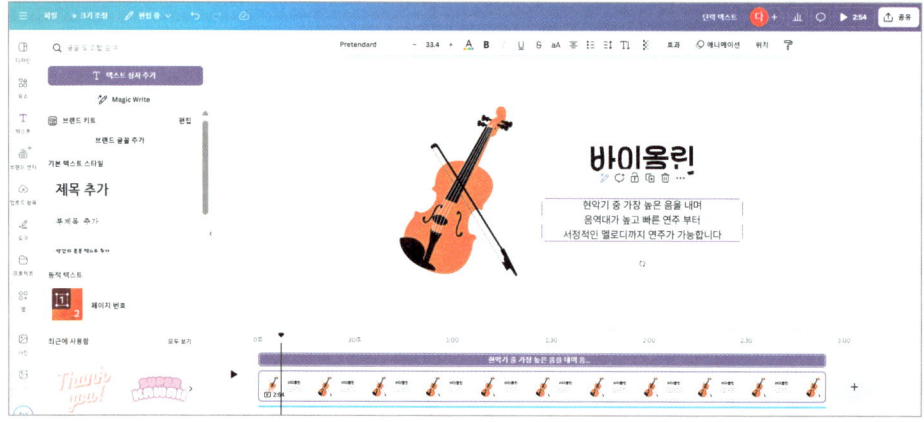

그림 12-24. 텍스트 상자 추가하여 악기 이름과 특징 쓰기

감상한 악기의 소리에서 느낀 감정을 배경 이미지로 삽입해 보겠습니다. ① **[요소]** 패널의 ② 상단에서 **[사진]**을 선택하고 ③ 검색창에 악기의 소리에 대한 감상의 **키워드**(예: 우아한)를 입력합니다. ④ 나온 사진 중 마음에 드는 것을 **클릭**하여 삽입합니다.

그림 12-25. 배경 이미지 삽입하기

이미지를 선택하고 마우스 우클릭 후 **[이미지를 배경으로 설정]**을 눌러 배경으로 만듭니다.

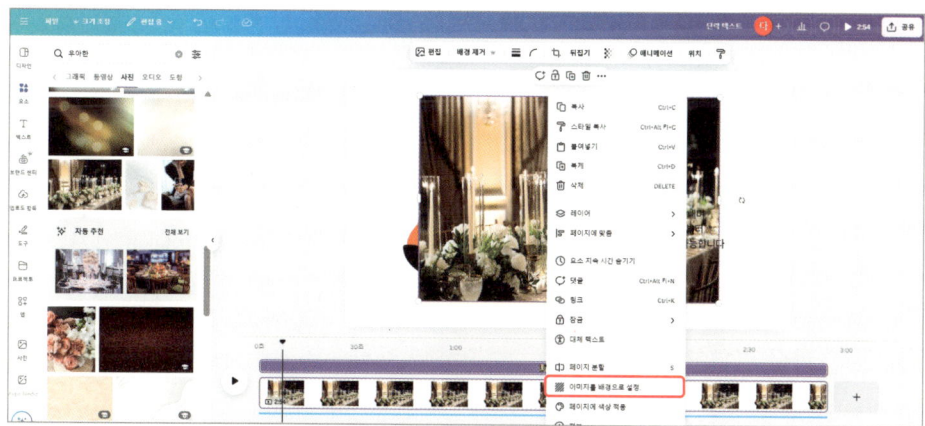

그림 12-26. 이미지를 배경으로 설정 눌러서 배경 바꾸기

이미지가 너무 진할 경우, 상단바에서 **[투명도]**를 클릭하여 텍스트가 잘 보이도록 투명도를 조절합니다.

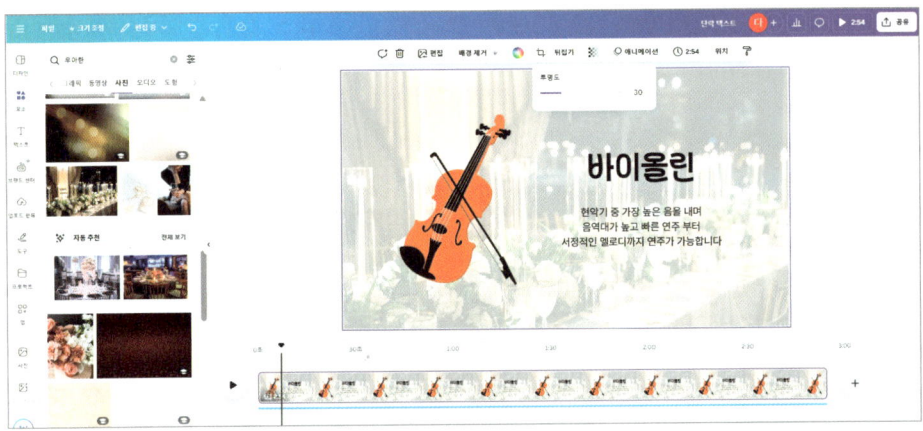

그림 12-27. 배경 투명도 조절하기

이렇게 만든 결과물을 패들렛(Padlet)에 업로드하여 그룹별로 정리합니다. 악기별로 모아진 결과물을 통해 학생들은 다양한 악기에 대한 매력을 자연스럽게 알 수 있습니다.

다. 뮤직비디오 및 섬네일 제작하기

음악과 미술이 융합 수업은 학생들의 창의력을 자극하고 협동심을 키우는 데 탁월한 효과가 있습니다. 그중에서도 뮤직비디오 제작은 학생들이 직접 노래 가사를 해석하고, 이를 시각적으로 표현하는 활동으로 매우 흥미로운 경험을 제공합니다. 과거에는 그림을 그리고 이를 스캔하여 편집하는 방식으로 뮤직비디오를 제작했지만, 이 과정이 복잡하다는 단점이 있었습니다. 그러나 캔바를 활용하면 이러한 **번거로움을 줄이고, 보다 간편하게** 협동 뮤직비디오를 제작할 수 있습니다.

이번 장에서는 캔바를 활용하여 학생들과 함께 뮤직비디오를 제작하고, 이를 완성하는 과정에서 섬네일 이미지를 효과적으로 활용하는 방법을 소개합니다.

1) 뮤직비디오 제작하기

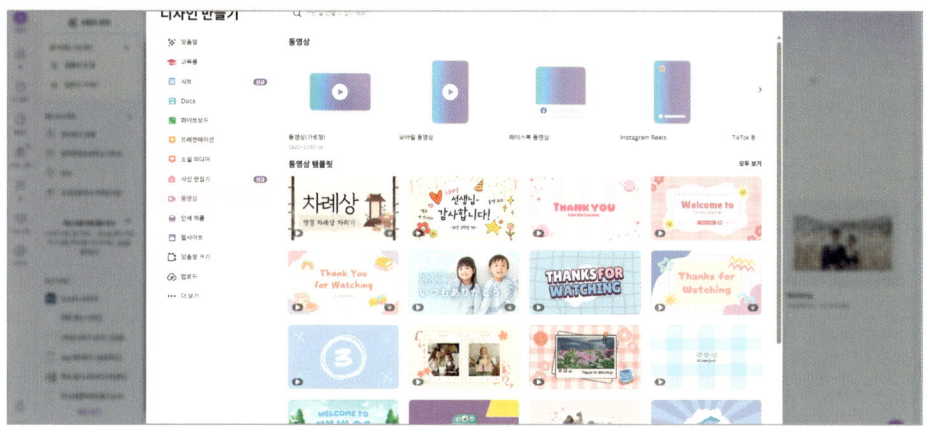

그림 12-28. 디자인 만들기에서 동영상 템플릿 선택하기

캔바에서 **[디자인 만들기]** 버튼을 클릭하고, **'동영상(1080p)'** 템플릿을 선택합니다.

제작하기 전에 각자 어떤 부분을 맡아서 제작할지 정해야 합니다. 이를 위해 먼저, **노래**를 정하고 **가사를 학생 수에 맞게 나눕니다.**

예: <세상은 놀이터>라는 노래를 17명이 작업할 경우

세상은 놀이터 / 신나게 뛰어놀자 / 흐르는 시냇물 따라 /물고기와 헤엄치고

푸른 잔디 위로 뛰면 / 곤충들도 함께 뛰네 / 하늘 위에 뭉게구름은 /재미있는 만화 영화

세상은 놀이터 / 신나게 뛰어놀자 / 흐르는 시냇물 따라 물고기와 헤엄치고

푸른 잔디 위로 뛰면 / 곤충들도 함께 뛰네 / 하늘 위에 뭉게구름은 / 재미있는 만화 영화

가사를 16명으로 나누고 첫 장은 **섬네일 콘테스트**를 통해 선정하거나, **(간주 중)**이라는 페이지를 추가하여 총 **17명** 분량을 만듭니다.

이후 슬라이드 옆 + 버튼을 눌러 학생 인원 수만큼 페이지를 만듭니다.

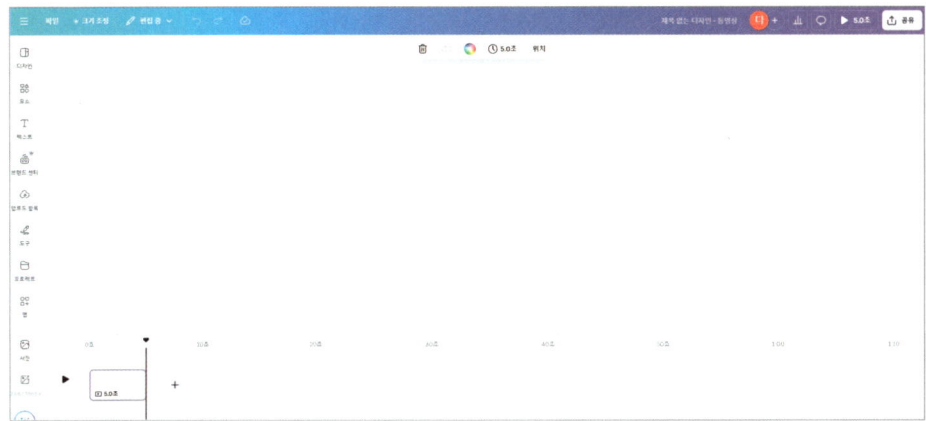

그림 12-29. 페이지 추가하기

[텍스트] 패널의 [텍스트 상자 추가]를 입력하여 페이지별로 가사를 입력합니다.

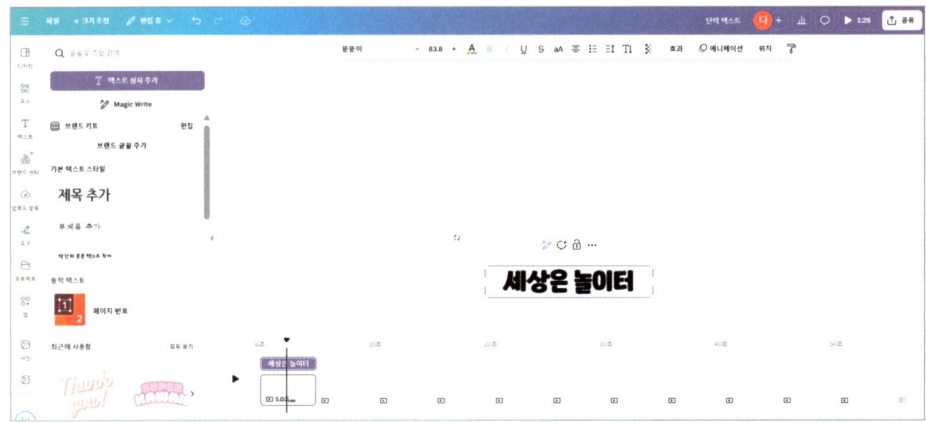

그림 12-30. 텍스트 상자 추가 하여 페이지 별로 가사 쓰기

이때, [요소] 패널의 [그래픽]에서 다양한 요소들을 이용하여 가사가 나오는 칸을 귀엽게 디자인하실 수도 있습니다.

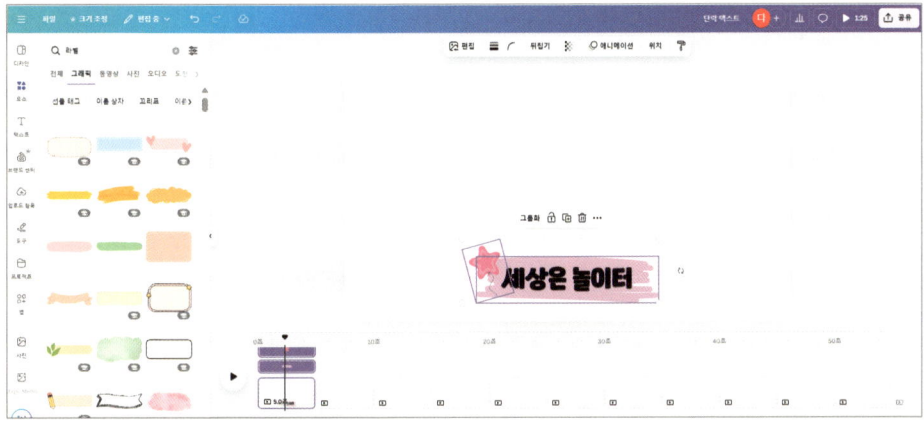
그림 12-31. 그래픽 요소 활용하여 가사 글씨 꾸미기

가사가 입력된 텍스트 박스와 요소들을 **드래그**하여 모두 선택하고 **[그룹화]**를 클릭하여 그룹화 처리합니다. 그리고 그룹화된 개체를 잠금 처리하여, 학생들이 작업 중 텍스트가 수정되지 않도록 설정합니다.

그림 12-32. 그룹화된 개체 잠금하기

가사 작업이 모두 끝났다면, 각 페이지에 학생 이름 또는 번호를 추가하여 작업할 페이지를 명확히 구분합니다. 페이지 오른쪽 상단 위에 [더보기]를 클릭하여 **[페이지 이름 변경]** 란에 **학생 번호와 이름**을 작성합니다.

그림 12-33. 페이지 이름 변경하기

모든 작업이 완료가 되었으면 [공유] 버튼을 클릭하고, 액세스 수준에서 [링크가 있는 모든 사용자] 옵션을 선택하고 [링크 복사]를 클릭하여 학생들에게 공유합니다.

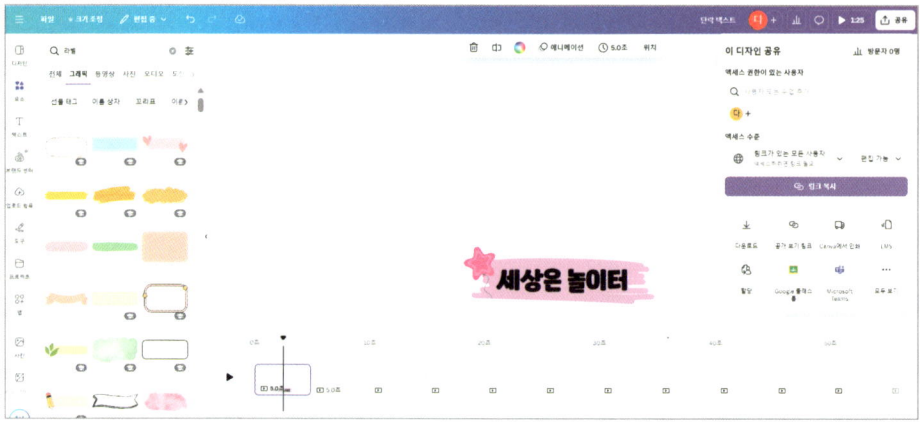

그림 12-34. 링크 복사로 공유하기

학생들은 공유 받은 링크로 들어가 자신의 페이지에서 작업을 합니다. [요소] 패널의 다양한 그래픽 요소나 [도구] 패널의 기능을 활용하여 페이지를 꾸밉니다.

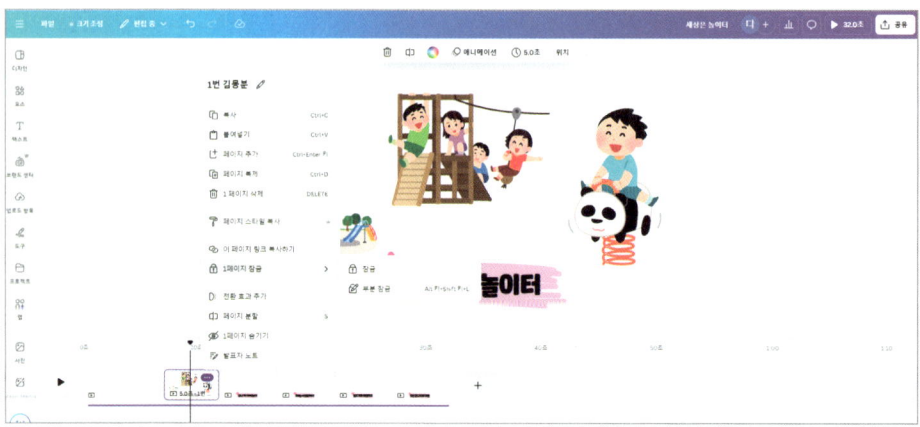

그림 12-35. 작업을 완료한 사람은 페이지 잠그기

모두 완료한 사람은 페이지 오른쪽 상단 위에 [더보기]를 클릭하여 [페이지 잠금]을 눌러 다른 친구들이 수정하지 못하도록 합니다.

작업이 끝나면 이제 음악을 삽입하여 페이지와 음악 타이밍을 맞춰보도록 하겠습니다.

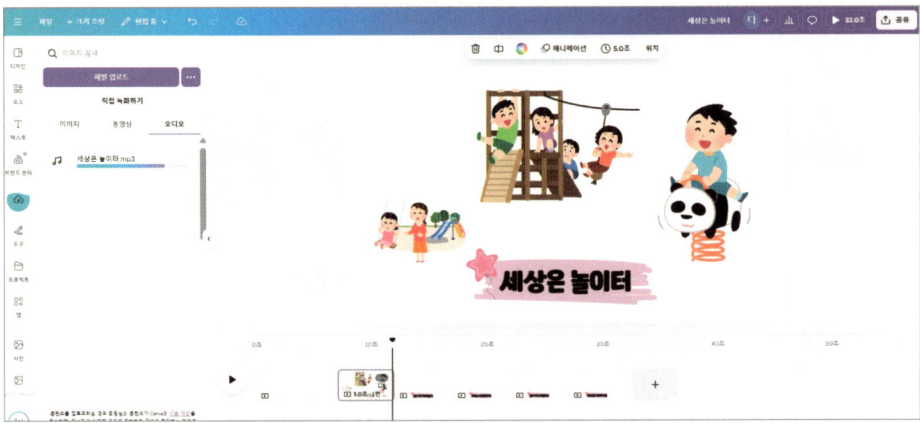

그림 12-36. 업로드 항목을 이용하여 음원 파일 업로드하기

[업로드 항목] 패널에서 [파일 업로드]를 클릭하고 컴퓨터에 있는 음원 파일을 업로드합니다.

삽입하고 싶은 음악을 타임라인으로 끌어다 놓아 음악을 추가합니다.

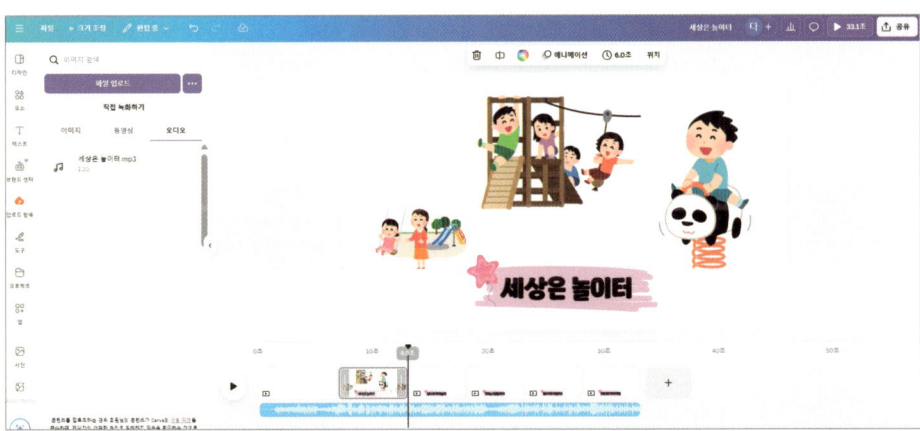

그림 12-37. 가사에 맞게 페이지 길이 조절하기

슬라이드 오른쪽 끝에 마우스를 가져다 대어 **화살표 (↔) 표시**가 나오면 클릭을 한 채로 좌우로 드래그하여 가사에 맞게 길이에 맞춥니다.

12. 음악 수업 활용하기   301

그림 12-38. 영상으로 다운받기

모든 작업이 완료되면, 화면 좌측 상단의 [공유] 버튼을 클릭하고 [다운로드]를 클릭합니다. 파일 형식을 'MP4 동영상'으로 선택하여 품질을 조정한 후 다운로드 버튼을 눌러 뮤직비디오 영상을 저장합니다.

2) 섬네일 제작하기

캔바에서 **[디자인 만들기]** 버튼을 클릭하고, '프레젠테이션 (16:9) 1920×1080' 크기의 템플릿을 선택합니다.

그림 12-39. 캔바의 기능 활용하여 섬네일 작업하기

학생들에게 지금까지 익힌 캔바의 다양한 기능을 활용하여 노래 제목과 관련된 디자인을 자유롭게 작업하게 합니다.

학생들의 작업물을 모두 모아 투표를 통해 가장 잘한 것으로 첫 가사가 시작되기 전 페이지에 넣고, 첫 페이지를 영상의 섬네일로 활용할 수 있습니다. 만약 인원수가 너무 많아서 첫 페이지까지 각각 작업을 해야 한다면 학생들이 제작한 전체 페이지를 대상으로 투표를 진행하여 가장 잘한 작업물로 섬네일을 지정하는 방법도 있습니다.

스캔 이미지를 활용한 대안 방법

만약 캔바에서 협업 활동을 하기 어려운 경우에는 [이미지를 배경으로 설정] 또는 [프레임] 기능을 활용할 수 있는데요.

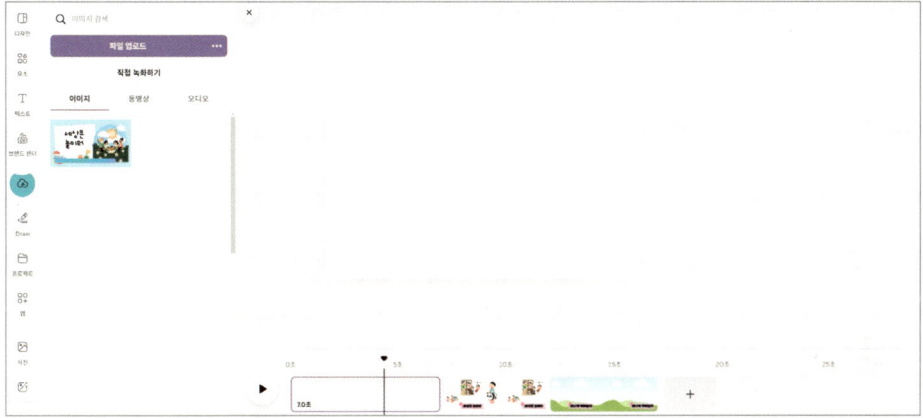

그림 12-40. 학생들이 그린 그림 업로드 항목을 통해 추가하기

[업로드 항목] 패널에서 학생들이 그린 그림을 스캔하여 [업로드 항목]에 추가합니다.

각 페이지에 이미지를 배치할 때, 마우스 우클릭 **[이미지를 배경으로 설정]** 기능을 활용하거나, [요소] 패널에서 **[프레임]**에서 사각형 프레임을 선택하여 페이지 전체에 맞게 크기를 조정합니다.

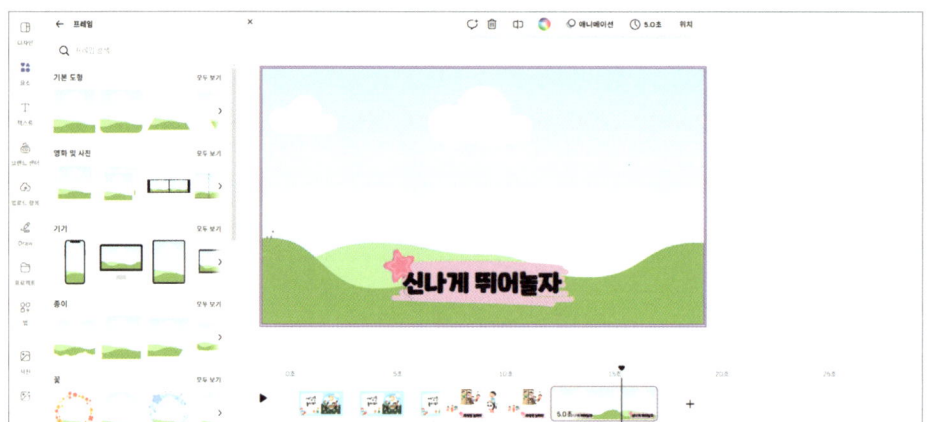

그림 12-41. 프레임 삽입하고 크기 조정하기

[프레임]을 활용하면 학생들이 그린 그림이 잘리는 경우가 있을 수 있습니다.

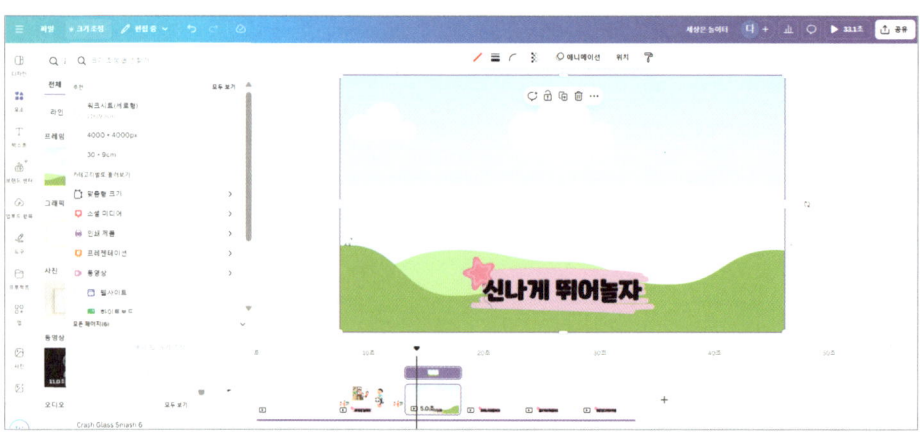

그림 12-42. 크기 조정을 통해 캔버스 크기 조정하기

이럴 때는 상단의 크기 조정 패널에서 학생들이 작업한 작업물 크기로 캔버스 크기를 조정하면 스캔 작업물을 넣었을 때 잘리는 부분 없이 작업할 수 있습니다.

이미지를 모두 넣은 이후에 음악에 맞추어 타이밍을 조정하면 쉽게 뮤직비디오를 완성할 수 있습니다.

지금까지 캔바를 활용한 다양한 음악 수업 아이디어를 소개했습니다. 캔바를 활용한 활동을 통해 학생들이 음악 시간에 더욱 적극적으로 참여하고, 음악을 통해 자신의 개성을 표현할 수 있길 바랍니다. 학생들과 함께 만들어 갈 창의적이고 특별한 수업을 응원합니다.

저자진 소개

박준호 | nalssam@naver.com

반송초등학교 교사. 2016년 디지털 미디어 교육 콘텐츠를 제작하며 '몽당분필' 교사 연구 모임을 창립하고, 유튜브·인스타그램·블로그 등에서 교육 콘텐츠를 공유해 왔다. 미디어 리터러시와 에듀테크 활용 수업에 관심을 갖고, 정보화 교육을 통해 학생 맞춤형 수업을 실천해 왔다. 2020년부터 네이버 커넥트재단과의 협업을 통해 인공지능 교육을 연구하기 시작했으며, 코로나19 극복 위기관리 교육분야 대상 수상 및 국무총리 선정 인플루언서로도 활동했다. 현재는 디지털미디어교육콘텐츠 교사연구협회 '몽당분필'의 대표이사로서, 교육을 통한 사회 공헌에 힘쓰고 있다.

장덕진 | jdj931013@korea.kr

2019년 학생 탐구 대회에서 포트폴리오를 효과적으로 공유하기 위해 구글 사이트 도구를 아이들에게 지도하며 에듀테크의 교육적 적용을 시작했다. 이후 디지털 활용 교육을 지속적으로 실천한 성과로 2022년 대한민국 정보교육상을 수상하였다.
경기도교육청, 경기도융합과학교육원, 교육부 학부모정책과(함께학교)에서 교육행정을 경험한 뒤, 현재는 교육부 중앙교육연수원 교육연구사로서 더 나은 교육을 만들어 가기 위해 힘쓰고 있다.

강나진 | andchunsa@korea.kr

서탄초등학교 교사. 에듀테크와 학교 교실을 연결하기 위해 부단히 노력하고 있다. 2024/2025 경기도 수업혁신 연구대회 1등급, 비상 AI 창의 수업안 경진대회 최우수상 등 다수 수상하였으며, 특히 캔바를 활용한 수업을 계획하고 교실 현장에 적용하기 위해 꾸준히 실천하고 있다.
또한 NWEE(Naver Whale Educator Expert), 지식샘터 강사, KERIS 주관 e학습터 기반 공공학습 플랫폼 교육자료 사례 발굴 등에 참여하며, 교사 자신과 동료 교사의 역량 함양을 위한 활동에도 함께하고 있다.

김현희 | apple_hee@naver.com

종덕초등학교 교사. 교실 현장에서 학생 맞춤형 디지털 교육을 꾸준히 실천하고 있으며, 아이들이 즐겁게 참여하며 성장할 수 있는 배움의 장을 만들고자 노력하고 있다.
서울교육대학교 대학원 인공지능교육과에서 학문적 탐구를 이어가고 있으며, (사)디지털미디어교육콘텐츠 교사연구협회 '몽당분필' 정회원으로 활동 중이다.
디지털교육연구대회 전국 2등급, 구글 공인 트레이너, 경기에듀테크소프트랩 지원단, 교육부 AIEDAP 마스터교원, 교실혁명 선도교원, 경기도 AIDT 실행 강사 등으로 참여하며 교사의 디지털 역량 강화를 실천하고 있다.
부총리 겸 교육부 장관상, 교육감·교육장 표창을 수상하였고, 지식샘터 Canva 활용 수업 우수 강사로도 선정되었다. 교사·연구자·전문가로서 현장과 연구를 잇는 가교가 되기를 꿈꾼다.

박태호 | hopeourhappiness@gmail.com

새솔초등학교 교사. 디지털기반교육혁신선도학교 운영을 맡아 학생 맞춤형 디지털 교육을 연구하고 실천하고 있다.
캔바 코리아 에듀 크리에이터로 활동하며, 교사와 학생 모두가 쉽게 활용할 수 있는 시각·디지털 자료 템플릿과 제작 방법을 공유하고 있다.
(사)디지털미디어교육콘텐츠 교사연구협회 '몽당분필' 운영진으로서, 미디어 활용 교육과 에듀테크 기반 수업 모델을 연구하고 현장에 적용할 수 있는 다양한 프로그램을 기획하고 있다.

신민경 | shmk11013@gmail.com

오산초등학교 교사. 학생 맞춤형 에듀테크 교육을 교실 현장에서 실천하고 있으며, (사)디지털미디어교육콘텐츠 교사연구협회 '몽당분필' 정회원으로서 미디어 활용 및 에듀테크 기반 수업 모델을 연구·확산하는 데 힘쓰고 있다.
지학사 에듀테크 수업자료 공모전 최우수상 수상자이며, 구글 공인 교육 전문가이자 에듀테크 연수 강사로 활동하며 교사와 학생의 디지털 리터러시 역량 강화를 위한 교육과 지원에 앞장서고 있다.

윤지원 | jwt515@naver.com

용죽초등학교 교사. 교실 현장에서 디지털 미디어 교육에 관심을 갖고, 학생들과 다양한 자료와 콘텐츠를 활용한 수업을 실천하고 있다.
(사)디지털미디어교육콘텐츠 교사연구협회 '몽당분필' 운영진으로 활동하며, 학생들의 삶에 밀접한 디지털 환경 속에서 올바른 배움을 위한 교육과 지원을 실천하고 있다.

이은지 | eyngi@naver.com

금당초등학교 교사. 다양한 에듀테크 기반 수업을 교실 속에서 실천하며, (사)디지털미디어교육콘텐츠 교사연구협회 '몽당분필' 운영진으로 활동 중이다.
2022 HTHT(High Touch High Tech) 마스터클래스 기술융합상을 수상하였으며, 뤼튼 선도교사단, NHN Edu 원더버스 연구개발위원, 각종 교육 출판사 콘텐츠 크리에이터, 연수 강사 등으로 활동하고 있다.
디지털 도구와 콘텐츠를 교실에 연결하여 더 많은 학생들이 배움의 기쁨을 경험할 수 있도록 힘쓰고 있다.

정지현 | lemonsteen@naver.com

초등 교사 출신의 교육 콘텐츠 전문가이자 디지털 아트 강사. 현장 경험을 바탕으로 실용적인 콘텐츠를 기획하고, 디지털 드로잉 기술을 교육에 접목하는 활동을 지속하고 있다.
Canva 공식 Korea Teacher Canvassador 및 Edu-Creator로서, 기술과 교육을 잇는 전문가로 활동 중이며, 교사들의 역량 강화를 돕고 있다.

최서원 | seowon930@naver.com

도곡초등학교 교사. 교실 속에서 학생 맞춤형 디지털 교육을 실천하고 있으며, (사)디지털미디어교육콘텐츠 교사연구협회 '몽당분필' 운영진으로 활동 중이다.
경기도교육청 미디어교육센터 지원단, 광주하남교육지원청 공유학교 홍보 지원단 등 다양한 프로젝트에 참여하며, 교사와 학생 모두가 즐겁게 배움에 몰입할 수 있는 환경을 만들고자 한다.
앞으로도 교육 현장의 경험을 바탕으로, 학생과 교사가 함께 성장하는 디지털 교육을 실천해 나가고자 한다.

황은지 | sally506477@gmail.com

다산한강초등학교 교사. 교실 속 디지털 전환과 에듀테크 기반 수업 혁신을 실천하고 있다. 국내 1호 캔바 크리에이터이자 에듀크리에이터로서, 교사와 학생이 수업에서 즉시 활용할 수 있는 다양한 디자인 템플릿과 수업 자료 제작 방법을 공유하고 있다.
캔바 티처 앰배서더(로컬 리더)로서 교사 커뮤니티와의 연결을 이끌고 있으며, KERIS 지식샘터 스타지식샘과 ITDA 올해의 채널 운영자로 선정되어 연수와 디지털 리터러시 확산에 기여하고 있다.
경기도교육청 교사 크리에이터 1기(GT-C), 구글 공인 트레이너로 활동하며 교사의 디지털 역량 강화와 수업 혁신을 지원하고 있다.

교사를 위한 캔바 수업활용의 모든 것

초판 1쇄 발행 2025년 9월 30일

지은이 박준호, 장덕진, 강나진, 김현희, 박태호, 신민경, 윤지원, 이은지, 정지현, 최서원, 황은지

펴낸이 이형세
펴낸곳 테크빌교육㈜
테크빌교육 출판 서울시 강남구 언주로 551, 5층 | **전화** (02)3442-7783 (333)

기획편집 한아정 | **디자인** 하남선

ISBN 979-11-6346-203-3
책값은 뒤표지에 있습니다.

테크빌교육 채널에서 교육 정보와 다양한 영상 자료, 이벤트를 만나세요!

티처빌 teacherville.co.kr **티처몰** shop.teacherville.co.kr
쌤동네 ssam.teacherville.co.kr **체더스** www.chathess.com

이 책의 무단 전재와 무단 복제를 금합니다.
잘못 만들어진 책은 구입하신 서점에서 교환해 드립니다.